खाद्य संकट की चुनौती

सम्पादक

महाश्वेता देवी

वाणी प्रकाशन

आवरण-कथा

1994 में पुलित्ज़र पुरस्कार से सम्मानित यह चित्र सूडान के अकाल के दौरान संयुक्त राष्ट्र खाद्य शिविर से एक किलोमीटर दूरी पर भूख से मरते एक बच्चे का है, जिस पर गिद्ध अपनी निगाह लगाए हुए है। केविन कार्टर द्वारा खींचा गया यह चित्र जब प्रसारित हुआ तो दुनिया दहल उठी। कोई नहीं जानता कि उस बच्चे का क्या हुआ। लेकिन तीन महीने बाद केविन कार्टर ने अवसाद से ग्रसित होकर आत्महत्या कर ली।

उदारीकरण के दुष्प्रभाव में आत्महत्या करने वाले लाखों भारतीय किसानों और वैकल्पिक कृषि का प्रयोग कर रहे क्यूबा और लातीनी अमेरिका के किसानों को समर्पित।

अनुक्रम

संपादकीय		9
खाद्य नहीं प्रणाली का संकट	अरुण कुमार त्रिपाठी	11
ग्लोबल हंगर इंडेक्स और खाद्यान्न संकट	हिमांशु शेखर	26
वैश्विक अनाज संकट का साल 2008	केट स्मिथ, रॉब एडवर्ड्स	37
बढ़ती खाद्य असुरक्षा	शक्ति काक और कमलनयन काबरा	43
आधुनिक सभ्यता का संकट	सुनील	51
भूख का पसरता बाजार	डॉ. ए. के. अरुण	64
जी एम खाद्यान्न को प्रोत्साहन क्यों?	सचिन कुमार जैन	72
बुंदेलखण्ड के खेतों में सिकुड़ती रोटी, उपजती भूख	सचिन कुमार जैन	80
पाक में गहराया खेती का संकट	अनिल चौधरी	90
खेती पिछड़ी तो होंगे सोमालिया जैसे हालात	प्रो. टी. हक, अनिल चौधरी	93
क्या वैकल्पिक कृषि क्रांतिकारी है?	राजेंद्र चौधरी	100
खाद्यान्न आंदोलन से राशन विद्रोह तक	डॉ. कृपाशंकर चौबे	123
पुरुलिया : भूख की बाढ़	नेत्रसिंह रावत	131
कहते हैं धानकटोरा इसे	जवाहरलाल कौल	138
भूख के दृश्य और भूख के स्वर	डॉ. योगेंद्र	146
नून-निमक	महाश्वेता देवी	157
भात	महाश्वेता देवी	176

संपादकीय

भूमंडलीकरण और उदारीकरण की जनविरोधी नीतियाँ संकट में हैं। अमेरिका और यूरोप से लेकर चीन और भारत समेत पूरी दुनिया में इसका असर पड़ा है। पूँजी के दिग्विजयी अभियान पर ब्रेक लगा है तो लाखों लोगों की नौकरियाँ भी गई हैं। उदारीकरण के समर्थक इसे कम करके दिखा रहे हैं और महज वित्तीय पूँजी का संकट बता रहे हैं। जबकि यह वास्तविक अर्थव्यवस्था का संकट है और पिछले ढाई दशक से चल रही आर्थिक नीतियों का परिणाम है। इसके कई आयाम हैं और उन्हीं में एक गंभीर आयाम है खाद्य संकट। खाद्य संकट की जड़ें कृषि संकट में भी हैं और उस आधुनिक खाद्य प्रणाली में भी जिसे बहुराष्ट्रीय कंपनियों ने मनुष्य और धरती के स्वास्थ्य की कीमत पर अपने हितों के लिए तैयार किया है। एक तरफ दुनिया के कई देशों में अनाज के लिए दंगे हो रहे हैं और दूसरी तरफ उच्च ऊर्जा के गरिष्ठ भोजन के चलते मोटापा, डायबटीज, हृदय रोग जैसी तमाम बीमारियों ने लोगों को घेर रखा है। विडंबना देखिए कि पहले लोगों को खूब खिला कर मोटा करने का व्यवसाय किया जाता है और जब वे मोटे हो जाते हैं तो उन्हें दुबला करने का फिटनेस धंधा चलाया जाता है। सुख-समृद्धि देने का दावा करने वाला पूँजीवाद सामान्य आदमी का पेट काट रहा है तो अमीर आदमी के स्वास्थ्य से खिलवाड़ कर रहा है। फिर भी फरीद जकारिया जैसे बुद्धिजीवी 'पूँजीवाद का मेनिफेस्टो' लिख रहे हैं। हालाँकि इस बात को वे भी स्वीकार करते हैं कि मौजूदा संकट भूमंडलीकरण, सुशासन और नैतिकता का मिलाजुला संकट है। अर्थशास्त्री, जनस्वास्थ्य वैज्ञानिक, योजनाकार, सामाजिक कार्यकर्ता, पत्रकार, समीक्षक और साहित्यकार जैसे विविध बौद्धिकों की टिप्पणियों, विश्लेषणों और वर्णनों के माध्यम से यह संकलन खाद्य संकट को समझने का प्रयास है। शुरू में दिए गए विश्लेषणात्मक लेख इस संकट के वैश्विक स्वरूप में भारत की स्थिति स्पष्ट करते हैं। साथ ही वे दुनिया में विकल्प ढूँढ़ने के प्रयासों का जिक्र करते हुए यह हौसला देते हैं कि दुनिया विकल्पहीन नहीं

है। प्रोफेसर शक्ति काक, प्रोफेसर कमलनयन काबरा, प्रोफेसर टी हक कैट स्मिथ और रॉब एडवर्ड्स ने जहाँ इस समस्या पर अर्थशास्त्रीय नजरिये से विचार किया है वहीं सुनील, सचिन कुमार जैन और डॉ. एके अरुण ने एक सामाजिक-राजनीतिक कार्यकर्ता के तौर पर इसके राजनीतिक-सामाजिक और स्वास्थ्य संबंधी पहलुओं पर विचार किया है। हिमांशु शेखर का विश्लेषण भूख के अंतरराष्ट्रीय सूचकांक के हवाले से इस बीमारी का ग्लोबल एक्स-रे करता है। इसी कड़ी में अरुण कुमार त्रिपाठी का लेख विषय को स्पष्ट करते हुए समाधान प्रस्तुत करता है। लेकिन प्रोफेसर राजेन्द्र चौधरी का लेख वैकल्पिक कृषि की क्रांतिकारी क्षमता को चिह्नित कर एक नई उम्मीद जगाता है। अनिल चौधरी ने पाक खेती पर चर्चा के माध्यम से बताया है कि वहाँ और भी गम हैं आतंकवाद के सिवा। कृपाशंकर चौबे की रपट आज के बंगाल में भूख की हकीकत और अकाल की स्मृतियों को ताजा करती है तो 1974 में 'दिनमान' में प्रकाशित नेत्रसिंह रावत और जवाहरलाल कौल के रिपोर्ताज पुरुलिया और छत्तीसगढ़ की भुखमरी की याद दिलाते हुए आज किसी भी प्रकार के गफलत के प्रति आगाह करते हैं। डॉ. योगेंद्र अगर साहित्य में भूख के चित्रण का संदर्भ सहित वर्णन करते हैं तो महाश्वेता देवी की 'नून-निमक' और 'भात' जैसी कहानियाँ आदिवासियों और वंचितों के जीवन में व्याप्त खाद्य संकट को सजीव उपस्थित कर देती हैं। इनसे स्थानीय स्तर पर चलने वाली उस खाद्य राजनीति का भी पता चलता है जो संपन्न और शक्तिशाली लोग 'वैश्विक स्तर' पर चलाते हैं। सुशील गुप्ता ने उनके हिंदी अनुवाद में बांग्ला की संवेदना को विधिवत सँभाला है। खाद्य संकट हमारी सभ्यता के लिए गंभीर चुनौती है। अगर इसे समझने और इसका हल निकालने का प्रयास तीव्र नहीं किया गया तो कहीं सोमालिया जैसे हालात बनेंगे तो कहीं लालगढ़ जैसे। यह संकलन समाधान की इसी दिशा में किया गया एक लघु लेकिन प्रतिबद्ध प्रयास है। इस विषय पर विमर्श बढ़े और कार्रवाई हो यही इसकी सार्थकता है।

महाश्वेता देवी
अरुण कुमार त्रिपाठी

खाद्य नहीं प्रणाली का संकट

–अरुण कुमार त्रिपाठी

खाद्य संकट न तो पिछली सदी का दुःस्वप्न है, न ही इस सदी की विघ्न संतोषी कल्पना। वह पहले भी एक सच्चाई था और आज भी है। उसे एक हद तक कम करने या ढकने की कोशिश राष्ट्रीय और वैश्विक संस्थाओं के माध्यम से की जाती है। पर वह उत्पादन वितरण और खाद्य संस्कृति की मूलभूत स्थितियों से इतने गहरे जुड़ा हुआ है कि उसे समझे और उस ढर्रे पर नीतिगत बदलाव किए बिना दूर होता नहीं दिखता। एक तरफ बहुराष्ट्रीय कंपनियों का खाद्य व्यापार है तो दूसरी तरफ राष्ट्रीय सरकारों की कल्याणकारी योजनाएँ हैं। इस बीच में या इस दायरे से बाहर वे लोग हैं जो कभी पेट की खातिर अपना घर-बार छोड़ कर दर-दर भटकते हैं और गांव से शहर की तरफ पलायन करते हैं तो कभी दुर्गम जंगलों-पहाड़ों में रुक कर कठिन संघर्ष छेड़ देते हैं। पश्चिम बंगाल के लालगढ़ में माओवादियों के संघर्ष और सरकार के दमन के दौरान जब महाश्वेता देवी कह रही थीं कि वहां के आदिवासियों पर कार्रवाई नहीं उन्हें अनाज की जरूरत है, उसी समय कांग्रेस की अध्यक्ष सोनिया गाँधी ने प्रधानमंत्री मनमोहन सिंह को पत्र लिख कर उन्हें कांग्रेस के घोषणा-पत्र की याद दिलाते हुए राष्ट्रीय खाद्य सुरक्षा अधिनियम बनाने का सुझाव दिया। उन्होंने कहा कि, "हमारी पार्टी ने सन् 2009 के लोकसभा चुनावों में जो सबसे प्रमुख और महत्त्वपूर्ण वादा किया था वह था समाज के कमजोर और गरीब तबके को खाद्य सुरक्षा प्रदान करने के लिए राष्ट्रीय खाद्य सुरक्षा अधिनियम बनाना। मैं उस कानून का एक मसविदा आपके पास भेज रही हूँ।" 12 जून को भेजे गए इस मसविदे में कहा गया है कि "भोजन का अधिकार (सुरक्षा की गारंटी) कानून चाहता है कि भूख और कुपोषण से मुक्ति एक मौलिक अधिकार हो। यह सभी नागरिकों को सुरक्षित, पोषक और पर्याप्त खाद्य, जिसमें सम्मान के साथ सक्रिय और स्वस्थ जीवन देने की क्षमता हो, के लिए भौतिक, आर्थिक और सामाजिक अधिकार प्रदान करना चाहता है।" इसके तहत गरीबी रेखा से नीचे रहने वाले तबके

और अंत्योदय योजना के तहत लाभ पाने वालों के अलावा बचे समाज के कमजोर तबकों के लिए हर महीने तीन रुपए प्रति किलो की दर से 35 किलो अनाज देने का प्रावधान है। इस कानून के दायरे में उन लोगों को लाया जा रहा है जो वंचितों में भी वंचित हैं। उनकी सूची में अकेली महिला, कुष्ठ रोग, एचआईवी और मनोरोगी, बँधुआ मजदूर, महीने में कम-से-कम 20 दिन भीख माँग कर गुजारा करने वाले बेसहारा लोग, कचरा बीनने ने वाले, निर्माण कार्य करने वाले और रिक्शा चलाने वालों को जोड़ा गया है। सरकार की इस योजना के दो अर्थ हैं। एक तो यह दिखाना कि कांग्रेस पार्टी और उसका नेतृत्व जनता से किए गए वादे पूरे करने के लिए चौकस है और सरकार के पास इतने संसाधन और खाद्य का भंडार है कि वह सभी की भूख मिटाने की क्षमता रखती है। लेकिन दूसरा अर्थ यह भी निकलता है कि एक तरफ राष्ट्रीय और अंतर्राष्ट्रीय व्यंजनों का स्वाद लेने की क्षमता वाला संपन्न वर्ग है तो दूसरी तरफ दो जून की रोटी का जुगाड़ करने वाला कमजोर वर्ग। उसे रोटी मिलेगी तो चावल नहीं, चावल मिलेगा तो दाल नहीं, दाल मिलेगी तो सब्जी नहीं। महँगी होती मीट मछली या फल वगैरह के बारे में वह सोच ही नहीं पाता। कई बार तो उसका 'नून-नमक' छीनने वाले भी खड़े हो जाते हैं। यह सही है कि खराब मानसून की आशंका और आसन्न सूखे और खाद्य संकट के मद्देनजर सरकार इंतजाम करने में लगी है पर उसी के साथ इस संकट की बढ़ती विश्वव्यापी उपस्थिति सरकार की क्षमताओं पर सवाल भी खड़ा करती है।

दरअसल खाद्य का यह संकट स्थानीय या राष्ट्रीय स्तर पर ही नहीं है। इसका दायरा वैश्विक है और उसे पैदा करने में उदारीकरण और भूमंडलीकरण की नीतियों का बड़ा योगदान है। यह गौर करने लायक तथ्य है कि जिस समय वित्तीय पूंजी में संकट पैदा हो रहा था और मंदी की आहटें सुनाई पड़ रही थीं उसी समय पॉल राबर्ट्स 'एंड ऑफ ऑयल' और 'एंड आफ फूड' जैसे ग्रंथ लिख रहे थे। हालांकि हम इन्हें डैनियल वेल की 'एंड ऑफ आइडियोलॉजी' और फ्रांसिस फुकुआमा की 'एंड ऑफ हिस्ट्री' जैसे ग्रंथों की शृंखला में रख सकते हैं। पर जहाँ विचारधारा और इतिहास के अंत की घोषणा समाजवाद के संकट की चर्चा करती है वहीं तेल और खाद्य के खत्म होने की घोषणा पूँजीवाद के गंभीर संकट की तरफ संकेत हैं। इसीलिए प्रोफेसर अरुण कुमार जैसे अर्थशास्त्रियों का यह कहना कि अर्थव्यवस्था का मौजूदा संकट वित्तीय पूँजी या ऊपरी हिस्से के कुछ क्षेत्रों का नहीं बल्कि वास्तविक अर्थव्यवस्था का संकट है ज्यादा सटीक जान पड़ता है। विश्व स्वास्थ्य संगठन के उस अनुमान में खाद्य संकट के स्पष्ट प्रमाण मिलते हैं जिसमें कहा गया है कि 1.1 अरब से ज्यादा लोग अतिपोषित हैं। उन्होंने इतना खा लिया या इतना खाने की आदत डाल ली है कि उन्हें मोटापे से उत्पन्न होने वाली बीमारियों

का खतरा है। दूसरी तरफ इतनी ही या इससे ज्यादा ही संख्या उन लोगों की है जो भूखों मर रहे हैं। यह हमारी व्यवस्था की व्यापक विफलता की कुछ प्रतीकात्मक विडंबनाएँ हैं।

इसी विडंबना को वीसी बर्कले स्थित अफ्रीकी अध्ययन के स्कॉलर राज पटेल भी 'स्टफ्ड एंड स्टार्वड' (भरे और भूखे पेट) काम के अपने महत्त्वपूर्ण ग्रंथ में रेखांकित करते हैं। उनका कहना है कि "हालाँकि मोटापा और भूख विश्वव्यापी है पर दुनिया के किसी हिस्से में भूखे और भरे पेट वालों की वैसी विडंबनापूर्ण स्थिति नहीं है जितनी दक्षिण एशिया में है। दुनिया के सबसे बड़े लोकतंत्र में दुनिया के सबसे ज्यादा भूखे यानी 21.2 करोड़ लोग रहते हैं। यह संख्या लगातार बढ़ रही है। दूसरी तरफ फोर्ब्स की सूची के टौप दस अमीरों में सबसे ज्यादा भारत के ही लोग हैं। यहाँ सन् 2000 में टाइप-II डायबटीज के मरीजों की संख्या तीन करोड़ थी जिसमें 2030 तक 8 करोड़ हो जाने का अनुमान है।"

अपने आकार और इन्हीं विडंबनाओं के चलते भारत के बारे में दुनिया में कई तरह के पूर्वग्रह और ग़लतफहमियाँ हैं। इसी वजह से अमेरिकी राष्ट्रपति जार्ज डब्ल्यू बुश ने भारत के 35 करोड़ मध्यवर्ग की खानपान शैली को मौजूदा खाद्य संकट के लिए जिम्मेदार ठहरा दिया था। आरोप, पूर्वाग्रह और गलतफहमी भरे इन बयानों से अलग अगर आधुनिक खाद्य पर निगाह डालें तो पता चल जायेगा कि संकट कहाँ है और क्यों है? इस बारे में पॉल रॉबर्ट्स स्पष्ट करते हैं कि किस प्रकार आधुनिक खाद्य प्रणाली उसके अरबों उपभोक्ताओं के लिए उपयुक्त और सुरक्षित नहीं साबित हो रही है। बड़े पैमाने पर उभरी खाद्य उत्पादन की दक्ष प्रणाली और डीवीडी, सौंदर्य प्रसाधन और खिलौनों के लिए विकसित वितरण प्रणाली की तरह बनी खाद्य वितरण प्रणाली ने भोजन के साथ हमारे रिश्तों को पूरी तरह बदल दिया है। इसी के चलते एक तरफ मोटे और थुलथुल लोगों की भीड़ है तो दूसरी तरफ पेट और पीठ पिचके लोगों की कतार है। यह सही हैं कि विज्ञान और प्रौद्योगिकी की मदद से खाद्य उत्पादन कई गुना बढ़ा और नई व तीव्र परिवहन प्रणाली के चलते यह खाद्य दूरदराज के लोगों को उपलब्ध कराया गया। पर उसी के साथ यह भी सही है कि इस प्रणाली की सीमाएँ स्पष्ट दिखाई दे रही हैं। वह सभी का पेट नहीं भर सकती यह बात तो शीशे की तरह साफ है। और वह जिनका पेट भरती है उन्हें 'एवियन फ्लू' से लेकर 'स्वाइन फ्लू' तक तमाम तरह के खतरे से आशंकित किए हुए है। इस आधुनिक खेती की उत्पादन पद्धति में ऐसे घातक रसायनों और कृषि तकनीकों का इस्तेमाल किया गया है कि धरती की उर्वर क्षमता को बेपनाह क्षति हुई है। इसलिए उत्पादन क्षमता में नए विस्तार के समक्ष जलवायुगत सीमाएँ खड़ी हो गई हैं। इन स्थितियों

के मद्देनजर भारत और चीन जैसे बड़े देशों के खाद्य आयात-निर्यात पर असर पड़ सकता है। यूरोप और अमेरिका अपनी खाद्य प्रणाली को वैश्विक की जगह ज्यादा स्थानीय बनाने के बारे में सोच सकते हैं। यही खाद्य संकट है और यही उससे निकलने की बेचैनी और रास्ते हैं।

आधुनिक खाद्य प्रणाली एक तरफ सभी का पेट नहीं भर पा रही है दूसरी तरफ जिसका भर रही है उन्हें भी बीमार बना रही है। सवाल सिर्फ बढ़ते मधुमेह और हृदय संबंधी बीमारियों का ही नहीं है, सवाल खाद्य से संबंधित उन तमाम बीमारियों से हैं जो अमेरिका और यूरोप के लोगों पर भारी पड़ रही हैं। आधुनिक खाद्य से होने वाले संक्रमण के चलते अमेरिका में प्रतिवर्ष 7.6 करोड़ लोग बीमार पड़ते हैं, तीन लाख अस्पताल में भर्ती होते हैं और इनमें से 5000 मौतें होती हैं।

खाद्य प्रणाली से पैदा होने वाला ताजा खतरा H_5N_1 वायरस का है। इसे हम एवियन इन्फुलेंजा बर्ड फ्लू कहते हैं। यह बीमारी यूरोप के बड़े-बड़े टर्की फार्मों से आई है।

इसी तरह मैड काउ बीमारी जिसे क्रूएट्ज फेल्ट जैकोब बीमारी के नाम से जाना जाता है, आधुनिक खाद्य प्रणाली से उत्पन्न बड़ा खतरा है। इस बीमारी को पैदा करने वाली संक्रामक प्रोटीन जानवर को काटे जाने के काफी बाद तक सक्रिय रहती है। यह बीमारी एक गाय के तंत्रिका तंत्र से शुरू हो सकती है और जब उस गाय का मांस दूसरी गाय को खिलाने के लिए तैयार किया जाता है तो वह खाद्य प्रणाली में प्रवेश कर जाती है। वह खाद्य जितने जानवरों को दिया जाएगा उन सब में यह बीमारी फैलती जाती है।

खाद्य प्रणाली किस कदर प्रदूषण, संक्रमण और जलवायु परिवर्तन करती है उस बारे में राज पटेल (स्टफ्ड एंड स्टार्वड) का वर्णन चौंकाता है। अमेरिका का पशुपालन उद्योग वहाँ के नाइट्रो प्रदूषण के लिए काफी हद तक जिम्मेदार है। पशुओं की संकेंद्रित खाद्य सामग्री दरअसल मांस के क्रूर कड़ाह में ही तैयार की जाती है जो रक्त से सना होता है। अमेरिका में तैयार होने वाला 70 प्रतिशत एंटीबायोटिक पशुपालन उद्योग पर खर्च होता है और 60 प्रतिशत अनाज पशुओं को खिलाया जाता है। अमेरिका के पशुपालन उद्योग से सालाना 30 करोड़ टन गोबर पैदा होता है। इसके विस्तारण से न्यूजर्सी के आकार का इलाका मृत हो चुका है। इसी प्रकार सूअरों के फार्म में स्थित 5000 सूअर उतना मल उत्पन्न करते हैं जितना 20000 की आबादी का शहर।

धरती पर होने वाले कार्बन डाइआक्साइड उत्सर्जन के 18 प्रतिशत हिस्से के लिए अकेले पशु उद्योग जिम्मेदार है।

इन प्रदूषणकारी स्थितियों के बावजूद अमेरिका का कृषि आधारित उद्योग पर्यावरणीय नियमों से मुक्त हैं।

यह प्रणाली अपनी गति से पर्यावरण और पारिस्थितिकी का विनाश करती रहती है और जब कोई विशेष विचलन होता है तो घातक किस्म की बीमारियाँ उत्पन्न हो जाती हैं। 'यह खाद्य प्रणाली उस मशीनगन की तरह से है जो अपनी नियमित कार्रवाई के दौरान नए तरह का खतरा पैदा करती है।'

इसकी विनाशकारी क्षमताओं को देखते हुए यह अनुमान लगाया जा रहा है कि अगर मछली मारने और खाने का निर्बाध औद्योगिक अभियान चलता रहा तो 2048 तक एक भी मछली नहीं बचेगी।

पॉल राबर्ट्स जैसे लेखक आधुनिक खाद्य प्रणाली के 1980 तक के विकास को जरूरी और उपयोगी मातने हैं। पर उसके बाद की स्थितियाँ विशेष कर बहुराष्ट्रीय कंपनियों के आगमन के साथ वे तमाम तरह की गड़बड़ियां देखते हैं। उनका कहना है कि मांस की क्रांति ने हमें मनुष्य बनाया, कृषि क्रान्ति ने हमें किसान बनाया और विश्व युद्ध के बाद विज्ञान और व्यापार के समागम से खाद्य का अपार भंडार उपलब्ध हो गया। उसके बाद मोनसेंटो जैसे इनपुट कंपनी, कारगिल जैसी कमोडिटी ट्रेडर और वालपॉर्ट और मैक्डॉनोल्ड जैसी फूड सर्विस कंपनियों के आने से जो नई खाद्य प्रणाली बनी उसी का संकट आज दिखाई पड़ रहा है। पिछले दिनों खाद्य पर आर रहे इस चौतरफा संकट पर तीव्र विमर्श शुरू हुआ है। एंड आफ फूड, स्टफ्ड एंड स्टार्वड के अलावा जो पुस्तकें इस बारे में चर्चा में रही हैं उनमें इरिक स्लोसर की 'फास्ट फूड नेशन', मैरियन नेशल्स की 'फूड-पॉलिटिक्स', माइकल पोलेन की 'आमनीवोर डायलमां' और लेस्टर ब्राउन की 'प्लान की 2.0, 'हू विल फीड चाइना' प्रमुख हैं। इन किताबों में आधुनिक खाद्य प्रणाली की आत्मालोचना है। लेकिन उस पर समृद्ध देशों की अपनी दिक्कतें ज्यादा हावी हैं। इन विमर्शों के बीच उत्सा पटनायक की 'द हंगर रिपब्लिक' भारत के संदर्भ में खाद्य राजनीति और हरित क्रान्ति के साथ मोनसेंटों के जीएम सीड्स के दुष्चक्र पर गहन चर्चा प्रस्तुत करती हैं।

मोनसेंटो ने एक तरफ जीएम बीजों को नियंत्रित करने वाले अमेरिकी कानूनों को ढीला करवाया तो दूसरी तरफ इंडोनेशिया में इन बीजों को स्वीकृत करवाने के लिए सात लाख डॉलर की रिश्वत दी। दरअसल जीएम बीजों को शुरू करने के लिए जितने तरह के प्रयोगों की जरूरत होती है उन्हें करना महँगा है और उनकी विफलता के बाद इन बीजों के ठुकरा दिए जाने का खतरा भी रहता है। इसीलिए यह बड़ी कंपनियाँ प्रयोगों को दरकिनार कर सरकारी संस्थाओं से यह कहलवा लेती हैं कि

'मान लिया जाता है कि प्रयोग हो चुका है।' मोनसेंटो पर ऐसा ही आरोप लगा कि उसने इंडोनेशिया के जाँच संबंधी नियमों को हटाने के लिए 1997 से 2002 के बीच भारी रिश्वत दी। इस तथ्य के उद्घाटन के बाद 2005 में इस कंपनी ने अमेरिका के प्रतिभूति और विनिमय आयोग को 15 लाख डॉलर का जुर्माना अदा किया। वैसे 1990 के दशक में जीएम फ़सलों के व्यवसायीकरण का रास्ता खोलने के लिए डैन क्वेल द्वारा तैयार कानून काफी सहायक सिद्ध हुआ। इस संशोधन के तहत फूड एंड ड्रग एडमिनिस्ट्रेशन जब जीएम फसलों को मंजूरी देता है तो यह मान लेता है कि प्रयोग कर लिए गए हैं। इन्हीं कंपनियों के हितों को ध्यान में रख कर विश्व खाद्य व्यवस्था का निर्माण किया जा रहा है। उसे विश्व व्यापार संगठन का संरक्षण मिला हुआ है। तमाम राष्ट्रीय सरकारें किसानों की बदहाली और गरीब भूमिहीन जनता की भुखमरी देख कर कई बार अंतर्राष्ट्रीय मंचों पर प्रतिरोध करती हैं लेकिन डब्ल्यूटीओ उन्हें एक सीमा से आगे बढ़ने से रोक देता है। हकीकत यह बन गई है कि इन सरकारों ने ही अपने हाथ बाँध लिए हैं। इसलिए उनके किसान आत्महत्याओं के लिए मजबूर हो जाते हैं।

किसानों की बदहाली के लिए डब्ल्यूटीओ को दोषी ठहराते हुए जब 10 सितंबर 2003 को दक्षिण कोरिया के 'ली कुआंग हे' नाम के एक किसान नेता ने आत्महत्या की तो पूरी दुनिया में उसके समर्थन में प्रदर्शन हुए। कानकुन में डब्ल्यूटीओ का मंत्रीस्तरीय सम्मेलन चल रहा था तभी ली सभास्थल के पीछे लगे अवरोधकों से सटी बाड़ पर चढ़ गया और नारा लगाया 'डब्ल्यूटीओ किसानों को मारता है'। उसके बाद उसने चाकू (रेड पेननाइफ) निकाल कर अपने सीने में घोंप लिया। वह कुछ घंटों में मर गया। पर उसने अपने परचे के माध्यम से जो संदेश दिया था वह आज भी मरा नहीं–

'एक बार मैं उस किसान के घर पहुँचा जिसने अनियंत्रित कर्ज के चलते जहरीला रसायन पीकर अपनी जान दे दी थी। मैं उसकी पत्नी की चीखें सुनने के अलावा कुछ नहीं कर सकता था। अगर आप मेरी जगह होते तो कैसा महसूस करते?... चौड़ी सड़कों, बड़े अपार्टमेंट के खंड और फैक्टरियों ने धान के उन खेतों को ढँक लिया है जिन्हें हजारों साल में कई पीढ़ियों ने मिल कर तैयार किया था। इन धान के खेतों से अतीत में रोजमर्रा की जरूरत के भोजन और वस्तुएँ सभी चीजें मिलती थीं। हालाँकि आज धान की पर्यावरणीय और जलगत जरूरतें पहले से ज्यादा अहम है फिर भी यह सब हो रहा है। इन स्थितियों में हमारी ग्रामीण जीवंतता, सामुदायिक परंपराएँ, सुविधाएँ और पर्यावरण की कौन परवाह करेगा?" क्या यह आत्महत्या ली ने प्रसिद्धि पाने के लिए की थी या किसी सनक में? या फिर सचमुच दुनिया के अन्य देशों की तरह

दक्षिण कोरिया के किसान इतने लाचार हैं कि उनके पास जान देने के अलावा कोई चारा नहीं है? इन स्थितियों का वर्णन दक्षिण कोरिया की राष्ट्रीय असेंबली के सदस्य और किसान नेता कांग की काप इस प्रकार करते हैं।

अगर आप तर्क और अंतरात्मा वाले मनुष्य हैं तो आप डब्ल्यूटीओ को खत्म करना ही चाहेंगे।...कृषि उत्पादों की मानवाधिकार की तरह रक्षा करनी होगी। जीने के लिए मनुष्य का भोजन करना जरूरी है। आप इसका व्यावसायीकरण नहीं कर सकते। यह मानव विरोधी व्यवहार न सिर्फ समाज विरोधी है बल्कि जन-विरोधी है। ...

डब्ल्यूटीओ की नीतियाँ किसानों के लिए बम जैसी है। किसान कृषि उत्पादों के साथ जी भी नहीं सकते। पहले चावल के 11 बोरों की कीमत एक साल के वेतन के बराबर थी। आज 700 अमेरिकी डॉलर यानी एकमाह के वेतन में 11 बोरा चावल मिल जाता है। ज्यादातर खेतिहर कस्बों में 60 से 70 प्रतिशत लोग 70 साल के हो चुके हैं। चूंकि खेती में फायदा नहीं है इसलिए वे सब कर्ज में डूबे हैं। वे उस कर्ज को चुका नहीं सकते।"

यही स्थिति भारत में भी है। हाल में पंजाब में किसानों की आत्महत्या के आंकड़ों को लेकर राज्य सरकार और गैर सरकारी संगठनों के बीच काफी विवाद रहा। जमीनी सर्वेक्षण के आंकड़ों को सरकार मानने को तैयार ही नहीं थी। लेकिन पंजाब की स्थितियाँ कितनी चिंताजनक है उस बारे में पंजाब विश्वविद्यालय में अर्थशास्त्र को प्रोफेसर एस एस गिल की यह टिप्पणी महत्त्वपूर्ण है कि, "आप मुझे पाँच एकड़ का कोई किसान बताइए जिस पर डेढ़ लाख रुपए का कर्ज हो। मैं आपसे दावे के साथ कह सकता हूँ वह भविष्य में आत्महत्या करने वाला है।" इसी तरह आंध्र पदेश के 82 प्रतिशत किसान कर्ज में रहे हैं और तभी इन राज्यों में बड़े पैमाने पर आत्महत्याएँ हुई हैं।

हो सकता है सरकार की कर्जमाफी योजना के चलते किसानों ने राहत महसूस की हो और आत्महत्याओं का सिलसिला रुका हो। पर सवाल यह है कि अगर बहुराष्ट्रीय कंपनियों के हितों पर केंद्रित कृषि और खाद्य व्यवस्था का प्रोत्साहन जारी रहा तो क्या इन राहतों का असर कायम रह पाएगा? सवाल यह भी है कि किसानों को हमेशा माफी और अनुदान के लिए मोहताज क्यों रहना पड़े? सरकार ने भूख और गरीबी के संकट को कम कर दिखाने के लिए पहले आंकड़ों की बाजीगरी की और अब द्वितीय हरित क्रांति की तैयारी में है। पहले लोग गरीबी और मजबूरी के चलते पेट काट कर जीते थे पर सरकार की होशियारी के चलते वे गरीबी के दायरे से बाहर निकल गए हैं। 1970 के दशक के आरंभ में आधी आबादी को गरीब बताया जाता था। लेकिन दो दशक बाद 1993-94 में यह आबादी एक तिहाई रह

गई। गरीबी घटाने के लिए जहाँ गरीबों का पेट भरना चाहिए था वहीं अर्थशास्त्रियों ने लोगों के पेट काट दिए। 1970 के दशक में उसे भी गरीबी रेखा पर माना जाता था जो प्रतिदिन 2400 कैलोरी ग्रहण करता है। लेकिन 1990 के शुरू में 1970 कैलोरी प्रतिदिन को गरीबी रेखा बना दिया गया। उसके बाद गरीबी रेखा की प्रतिदिन कैलारी उपभोग की यह सीमा 1890 फिर 1800 कैलोरी तक घटा कर ले आई गई। इसी बीच देश के प्रति व्यक्ति के लिए अनाज की उपलब्धता भी घटी है। अगर 1921 से 1926 के बीच 185.6 किलोग्राम अनाज प्रति व्यक्ति प्रति वर्ष उपलब्ध था तो 2001 में वह घट कर 159.9 किलोग्राम प्रति व्यक्ति प्रति वर्ष हो गया है। अगर देखा जाए तो अनाज की यह उपलब्धता 1991-92 के बाद से लगातार घट रही है। यानी जब उदारीकरण का दौर शुरू हुआ तो यह उपलब्धता 173.5 किलोग्राम प्रति व्यक्ति प्रति वर्ष थी लेकिन 1992-93 से 1994-95 के बीच यह 170.1 हो गई और 1995-96 से 1997-98 के बीच 169.3 किलोग्राम आ गई। उदारीकरण के इस दौर में एक तरफ लोगों को ज्यादा खाने वाली बीमारियाँ हो रही हैं तो दूसरी तरफ आम लोगों के लिए खाद्यान्न की उपलब्धता घट रही है। वास्तव में देश के आम जन के लिए अनाज की उपलब्धता इस स्तर तक पहुँच गई है जो 1933-38 के अंग्रेजी शासनकाल के दौरान (159. 3 किलो प्रति व्यक्ति प्रति वर्ष) थी। (उत्सा पटनायक, 'द हंगर रिपब्लिक') अगर इस साल फरवरी के महीने में आई संयुक्त राष्ट्र के वर्ल्ड फूड प्रोग्राम की रपट के आंकड़ों पर गौर करें तो भारत का स्थान दुनिया के भूखे देशों में काफी ऊपर बैठता है। रपट कहती है कि भारत में 23 करोड़ लोग आधा पेट खाना खाते हैं यानी भूखे हैं। यह आबादी दुनिया के किसी देश की भूखी आबादी से ज्यादा है। रपट के अनुसार दुनिया की 27 प्रतिशत भूखी आबादी भारत में निवास करती है और देश में 5 साल से कम उम्र के 43 प्रतिशत बच्चे कमजोर (अंडरवेट) हैं। जबकि दुनिया के लिए यह प्रतिशत 25 प्रतिशत और सहारा क्षेत्र के लिए 28 प्रतिशत है। सन् 2008-09 में भारत में 22.08 करोड़ टन की रिकार्ड पैदावार होने की उम्मीद है पर 2015 तक लोगों की खाद्यान्न आवश्यकता 25.0 करोड़ टन पहुँच जाएगी। लोगों के भूख और कुपोषण के लिए सरकार की बहुचर्चित टीपीडीएस (लक्षित जन वितरण प्रणाली, को भी दोषी ठहराया गया है। दरअसल यह योजना आम जनता तक खाद्य सब्सिडी पहुंचाने में नाकाम रही है। इसने खाद्य सुरक्षा प्रदान करने के बजाय खाद्य असुरक्षा प्रदान की है। इसकी वजह योजना से संबंधित सूचनाएँ आकलन और भ्रष्टाचार रहे हैं। इस योजना ने एक बीपीएल परिवार की प्रति माह अनाज आवश्यकता 10 किलोग्राम निर्धारित की थी जिसके

चलते पाँच सदस्यों वाले परिवार में प्रति व्यक्ति उपलब्धता दो किलो बैठती है। जबकि आईसीएमआर के मानक के अनुसार पाँच सदस्यों के एक परिवार की यह जरूरत 55 किलो प्रतिमाह है। सरकार ने बीपीएल अनाज की मात्रा बढ़ाई जरूर है पर अभी भी इतना नहीं किया है कि लोग भूख और कुपोषण से निजात पा सकें। हो सकता प्रस्तावित खाद्य सुरक्षा कानून में कुछ और बेहतर व्यवस्था की जाए। लेकिन गरीबों की क्रयशक्ति अगर 20 रुपए रोज रहेगी और खाद्यान्न की जरूरत बढ़ती जाएगी तो नई चुनौती से पार पाना आसान नहीं होगा।

इन स्थितियों से निपटने के लिए जिन दो प्रणलियों पर चर्चा चल रही है इनमें से एक है अमेरिकी मॉडल और दूसरा है क्यूबा का मॉडल। अमेरिकी मॉडल वैश्विक है जिसमें बायोटेक्नॉलाजी का इस्तेमाल और बहुराष्ट्रीय कंपनियों का खुला खेल शामिल है। जबकि क्यूबा के मॉडल में किसानों और सरकार के सहयोग से खाद्य स्वायत्तता और संप्रभुता हासिल करने का प्रयास है। सोवियत संघ के विघटन और बढ़ते अमेरिकी दबावों के बीच अगर क्यूबा ने वह मॉडल सफल बनाया है तो जरूर हमें उस पर गौर करना चाहिए। लेकिन उससे पहले उस अमेरिकी प्रभाव को समझना होगा जो भारत पर नेहरू युग से ही हावी रहा है और मनमोहन युग में उसका असर बढ़ता गया है। पहले अमेरिका भारत को खाद्य सामग्री का अनुदान इसलिए देता था ताकि भारत कम्युनिस्ट देश न हो जाए। सन् 1965 का जबरदस्त अनाज संकट, प्रधानमंत्री लाल बहादुर शास्त्री की गुहार और अमेरिकी राष्ट्रपति जानसन की तरफ ले पीएल-480 कार्यक्रम के तहत अनाज का अनुदान यह सब घटनाएँ भले हमारी स्मृतियों में चली गई हों पर जब हमारे प्रधानमंत्री डॉ. मनमोहन सिंह अमेरिका में जाकर यह घोषणा करते हैं कि हम खाद्यान्न के मामले में अमेरिका पर निर्भर रहे हैं। हमारी खाद्य सुरक्षा में अमेरिका का बड़ा योगदान है। हमारी पहली हरित क्रांति अमेरिकी सहयोग से हुई थी और दूसरी हरित क्राति के लिए भी सहयोग चाहिए, तब तमाम स्मृतियाँ ताजा हो जाती हैं और आगे का विकास का खाका स्पष्ट हो जाता है।

सन् 2005 में अमेरिकी दौरे के समय भारतीय प्रधानमंत्री डॉ. मनमोहन सिंह ने कहा, "हम अपनी हरित क्रांति के लिए अमेरिका के शुक्रगुजार हैं। अब हम द्वित्तीय हरित क्रांति भी अमेरिका के सहयोग से कर सकते हैं।" सन् 2006 में जब अमेरिकी राष्ट्रपति जार्ज बुश भारत आए तो उन्होंने भारत की इस कृतज्ञता और अनुरोध का जवाब कुछ इस प्रकार दिया–

"अमेरिका और भारत....कृषि के क्षेत्र में सघन सहयोग कर रहे हैं। अमेरिका ने 1960 के दशक में भारत की खाद्य आवश्यकताओं को पूरा करने के लिए उसकी मदद की थी। उस समय अमेरिका के अग्रणी वैज्ञानिक नारमन बोरलॉग ने भारतीय

किसानों से कृषि प्रौद्योगिकी में साझेदारी की थी। आपने कड़ी मेहतन से पिछले 50 सालों में अपना खाद्य उत्पादन तीन गुना कर लिया। इस प्रगति को मजबूती प्रदान करने के लिए मैं और आपके प्रधानमंत्री नया कृषि ज्ञान पहल आरंभ कर रहे हैं। इस पहल के तहत कृषि प्रौद्योगिकी को सुधारने के लिए संयुक्त शोध और वैज्ञानिकों के बीच विनिमय की खातिर 10 करोड़ डॉलर का निवेश किया जायेगा।"

भारत-अमेरिका नाभिकीय करार के साथ ही दोनों देशों में कृषि संबंधी कई समझौते हुए हैं और उन काम भी चल रहा है। पर सरकारी स्तर पर पहली हरित क्रांति के बुरे असर पर चर्चा किए बिना दूसरी हरित क्रांति की तैयारी करना निश्चित ही जोखिम का काम है। फिर पहली हरित क्रांति की कमान सरकार के हाथ में थी और उसमें निजी क्षेत्र ने सहयोग किया था लेकिन दूसरी हरित क्रांति का कमान निजी क्षेत्र और बहुराष्ट्रीय कंपनियों के हाथ में होगी जिसके लिए सरकार मार्ग प्रशस्त करेगी। 'इस दूसरी हरित क्रांति में सबसे ज्यादा फायदा कीटनाशक कंपनियों का होने वाला है।' (राज पटेल, स्टफ्ड एंड स्टार्वड)

उन कीटनाशक कंपनियों ने पर्यावरण और जनस्वास्थ्य के साथ बड़े पैमाने पर खिलवाड़ कर काफी अपयश कमाया है। अब वे भारत जैसे विशाल देश में अपनी भूमि का निभा कर जनसमर्थन जुटाना चाहती हैं। लेकिन प्राकृतिक संसाधनों के साथ खिलवाड़ के जोखिम को हमें समझना होगा। 'एंड ऑफ फूड' में पॉल राबर्ट्स स्पष्ट शब्दों में चेतावनी देते हैं–

"एक बार जब हम उन प्राकृतिक संसाधनों, मुख्यतः मिट्टी, पानी, पौधों और पशुओं के प्राकृतिक भंडार का क्षरण कर देंगे जिन पर खाद्य उत्पादन निर्भर हैं तो हमारे पास खाने के लिए कोई सिनथेटिक (कृत्रिम) खाद्य नहीं रहेगा। औद्योगिक कृषि ने इन प्राकृतिक संसाधनों के लिए लगातार खतरा पैदा कर रखा है। इन स्थितियों के चलते आज जैसा एशिया में हो रहा है अगर कल वैसा सारी दुनिया में होने लगा तो उत्पादन इस तरह गिरने लगेगा कि उसे बाद में रोक पाना या उसकी भरपाई करना संभव नहीं होगा।"

औद्योगिक दबाव में आज कृषि के व्यावसायिक हुए बिना उसे चला पाना असंभव बना दिया गया है। लेकिन उसका दूसरा पक्ष यह है कि खाद्य ऐसा उत्पाद है जिसे किसी और चीज से बदला नहीं जा सकता। भले ही बाजार अपने एक संकटग्रस्त उत्पाद की जगह दूसरा उत्पाद फेंक देता हो पर खाद्य के साथ ऐसा असंभव है।

अगर हम बाजार और बहुराष्ट्रीय कंपनियों के कारोबार और रणनीति को व्यापक पैमाने पर देखें तो स्पष्ट हो जायेगा कि वे एक साथ दर्द देने और दवाई करने

के धंधे में लगी हैं।

चंद खाद्य कंपनियों ने किस प्रकार दुनिया की खाद्य प्रणाली पर कब्जा कर रखा है इसके प्रमाण उनके व्यापार के आकार में मौजूद है। 'थोक व्यापार करने वाली कंपनियों ने 2004 में कुल 3.5 खरब डॉलर का कारोबार किया। बीज बेचने वाली कंपनियों ने एक साल में 31 अरब डॉलर और कृषि रसायन उद्योग ने 35 अरब डॉलर का कारोबार किया। जबकि खाद्य प्रसंस्करण की कमाई 1.25 लाख डॉलर थी। (महज तुलना के लिए हम जान लें कि 2005 में कनाडा का जीडीपी 1.1 खरब डॉलर था।) लेकिन उससे भी रोचक बात यह है कि इन उद्योगों का कारोबार बढ़ने के साथ दुनिया में 240 अरब डॉलर के वजन घटाने वाले उद्योग की बाछें खिल जाती हैं। इस दौरान जिन देशों के पास खाने को नहीं है उन्हें अमेरिकी खाद्य सहायता उद्योग दो अरब डॉलर की मदद करने को तैयार है।'

यह अमेरिकी मॉडल दरअसल उसी साम्राज्यवादी ब्रिटिश मॉडल का विस्तार है जिसके लागू होने के बाद भारत में हर चार साल के भीतर एक अकाल आने लगा था जबकि उससे पहले 120 सालों में एक अकाल पड़ता था।

आज अमेरिकी प्रभाव में बहुराष्ट्रीय कंपनियों के लिए तैयार की गई खाद्य व्यवस्था से बाहर क्यूबा ओर लातीनी अमेरिकी देशों को विकल्प के रूप में देखा जा रहा है। क्यूबा को जब खेती का औद्योगिक मॉडल अव्यावहारिक लगा तो उसने 1994 में अपना मॉडल विकसित करना शुरू किया। पहले वहाँ की 79 प्रतिशत जमीन पर सरकार का मालिकाना था बाद में उसने इस हक को विकेंद्रित किया। हालाँकि जमीन पर मालिकाना हक तब भी सरकार का रहा लेकिन उसके बाद 75 प्रतिशत खेती का प्रबन्धन निजी हाथों में दे दिया गया। इस दौरान क्यूबा सरकार खाद्य वितरण, लोगों को खाद्य पैकेट की गारंटी देने का काम तो करती ही रहती है साथ में कीटनाशक बनाने और बायोटेक्नोलॉजी के प्रयोग करने का जिम्मा भी निभाती है। पर वहीं यह सब काम कंपनियों के व्यावसायिक हितों को ध्यान में रख कर नहीं किया जाता, बल्कि राष्ट्रीय हितों और जनता के हितों को ध्यान में रख कर होता है। उदाहरण के लिए क्यूबा के कृषि वैज्ञानिक न तो खेती में अत्यधिक ऊर्जा के प्रयोग का सुझाव देते हैं न ही वे कीटनाशकों का बेतहाशा प्रयोग करते हैं। वे कीटनाशकों का न्यूनतम और विवेकपूर्ण इस्तेमाल करते हैं और इसीलिए वहाँ के मृदा वैज्ञानिक नारा देते हैं, "कीट नियंत्रण के लिए जरूरी है कि उन्हें नियंत्रित करना भूल जाइए।" यानी कीट पतंगों और खरपतवार के समूल नाश की सनक पालने के बजाय उनके साथ जीना सीखें। ऐसा नहीं है कि क्यूबा में वैज्ञानिक नहीं हैं और वे अपनी भूमिका नहीं निभाते। क्यूबा की आबादी लातीनी अमेरिकी आबादी

का महज दो प्रतिशत है पर उनके वैज्ञानिकों की संख्या 11 प्रतिशत है। वे वैज्ञानिक किसानों को यह बताने में लगे हैं कि रसायनों का प्रयोग हर मौके पर करने के बजाय आखिरी मौके पर करना चाहिए, क्योंकि इससे क्रीटों में दवाओं को लेकर प्रतिरोधक क्षमता विकसित हो जाती है। इसका मतलब यह नहीं है कि क्यूबा की पर्यावरणीय स्थिति बहुत अच्छी है और वहाँ पर दूध, मांस या दूसरे खाद्य पदार्थों का उत्पादन बहुत अच्छा है। पर एक बात जरूर है कि वहाँ की सरकार ने किसानों को विकल्प की तरफ सोचने को प्रेरित किया है।

क्यूबा ने यह प्रयोग मजबूरी में शुरू किया। 'औद्योगिक इनपुट से रहित क्यूबा के पास अपने खाद्य मॉडल को औद्योगिक दायरे से दूर ले जाने के अलावा कोई चारा नहीं था। उन्होंने अपनी खेती की मशीनों और रसायनों पर निर्भरता खत्म की और स्थानीय उपभोग के लिए खाद्य उत्पादन पर केंद्रित किया। बड़े-बड़े सरकारी फार्मों को सहकारिता में बाँट दिया गया और शहर के तमाम श्रमिकों को फैक्टरियों से निकाल कर खेती के काम में लगाया गया। आज क्यूबा की एक चौथाई आबादी खाद्यान्न उत्पादन में लगी है।' (एंड ऑफ फूड, पॉल रॉबर्ट्स)। 'ट्रैक्टरों की जगह पर साड़ उत्पादन के कार्यक्रम शुरू किए गए, सिनथेटिक फर्टिलाइजर और कीटनाशकों की जगह पर क्यूबा के लोगों ने समेकित कृषि फार्मिंग के तमाम तरीके अपनाए। इनमें पशुओं और फसलों की मिश्रित खेती, फसल चक्र, एक फसल के बीच दूसरी फसल लगाना और समेकित कीट प्रबंधन जैसी योजनाएँ शामिल हैं। (पॉल राबर्ट्स)। फूड एक्टिविस्ट पीटर रोजेट कहते हैं, "वैकल्पिक कृषि का जो प्रयोग क्यूबा में चल रहा है वह बेमिसाल है। पारंपरिक कृषि उत्पादन के टिकाऊपन से परेशान देशों के लिए यह प्रयोग व्यापक प्रभाव छोड़ने वाला लगता है। क्यूबा के वैकल्पिक कृषि के प्रयोग को लातीनी अमेरिका, अफ्रीका और यहाँ तक कि लाओस में भी अपनाया जा रहा है। लातिन अमेरिकी देशों में 'कैम्पसिनो ए कैम्पसिनो' यानी 'कृषक संवाद' आंदोलन काफी असरदार हो रहा है। इस आदांलेन के तहत किसान पूरे महाद्वीप में यात्रा करते हैं। एक-दूसरे से अपने बीज, इतिहास और संस्कृति के बारे में चर्चा करते हैं और विकेंद्रित प्रशिक्षण के साथ अपने ज्ञान को बाँटते हैं। इस आंदोलन के बारे में किसानों का कहना है कि 'यह संवाद अनुसंधान और एकता के दो पैरों पर चलता है और एक हाथ से खाद्य उत्पादन के लिए काम करता है तो दूसरे से पर्यावरण रक्षा के लिए।' गौर से देखा जाए तो 'कृषक संवाद' का यह आंदोलन भारत-अमेरिका ज्ञान पहल के ठीक विपरीत और उसके विकल्प के रूप में मौजूद है। इसे भारतीय उपमहाद्वीप में शुरू करने की जरूरत है।

सवाल है कि क्या अमेरिका और यूरोप अपने आप क्यूबा का मॉडल

अपनाएंगे। या फिर भारत के कम मांस उपभोग के मॉडल का अनुकरण करेंगे। लेकिन असल सवाल यह है कि जब औद्योगिक कृषि मॉडल भारी लागत और घातक इनपुट के चलते उत्पादन और सुरक्षा के हानिकारक परिणाम सामने आ रहे हैं तो क्या लोग किसी विकल्प की तरफ सोचने को बाध्य नहीं होंगे। ऐसे में अगर कहीं प्रयोग चल रहा है तो उसका महत्त्व तो है ही।

इन स्थितियों में खाद्य संकट से बाहर निकलने की एक स्वाभाविक दिशा यह हो सकती है कि हम ऐसी खाद्य प्रणाली का निर्माण करें जो वैश्विक और राष्ट्रीय आपूर्तिकर्ताओं पर निर्भर रहने के बजाय क्षेत्रीय खाद्य स्रोतों पर निर्भर हो। अगर इस प्रणाली को सावधानीपूर्वक विकसित किया जाए तो यह ज्यादा सुरक्षित होगी, जलवायु के अनुकूल होगी और महँगे मॉडल के बजाय ऊर्जा का किफायती मॉडल बनेगी। ऐसा नहीं है कि यह मॉडल सिर्फ जबानी या कागजी है। यह स्थानीय मॉडल यूरोप और एशिया के कई शहरों में सफलतापूर्वक चल रहा है। जरूरत उसे पहचानने और मजबूती देने की है। अगर इन स्थानीय मॉडलों में सुपरमार्केट का मॉडल नहीं आया है तो उसे नहीं आने देना चाहिए। उदाहरण के लिए हनोई अपने 4/5 उत्पाद, आधी मांस-मछली और 40 प्रतिशत अंडे या तो शहर के भीतर से या आसपास से प्राप्त करता है।

पूर्वी कोलकाता के पास स्थित 13 वर्ग मील का मछली तालाब न सिर्फ शहर की खाद्य जरूरतें पूरी करता है बल्कि जल शोधन का भी काम करता है। इसी प्रकार शंघाई अपने आधे से ज्यादा खाद्य उत्पाद और मीट या तो शहर के भीतर से प्राप्त करता है या आसपास से। इसे खाद्य संप्रभुता की संज्ञा दी जाती है।

क्या करें–राज पटेल (स्टफ्ड एंड स्टार्वड) ने खाद्य संकट से निपटने के लिए खाद्य संप्रभुता के दस सूत्र सुझाए हैं। वे किसान, उपभोक्ता और राष्ट्रीय समुदाय के लिए उपयोगी हो सकते हैं।

1. **अपने स्वाद को बदलें**–उनका यह सुझाव उन लोगों के लिए ज्यादा है जो खाद्य कंपनियों के ऊर्जा से ठसाठस भरे और चटोरे उत्पादों के उपभोक्ता बन चुके हैं। फास्ट फूड के आदी हो चुके हैं और घरों के बजाय अक्सर होटल और रेस्तरां में खाने में यकीन करते हैं। ऐसे लोगों के लिए उनका सुझाव है कि घरों में बनने वाले ताजे और सफाई से पकाए गए खाने की आदत डालिए।
2. **स्थानीय और मौसमी भोजन लें**–वह खाद्य जो लंबी दूरी से चल कर न आ रहा हो स्वादिष्ट लगता है और उसकी लागत भी कम लगती है। वह वातावरण में कार्बन का प्रदूषण भी कम करता है। लेकिन जब हम अपना स्वाद बदल

कर अपने आसपास उत्पादित मौसमी साग-सब्जी खाएँगे तो हो सकता है हमें जाड़े में टमाटर न मिले, गर्मी में गोभी न मिले और इस तरह अपना स्वाद बदलना पड़े। या हम मछली और मीट की ताजा और स्थानीय आपूर्ति चाहते हैं तो उन्हें इस तरह से उत्पादित करना होगा। यानी हम न सिर्फ इस बात के लिए सचेत रहेंगे कि हम क्या खा रहे हैं बल्कि इस बात के लिए भी सचेत रहेंगे कि वह कहाँ से आ रहा है उसका उत्पादन कैसे हो रहा है।

3. **पर्यावरण के लिहाज से खाएँ**–उत्तरी इलाके के कई देशों में आर्गेनिक फूड का चलन बढ़ रहा है। कम रसायन और कम कीटनाशकों की उत्पादन प्रणाली अपनी जगह बना रही है। क्यूबा और लातीनी अमेरिका के प्रयोग भी अनुकरणीय हो रहे हैं। आर्गेनिक खेती शुरू में भले अलाभकारी दिखे पर दीर्घकाल में लागत के लिहाज से यह मुनाफे का ही काम साबित होगी।
4. **स्थानीय स्तर के खास व्यापार का समर्थन करें**–सुपरमार्केट ज्यादा किस्म की फल और सब्जियाँ उपलब्ध कराने का दावा भले करता हो पर हकीकत ठीक उल्टी है। वहाँ के फल और सब्जी दवा छिड़क कर ताजे बनाये जाते हैं। इसके अलावा वे महंगे भी होते हैं। उसके मुकाबले स्थानीय स्तर पर लगने वाले हफ्ते के बाजार और ठेले वालों की सब्जियाँ ज्यादा ताजा और स्वास्थ्य के अनुकूल होती हैं। यह सूत्र वालमार्ट जैसी बड़ी कंपनियों के उपभोक्तावाद का स्थानीय पर जवाब दे सकता है। हालाँकि स्थानीय व्यापार से आशंकित वालमार्ट भी अपनी रणनीति बदल रहा है।
5. **सभी श्रमिकों को गरिमा का अधिकार है**–खेतिहर मजदूरों की खराब स्थिति के रहते न स्थानीय खेती की स्थिति सुधर सकती है न ही उसके व्यापार की। इसलिए इस दिशा में विधिवत ध्यान देने और श्रमिकों की सहकारिता वगैरह बनाने की जरूरत है।
6. **ठोस और व्यापक ग्रामीण सुधार**–गाँव में शिक्षा, स्वास्थ्य और ढाँचागत सुविधाओं की बेहतर स्थिति प्रदान करने से ही लोग वहां रह कर अच्छी खेती करेंगे। वरना लोग अपनी खेती बेच कर शहरों की तरफ पलायन कर जाएँगे।
7. **सभी को जीवनयापन के लिए वेतन मिले**–अगर सभी को पर्याप्त खाद्य और पोषक आहार दिया जाना है तो जरूरी है कि उन्हें इतनी मजदूरी या वेतन मिले कि वे अपना और परिवार का पेट पाल सकें।
8. **खाद्य प्रणाली के एक टिकाऊ ढाँचे का समर्थन**–अगर खाद्य संकट से निपटना है तो फूड कारपोरेशन के ढाँचे के बाहर हमें स्थानीय बाजार, मुद्रा, सामुदायिक कृषि पहल का अपना ढाँचा तैयार करना होगा।

9. **खाद्य प्रणाली (वैकल्पिक) की राह में आने वाले रोड़े हटाएँ**–खाद्य संप्रभुता की राह में कंपनियाँ सबसे ज्यादा रोड़े अटकाती हैं। वे एक तरफ कृषि की ज्यादातर सब्सिडी झटक लेती हैं दूसरी तरफ महँगी दरों पर प्रसंस्करित (प्रोसेस्ड) खाद्य सप्लाई करती है उनके एग्रीबिजनेस पर दी जाने वाली सबसिडी तो रुकनी ही चाहिए साथ ही प्रोसेस्ड फूड पर टैक्स भी लगाया जाना चाहिए।

10. **अतीत के अन्याय का जिम्मा लेते हुए उसे मिटाना चाहिए**–पूँजीवादी और साम्राज्यवादी व्यवस्था के तहत भूमंडल के उत्तरी देशों ने दक्षिणी देशों की कृषि व्यवस्था का भरपूर शोषण किया है। उन्हें उसका जिम्मा लेते हुए आज शोषण की जो भी प्रणालियाँ हैं उसे नष्ट करना चाहिए।

आज खाद्य सुरक्षा अधिनियम के बहाने भारत में सार्वजनिक वितरण 4प्रणाली को व्यापक बनाने की तैयारियाँ चल रही हैं पर उससे कहीं ज्यादा किया जाता है। अतीत के अनुभव और भावी चुनौतियों को देखते हुए हम मानवता के लिए सही दिशा में बड़ा कदम उठा सकते हैं।

बीतेंगे कभी तो दिन आखिर, ये भूख और बेकारी के।
टूटेंगे कभी तो बुत आखिर, दौलत की इजारेदारी के॥
जब एक अनोखी दुनिया की बुनियाद उठाई जाएगी।
वो सुबह कभी तो आएगी॥ **—साहिर लुधियानवी**

साईं इतना दीजिए, जामे कुटुम समाय।
मैं भी भूखा न रहूं, साधु न भूखा जाए॥

दुइ सेर मांगों चूना। पाव घीउ संग लूना।
आध सेर मांगों दाल। मोको दोनों बखत जिवाले॥
—कबीर

ग्लोबल हंगर इंडेक्स और खाद्यान्न संकट

–हिमांशु शेखर

दुनिया आर्थिक मंदी की मार झेल रही है लेकिन पूंजीवाद के पैरोकार अभी भी साम्राज्यवादी नीतियों को प्रोत्साहित करते हुए नहीं अघा रहे हैं। पूंजीवाद पर आधारित भूमंडलीकरण के जिस युग में दुनिया जी रही है उसने अमीरों को और भी ज्यादा अमीर और गरीबों को और भी ज्यादा गरीब बनाया है। अमीरपरस्त आर्थिक नीतियों की वजह से एक खास तबके का बैंक बैलेंस काफी तेजी से बढ़ा और ये लोग तेजी से शेयर बाजार की ओर गए। जहां से ये थोड़े ही समय में अपनी मूल पूंजी से कई गुना ज्यादा के स्वामी हो गए। वहीं दूसरी तरफ अमीरों की इस दुनिया में ऐसे लोगों की भी बड़ी संख्या है जिन्हें दो वक्त की रोटी भी नसीब नहीं हो पा रही है। साथ ही अभी भी दुनिया के कई हिस्सों में लोग भूख की वजह से काल कवलित हो रहे हैं। खाद्यान्न संकट ने भुखमरी की समस्या को और भी गहरा कर दिया है। बीते दिनों इंटरनेशनल फूड पॉलिसी रिसर्च इंस्टीट्यूट ने ग्लोबल हंगर इंडेक्स जारी किया। यह रपट 2006 तक के प्राप्त आंकड़ों के आधार पर यानी मौजूदा खाद्यान्न संकट के पहले के आंकड़ों के आधार पर तैयार की गई है। इस रपट के भयावह निष्कर्षों के आधार पर यह अंदाजा सहज ही लगाया जा सकता है कि अनाज संकट के बाद भुखमरी की समस्या किस कदर गहरा गई है। 88 देशों के इस ग्लोबल हंगर इंडेक्स में भारत को 66वां स्थान दिया गया है।

बहरहाल, इस रपट के संदर्भ में भुखमरी की समस्या को आसानी से समझा जा सकता है। इस रपट के मुताबिक 33 देश ऐसे हैं जहां भुखमरी की समस्या खतरनाक बनी हुई है। दक्षिण एशियाई और अफ्रीकी देशों में यह समस्या काफी गहरी है। इन इलाकों में तेजी से अनाजों के बढ़ते दाम की वजह से लोगों को भरपेट भोजन नहीं मिल पा रहा है। पहले यहां अनाज की जितनी खपत थी अब उसमें भी कमी आ गई है। इसकी वजह से यहां कुपोषण की समस्या भी विकराल रूप लेती

जा रही है। इन क्षेत्रों में लोगों की आमदनी बेहद कम है और रोजगार के अवसर भी नहीं के बराबर हैं। इसलिए इनके लिए अपनी बुनियादी आवश्यकताओं की पूर्ति असंभव सरीखा हो गया है।

ग्लोबल हंगर इंडेक्स, 2008 के मुताबिक 1990 से लेकर अब तक दुनिया ने खाद्यान्न सुरक्षा की दृष्टि से अपेक्षित प्रगति नहीं की है। इस वजह से दुनिया भूख की समस्या से निजात पाने की दिशा में जाती नहीं दिख रही है। इसका प्रमाण इस बात से भी मिलता है कि अभी खाद्यान्न संकट के दौरान ही कई देशों में अनाज की खातिर लड़ाई-झगड़े हुए। पेट की आग को शांत करने के लिए हिंसा का सहारा इंसानों को लेना पड़ा। इसमें कुछ जगहों पर कुछ लोगों ने जान भी गंवाई। यह रपट बताती है कि अनाज संकट से पहले ही दुनिया भर में तकरीबन 80 करोड़ लोग खाद्यान्न असुरक्षा की मार झेल रहे थे। वहीं दूसरी तरफ खाद्यान्न सुरक्षा की दिशा में काम करने वाले एक अन्य संगठन के मुताबिक पूरी दुनिया में 92.3 करोड़ लोग भूख की समस्या से दो-चार हो रहे हैं। इनमें से 90.7 करोड़ विकासशील देशों में रह रहे हैं।

हालांकि, 1990 की तुलना में 2008 में जारी किए गए ग्लोबल हंगर इंडेक्स में मामूली सुधार हुआ है लेकिन हालात अभी भी भयावह बने हुए हैं। 1990 में जहां वैश्विक स्तर पर ग्लोबल हंगर इंडेक्स 18.7 था वहीं यह 2008 में घट कर 15.2 रह गया है। इस रपट में सबसे खतरनाक स्थिति अफ्रीकी देशों की है। इस क्षेत्र को इस सूचकांक में 23.3 अंक दिया गया है। 23 अंक के साथ दक्षिण एशियाई देशों की हालत भी चिंताजनक बनी हुई है। चिंता की बात यह है कि दुनिया के कुछ खास हिस्से में अमीरी बढ़ती जा रही है और लोगों का जीवन उपयोग के बजाए उपभोग पर आधारित होता जा रहा है जबकि इस रपट के मुताबिक अफ्रीकी देशों में भूख की समस्या गहराती ही जा रही है। ग्यारह अफ्रीकी देशों में तो भुखमरी की मार झेलने वालों की संख्या में साल दर साल इजाफा होता जा रहा है।

वहीं उत्तर कोरिया में आर्थिक विकास की दर में कमी आई है। जिसके परिणामस्वरूप वहां अनाज का संकट गहरा रहा है और लोगों को भर पेट भोजन नहीं मिल पा रहा है। इस वजह से वहां कुपोषण की मार झेल रहे बच्चों की संख्या दिनोंदिन बढ़ती जा रही है। ग्लोबल हंगर इंडेक्स के मुताबिक सबसे बुरी स्थिति कांगों की है। इस रपट में बताया गया है कि कांगों में अस्थिरता का माहौल होने की वजह से वहां अनाज उपलब्धता पर नकारात्मक असर पड़ रहा है। वहां चल रहे हिंसात्मक संघर्ष की वजह से जनजीवन पूरी तरह से बदहाल हो गया है और इसका असर हर क्षेत्र में देखने को मिल रहा है।

इस रपट में इस बात का उल्लेख भी स्पष्ट तौर पर किया गया है कि भर पेट भोजन का रिश्ता राजनीतिक स्थिरता से भी है। ग्लोबल हंगर इंडेक्स में बदतर 15 देशों में से हर जगह राजनीतिक अस्थिरता का माहौल है। जाहिर है, राजनीतिक अस्थिरता की वजह से कई दीर्घकालिक नीतियों को अमली रूप दे पाना आसान नहीं होता। जिसका दुष्परिणाम कई तरह से सामने आता है। जिंबाब्वे का उदाहरण सबके सामने है। भुखमरी की समस्या जहां ज्यादा गहरी है वहां यह भी देखा गया है कि लोगों के पास बहुत ज्यादा अधिकार नहीं हैं। यानी एक खास तरह की बंदिश में आज भी उन देशों के लोग हैं।

ग्लोबल हंगर से यह बात भी निकल कर सामने आई कि इरीट्रिया की 75 फीसद आबादी को आवश्यक भोजन नहीं मिल पा रहा है। जबकि कांगों के 74 फीसद लोग इस समस्या से दो-चार हो रहे हैं। ग्लोबल हंगर इंडेक्स में 20 से ज्यादा अंक प्राप्त कर भुखमरी के मामले में खतरनाक देशों में शामिल होने वालों में सूडान, नेपाल, पाकिस्तान, कंबोडिया, भारत, जिंबाब्वे, बांग्लादेश और जांबिया प्रमुख हैं। भारत को इस रैंकिंग में 66वां स्थान मिला है। जबकि रवांडा, मालावी, नेपाल और पाकिस्तान जैसे देशों की हालत भी इस मामले में भारत से अच्छी है। रैंकिंग के मामले में भारत से अच्छी हालत उन देशों की भी है जिनकी औसत प्रति व्यक्ति आय भारत की प्रति व्यक्ति औसत आय से ढाई गुना तक कम है। इसमें नाइजीरिया, कैमरून, कीनिया और सुडान प्रमुख हैं। भारत की बदहाली को एक बार फिर से दुनिया के सामने रखने वाली इस रपट को भारत सरकार द्वारा मुहैया कराए गए आधिकारिक आंकड़ों के आधार पर ही तैयार किया गया है। भारत की हालत के आकलन के लिए राष्ट्रीय स्वास्थ्य सर्वेक्षण और नेशनल सैंपल सर्वे के आंकड़ों को आधार बनाया गया है। नेपाल 20.6 अंकों के साथ 57वें स्थान पर है जबकि पाकिस्तान 21.7 अंकों के साथ 61वें पायदान पर है। इंडेक्स में पहला स्थान मॉरीशस को दिया गया है। जबकि क्यूबा का स्थान तीसरा है वहीं चीन 15वें पायदान पर है और भारत का पड़ोसी श्रीलंका 39 वें स्थान पर है।

इस रपट में बताया गया है कि दुनिया भर में 96.6 करोड़ लोग अभी भी रोजाना एक डॉलर से कम पर जीवन बसर कर रहे हैं। इसमें से भी 17 फीसद आधा डॉलर से भी कम पर गुजारा करने को अभिशप्त हैं। गरीबी की मार झेल रहे इन लोगों को जीने के लिए आवश्यक भोजन भी नहीं मिल पा रहा है। कहा जा सकता है कि गरीबी का सीधा संबंध पेट से है। ग्लोबल हंगर इंडेक्स में अफ्रीकी देशों समेत कई विकासशील देशों की हालत बदतर बताई गई है। उन देशों में गरीबी की समस्या अपने चरम पर है। इस वजह से वहां पर पेट की आग में जलते हुए लोगों की संख्या

भी अपेक्षाकृत ज्यादा है। इन देशों में गरीबी और भूख की समस्या के आपसी संबंधों को समझने के लिए ग्लोबल हंगर इंडेक्स तैयार करने वाली संस्था ने एक अध्ययन किया। इस संस्था ने वहां के लोगों को तीन हिस्सों में बांटा। पहले वर्ग में वैसे लोगों को रखा गया, जो अपना जीवन बसर 0.75 डॉलर से एक डॉलर रोजना के बीच करते थे। दूसरी श्रेणी वैसे लोगों की बनाई गई जिनका रोजाना का खर्च आधा डॉलर से पौना डॉलर के बीच था। तीसरे वर्ग में उन लोगों को रखा गया जो हर रोज आधा डॉलर से भी कम पर अपनी जिंदगी काट रहे थे।

इसके बाद यह बात सामने आई कि विकासशील देशों में 16.2 करोड़ लोग रोजाना आधा डॉलर से भी कम पर अपना जीवन गुजार रहे हैं। जबकि आधा से पौना डॉलर हर रोज पर गुजारा करने वालों की संख्या 32.3 करोड़ है। वहीं प्रतिदिन एक डॉलर पर जीवन बसर करने वालों की संख्या 48.5 करोड़ है। अब ऐसी हालत में तो यह अंदाजा सहज ही लगाया जा सकता है कि यह बड़ी आबादी अपनी आवश्यकता के अनुरूप खाद्य पदार्थों से महरूम रह जाती है। हालांकि, अनाज के संकट से तो यहां उल्लेख किए गए आमदनी वर्ग के अलावा के लोग भी बड़ी संख्या में प्रभावित हुए हैं लेकिन इस गरीब तबके के लिए हर वक्त पड़ा रहने वाला भोजन का संकट और भी गहरा हो गया है। खाने के अलावा यह वर्ग और भी बेहद आवश्यक बुनियादी सुविधाओं से काफी दूर रह जाता है। अनाज संकट के जिस दौर से दुनिया गुजर रही है उससे पार पाने की राह में तेजी से बढ़ती खाद्य पदार्थों की कीमतें काफी हद तक जिम्मेवार हैं। 2003 के बाद अब तक सिर्फ चावल के दाम में तीन गुना से ज्यादा की वृद्धि हुई है। वहीं 2003 से ले कर अब तक मक्के की कीमत में चौगुना उछाल आया है।

अंतर्राष्ट्रीय मुद्रा कोष के मुताबिक 1974 से लेकर 2005 के बीच खाद्यान्न की कीमत में 75 फीसद की कमी आई है। वहीं 2005 के बाद अनाज के दाम का बढ़ना तेजी से जारी है। इस बात की पुष्टि संयुक्त राष्ट्र का खाद्य एवं कृषि संगठन भी करता है। इस संगठन के मुताबिक वैश्विक स्तर पर खाद्यान्न की कीमत में 2006 में नौ फीसद की बढ़ोतरी हुई। 2007 में यह वृद्धि 23 प्रतिशत रही। जबकि मई 2007 से मई 2008 के बीच अनाज के दाम में 50 फीसद से ज्यादा की बढ़त दर्ज की गई। गौरतलब है कि यही वह समय है जब खाद्यान्न संकट पूरी दुनिया में बेहद तेजी से फैला और बाद के समय में उसका विस्तार होता ही गया। अनाज की खातिर विश्व के कई हिस्सों में हिंसा तक हुई। इस तेजी से कोई भी खाद्यान्न बचा नहीं रह सका। गेहूँ के दाम दोगुने हो गए।

खाद्यान्न की बढ़ती कीमतों के लिए कई चीजें जिम्मेवार हैं। इनमें से एक

है जैव ईंधन का बढ़ता उत्पादन। जैव ईंधन को लेकर पूरी दुनिया में इस तरह से तथ्यों को तोड़-मरोड़ कर पेश किया जा रहा है कि लोग चकमा खा रहे हैं और अच्छी-खासी खेती वाली जमीन पर भी जैव ईंधन के उत्पादन का लोभ संवरण नहीं कर पा रहे हैं। इसका नतीजा यह हो रहा है कि अनाज के उत्पादन का ग्राफ गिरने लगा है। जाहिर है, ऐसे में खाद्यान्न उत्पादों की कीमत में इजाफा होना स्वाभाविक है। दुनिया भर में व्याप्त अनाज संकट को इससे जोड़ कर देखना स्वाभाविक ही है। अनाज संकट ने भूख की मार झेलने वालों की संख्या में जबर्दस्त बढ़ोतरी कर दी है। दरअसल, आज विश्व में मक्का की अधिकांश मात्रा का उपयोग पेट की आग शांत करने के बजाए इससे वैकल्पिक ईंधन का निर्माण करने में किया जा रहा है। इस वजह से एक बड़े तबके की थाली सूनी होती जा रही है। जबकि उसी अनाज से तैयार किए जाने वाले ईंधन का इस्तेमाल अमीरों की कारों के टैंक को भरने में किया जा रहा है। यानी गरीब दाने-दाने को मोहताज है और दूसरी तरफ ऐशोआराम के लिए अमीर तबका बगैर किसी अपराध बोध के उनका निवाला छीनता जा रहा है। साथ ही यह तबका बड़े गर्व से अपनी कारों पर 'ग्रीन कार' का स्टीकर चिपका कर इस तरह चल रहा है जैसे उसे ही सबसे ज्यादा चिंता पर्यावरण की है। यह तबका इस बात से भी बेखबर है कि उनके उपभोग की कीमत किसी को भूख की आग में जल कर चुकानी पड़ रही है।

उल्लेखनीय है कि अमेरिका के जानकारों ने हिसाब-किताब लगाने के बाद यह कहा है कि अमेरिका में उपजाई जाने वाली सारी मक्का और सोयाबीन को भी वैकल्पिक ईंधन के निर्माण में लगा दिया जाए फिर भी वहां की महज 20 फीसद गाड़ियों को ही इसके सहारे चलाया जा सकता है। जबकि अमेरिका इन दोनों उत्पादों के उत्पादन में दुनिया में शीर्ष पर है। ऐसे में दूसरे देशों के वैकल्पिक ईंधन उत्पादन की मुहिम की क्या गत हो सकती है इसका अंदाजा सहज ही लगाया जा सकता है। वैसे एक बात तो तय है कि जैव ईंधन के उत्पादन के लिए जिस मॉडल को अभी आगे बढ़ाया जा रहा है उससे अनाज का संकट तो गहराएगा ही, पर्यावरण का कितना भला यह मुहिम कर पाएगी, इसमें भी संदेह की भरपूर गुंजाइश है। क्योंकि जिस कीमत पर जैव ईंधन का उत्पादन किया जा रहा है वह प्रदूषण पर लगाम कसने में भी बहुत समर्थ नहीं है। क्यूबा के राष्ट्रपति फिदेल कास्त्रो ने बहुत पहले अनाज से जैव ईंधन बनाने की इस अमेरिकी प्रवृत्ति की आलोचना करते हुए घोषणा कर दी थी कि अमेरिकी नीतियों के चलते खाद्य पदार्थों के दामों में तेजी आएगी और विश्व के कई भागों में अकाल जैसी परिस्थितियां उत्पन्न हो जाएंगी।

अमेरिका के अलावा कई देशों में मक्का उपजाने वाले किसान अपने उत्पाद

का बड़ा हिस्सा जैव ईंधन का उत्पादन करने वालों के हाथों बेच दे रहे हैं। इन्हें अपने उत्पाद के एवज में अच्छा पैसा भी मिल जा रहा है। इससे आकर्षित हो कर वहां सोयाबीन उपजाने वाले किसान भी मक्का उपजाने लगे हैं। इससे एक तरह का असंतुलन कायम हो रहा है जिसके परिणामस्वरूप वहां खाद्य पदार्थों की कीमतों में इजाफा हो रहा है। ब्राजील में चरागाहों को खेत में तब्दील करके वहां मक्का का उत्पादन किया जा रहा है ताकि जैव ईंधन के निर्माण में वृद्धि हो सके। इसका नकारात्मक असर वहां के पशुपालन पर पड़ रहा है। पिछले कुछ समय से पशुओं का पलायन तेजी से अमेजन के जंगलों की तरफ हुआ था। पर अब पर्यावरण संरक्षण के नाम पर पैसा बनाने वालों की बुरी नजर अमेजन के जंगलों पर भी लग गई है और उन्हें उजाड़ने की गति को बढ़ा दिया गया है। जंगल को उजाड़े जाने से पर्यावरण की तो दुर्गति होगी ही साथ ही साथ पशुओं की संख्या में भी भारी कमी आएगी। जब पशुओं की संख्या घटेगी तो उसके उत्पादों से अपने पेट की आग शांत करने वालों को भूख मिटाने के लिए कोई दूसरा रास्ता तलाशना होगा। यानी पशुओं के घटने का सीधा दबाव खाद्यान्न पर ही पड़ेगा। इस वजह से अनाज संकट दूर होने के बजाए और गहराता ही जाएगा। इसके अलावा कच्चे तेल की बढ़ती कीमतों ने भी खाद्यान्न संकट को पैदा करने में अहम भूमिका निभाई है। हालांकि, अंतर्राष्ट्रीय बाजार में अभी कच्चे तेल के दामों में जबर्दस्त कमी आई है, पर भारत जैसे देशों में घरेलू बाजार में तेल की कीमत में सरकार ने कोई कमी नहीं की है। खाद्य संकट पैदा करने में तेल एक अहम कारक है। तेल के दाम बढ़ने से कृषि लागत में वृद्धि हुई जिसके परिणामस्वरूप अनाज के दाम भी बढ़े। तेल की कीमत बढ़ने की वजह से खाद्यान्न को एक जगह से दूसरी जगह ले जाने में आने वाली परिवहन लागत भी बढ़ी। इस वजह से भी अनाज के दाम बढ़े। जिसकी मार से गरीब तबका ही हलकान हुआ।

खाद्यान्न की आवश्यकता की पूर्ति के मकसद से किए जाने वाले विरोध प्रदर्शनों में भी बीते कुछ सालों में काफी वृद्धि हुई है। यह विरोध प्रदर्शन कई स्थानों पर हिंसात्मक और उग्र भी रहा है। ग्लोबल हंगर इंडेक्स में इसका भी अध्ययन किया गया है। खाद्यान्न के मसले पर मलेशिया, मोरक्को, रूस, थाईलैंड, ट्यूनेशिया, कैमरून, इंडोनेशिया, कीनिया, सेनेगल, हैती, मोजाम्बिक, पाकिस्तान और यमन जैसे देशों में हिंसा हो चुकी है। एक बार फिर यह दुहराते चलें कि ग्लोबल हंगर इंडेक्स में 2001 से 2006 के बीच यानी खाद्यान्न संकट गहराने के दरम्यान और भी कई देशों में अनाज की खातिर हिंसा और हिंसात्मक प्रदर्शन हुए। इसमें बांग्लादेश, ब्राजील, इजिप्ट, हैती, मोरक्को, पेरू, फिलिपीन, सेनेगल और दक्षिण अफ्रीका जैसे

देश शामिल हैं। इसके अलावा शांतिपूर्ण तरीके से अनाज के बढ़ते दामों को लेकर दर्जनों देशों में विरोध प्रदर्शन हुए।

खाद्यान्न के दाम बढ़ने से सार्वजनिक वितरण प्रणाली के तहत मिलने वाले अनाज पर भी नकारात्मक असर पड़ता है। कई देशों में जन वितरण प्रणाली अनाज के दाम बढ़ने की वजह से चरमरा गई। इस वजह से जन वितरण प्रणाली पर आश्रित रहने वालों को और भी खतरनाक स्थिति से गुजरना पड़ रहा है। इसके अलावा संकट वाली जगहों पर होने वाली अनाज की आपूर्ति पर भी खाद्य संकट का बुरा असर पड़ा। युद्धग्रस्त इलाकों पर या प्राकृतिक आपदाओं की मार झेलने वाले क्षेत्रों में अनाज की आपूर्ति उतनी मात्रा में नहीं हो पाई जितनी मात्रा की आवश्यकता थी। राहत के मद में खर्च किए जाने वाले खाद्यान्न में कमी की पुष्टि विश्व खाद्य कार्यक्रम के आंकड़ों से भी होती है। विश्व खाद्य कार्यक्रम के तहत राहत में खर्च किए जाने वाले अनाज में सिर्फ 2007 में 15 फीसद की कमी आई। इस वजह से युद्ध या प्राकृतिक आपदाओं की विभीषका को झेल रहे लोगों को भूख की मार से भी दो-चार होना पड़ रहा है। खाद्यान्न संकट के लिए अनाज पर बाजार का बढ़ता प्रभुत्व भी कम जिम्मेवार नहीं है। अप्रैल 2008 में जारी फेडरल बैंक ऑफ कंसास की रपट बताती है कि अनाज पर बाजारवादी ताकतों का बढ़ता प्रभुत्व इसकी कीमतों के लिए सर्वाधिक जिम्मेवार है। साठ के दशक में खेत में पैदा होने वाले अनाज की कीमत और उपभोक्ता तक पहुंचने पर उसकी कीमत के बीच 59 फीसद का फर्क होता था जो अब बढ़ कर 80 फीसद हो गया।

खाद्यान्न संकट और बढ़ती महंगाई के लिए विश्व बैंक की नीतियां भी कम जिम्मेवार नहीं हैं। बीते 40 साल में विश्व बैंक ने जिन नीतियों को विकासशील देशों पर थोपा है उससे इन देशों की कृषि बदहाल हो गई है और किसान तबाह हो गया है। वायदा बाजार भी विश्व बैंक की नीतियों की ही देन है। आज पूरी दुनिया में यह तेजी से बढ़ रहा है। इसमें अनाज के उत्पादन या उपलब्धता से कहीं ज्यादा का वायदा कारोबार पहले ही हो जाता है। वास्तविकता में जब उतनी मात्रा में खाद्यान्न उपलब्ध ही नहीं होगा तो संकट पैदा होना स्वाभाविक है। एक अनुमान के मुताबिक सिर्फ भारत में सालाना वायदा कारोबार चालीस लाख करोड़ से ज्यादा का है।

खाद्यान्न संकट की मार बच्चों पर सबसे ज्यादा पड़ रही है। आवश्यक भोजन न मिलने की वजह से बड़ों का शरीर तो फिर भी कम प्रभावित होता है लेकिन बच्चों पर तो इसका असर तुरंत पड़ता है और यह असर लंबे समय तक रहता है। पहली बात तो यह कि गर्भवती महिलाओं को जरूरी भोजन नहीं मिल पाने की वजह से

उनके बच्चे तय मानक से कम वजन के पैदा हो रहे हैं। इसके बाद अनाज का टोटा उन्हें कुपोषण के जाल में जकड़ ले रहा है। कुपोषण की मार इतनी गहरी होती है कि इसका असर पूरी जिंदगी पर दिखता है। ग्लोबल हंगर इंडेक्स की रपट में एक अध्ययन के मुताबिक जिन बच्चों को अपने शुरुआती जीवन में आवश्यक ऊर्जा किसी न किसी खाद्य या पेय पदार्थ के माध्यम से मिलती है वे जवान होकर एक सामान्य वयस्क से 46 फीसद ज्यादा पैसा कमाते हैं। इसमें एक बात साफ है कि वयस्क होने पर व्यक्ति की उत्पादकता उसके बचपन के पोषण पर काफी हद तक निर्भर करती है। यानी मौजूदा खाद्यान्न संकट से प्रभावित होने वाले बच्चे आगे भी इसकी मार झेलते रहेंगे और उनकी उत्पादकता अपेक्षाकृत कम रहेगी।

खाद्यान्न की अनुपलब्धता से कुपोषण की समस्या दुनिया के एक बड़े हिस्से में गहराती जा रही है। खास तौर पर विकासशील देशों की हालत तो और भी खराब है। अनाज के टोटे से जो लोग जूझ रहे हैं उनकी अगली पीढ़ी पर भी इसका दुष्परिणाम पड़ रहा है। गर्भवती महिलाओं को आवश्यक भोजन नहीं मिल पाने की वजह से उनके गर्भ में पल रहे बच्चे को समुचित पोषण नहीं मिल पा रहा है। इस वजह से कई बच्चे तो पैदा होते ही दम तोड़ दे रहे हैं। जो बच रहे हैं वे कुपोषण के जाल में फंसने को अभिशप्त हैं। वहीं दूसरी तरफ वैसे लोगों की एक तगड़ी जमात है जिनके बच्चे मोटापे की मार झेल रहे हैं। यह कैसी विडंबना है कि एक तरफ तो लोग दाने-दाने को मोहताज हैं तो दूसरी तरफ ऐसे लोग भी हैं जो खा-खाकर परेशान हैं। ग्लोबल हंगर इंडेक्स के मुताबिक भारत, यमन और तिमोर में बच्चों की दशा बेहद चिंताजनक बनी हुई है। इन देशों में पांच साल तक की उम्र के बच्चों में से 40 फीसद बच्चों का वजन तय मानक से कम है।

इस मामले में अगर भारत की बात की जाए तो यहां के बच्चों में कुपोषण आज भी एक बड़ी समस्या बनी हुई है। मध्य प्रदेश से कुपोषण की वजह से बच्चों के मरने की खबरें लगातार आ रही हैं। खबरों में बताया जा रहा है कि बीते चार महीनों में ही मध्य प्रदेश में कुपोषण की मार से 361 बच्चे काल के गाल में समा गए। कुपोषण की मार केवल मध्य प्रदेश के ही बच्चे नहीं झेल रहे बल्कि यह देशव्यापी समस्या थमती नजर नहीं आ रही। राष्ट्रीय परिवार स्वास्थ्य सर्वेक्षण के मुताबिक भारत में तीन साल से कम उम्र के 46 फीसद बच्चे कुपोषण के शिकार हैं।

वैज्ञानिक अध्ययन बताते हैं कि ऐसे बच्चों में बचपन की बीमारियों से जान गंवाने का खतरा सामान्य बच्चों की तुलना में आठ गुना अधिक होता है। उल्लेखनीय है कि 1998-99 के अंत में कुपोषण के शिकार बच्चों की संख्या 47 फीसद थी। यानी बीते आठ सालों में कुपोषण के स्तर में महज एक फीसद की कमी आई है।

यह आंकड़ा हालिया महीनों में तेजी से बढ़ी अनाज की कीमतों के पहले का है। विश्व के दूसरे हिस्सों के अनुभव को ध्यान में रखते हुए सहज ही यह अंदाजा लगाया जा सकता है कि खाद्यान्न के दामों में आई तेजी के बाद कुपोषण की समस्या का गहराना तय है। कुपोषण की समस्या से पार पाने के लिए सबसे पहले गर्भवती महिलाओं को आवश्यक भोजन और चिकित्सा मुहैया करवाई जानी चाहिए। तब ही कुपोषण की जड़ पर चोट हो पाएगी और समस्या के समाधान की दिशा मे आगे बढ़ा जा सकेगा। गर्भवती महिलाओं के खराब स्वास्थ्य की वजह से ही कम वजन वाले बच्चे होते हैं। एक अनुमान के मुताबिक भारत में पैदा होने वाले बच्चों में से तकरीबन 30 फीसद बच्चे जन्म के वक्त तय मानक से कम वजन वाले होते हैं।

भारत में खाद्यान्न उपलब्धता को लेकर बदहाली का अंदाजा यहां के बच्चों की कुपोषण दर को देख कर आसानी से लग जाता है। इसके बावजूद इस खाद्य संकट के गहराने की शुरुआत तो अमेरिका राष्ट्रपति जॉर्ज बुश के एक विवादास्पद बयान से हुई। उन्होंने कहा कि भारत के एक बड़े तबके की आमदनी बढ़ी है और यहां के लोग ज्यादा खाने लगे हैं। इस वजह से दुनिया में अनाज की कीमतें बढ़ रही हैं और अमेरिका में भी खाद्यान्न का संकट पैदा हो गया है। पर अगर थोड़ा गहराई में जाकर समझें तो यह बात सामने आती है कि अमेरिका की फूड हैबिट में आया बदलाव भी मौजूदा खाद्य संकट के लिए जिम्मेवार है। अमेरिका में 2004 में आई ब्राउनेल की किताब 'फूड फाइट' वहां काफी चर्चा में रही थी। इसमें ब्राउनेल ने अमेरिकी समाज की खान-पान की आदतों की व्याख्या बखूबी की है। इस किताब में बताया गया है कि अमेरिका में टेलीविजन पर दिखाए जाने वाले विज्ञापनों ने वहां के बच्चों के खान-पान पर बहुत बुरा असर डाला है। वहां के कुछ स्कूलों में चैनल वन नाम का एक कार्यक्रम नियमित दिखाया जाता है। इस कार्यक्रम में दस मिनट के समाचार और जानकारी के साथ-साथ खाने से संबंधित दो मिनट का विज्ञापन दिखाया जाता है। यहां दिखाए जाने वाले ज्यादातर विज्ञापन फास्ट फूड और सोडा से संबंधित होते हैं। वहां का जो स्कूल इस कार्यक्रम को अपने यहां दिखाने की अनुमति देता है उसे इसके बदले कार्यक्रम बनाने वाले पच्चीस डॉलर का वीडियो उपकरण देते हैं। 2004 तक अमेरिका के बारह हजार विद्यालयों में इस कार्यक्रम को दिखाया जाता था। जिसे चार लाख शिक्षक और अस्सी लाख छात्र नियमित देखते थे। अब यह संख्या निश्चित ही बढ़ी होगी। इस कार्यक्रम में 30 सैकेंड के विज्ञापन देने के लिए पचहतर हजार डॉलर की भारी-भरकम रकम चुकानी पड़ती है। अमेरिका के 40 प्रतिशत किशोर और नौजवान इस कार्यक्रम के नियमित दर्शक हैं। इसी से

इस कार्यक्रम की लोकप्रियता का अंदाजा लगाया जा सकता है। इसका असर इसके दर्शकों के खान-पान पर पड़ रहा है।

अमेरिका में प्रति व्यक्ति खाने की औसत मात्रा में तेजी से वृद्धि हुई है। एक अमेरिकी औसतन साल में 1046 किलो चावल, 78 किलो दूध और 41 किलो सब्जी खाता है। अमेरिका के लोगों के भोजन में औसतन 40 फीसद फास्ट फूड, 21 फीसद मांस, 17 प्रतिशत क्रीम और चीज, पांच फीसद चिप्स और कॉर्नफ्लेक्स और एक फीसद सलाद व हरी सब्जियां होती हैं। इन तथ्यों से बुश के बयान की पोल खुल जाती है। साफ है कि अमेरिका के लोग ज्यादा खाने लगे हैं न कि भारत के। इसलिए अमेरिकी राष्ट्रपति को यह बयान देने से पहले ब्राउनेल की बहुचर्चित किताब पर एक नजर जरूर डाल लेनी चाहिए थी या कम से कम अपने सलाहकारों की लंबी-चौड़ी फौज के किसी सिपाही से आम अमेरिकी के खान-पान के बारे में थोड़ी जानकारी ले लेनी चाहिए थी। इस बयान से तो यह सवाल भी उठता है कि आखिर एक राष्ट्रपति अपने देश में हुए एक बड़े बदलाव से क्यों नावाकिफ रह गया? वैसे बुश साहब की जानकारी के लिए यह बताना जरूरी है कि अनाज के मामले में आज भी भारत सरप्लस की स्थिति में है। भारत में सालाना 7.6 करोड़ टन गेहूँ और 9.6 करोड़ टन चावल का उत्पादन होता है। जबकि यहां गेहूँ की सालाना खपत 7.2 करोड़ टन है और चावल की 9.1 करोड़ टन। यानी हिंदुस्तानियों के पेट की आग शांत करने के लिए यहां की सरकार को किसी के आगे हाथ फैलाने की जरूरत नहीं है। उम्मीद है कि इस जानकारी के बाद बुश और उनकी सरपरस्ती करने वाले हिंदुस्तानी तबके की सोच में बदलाव आएगा।

बहरहाल, ग्लोबल हंगर इंडेक्स तैयार करने वाली संस्था इंटरनेशनल फूड पॉलिसी रिसर्च इंस्टीट्यूट ने दो स्तरों पर खाद्यान्न संकट और भूख की समस्या से निजात पाने के रास्ते सुझाए हैं। पहले स्तर पर कुछ कदम तत्काल उठाने की सलाह दी गई है तो दूसरे स्तर पर दीर्घकालिक तौर पर चलने वाले कदमों की बात की गई है। जिन कदमों को तुरंत उठाने की बात यह संस्था करती है उनमें सबसे पहला यह है कि जिन क्षेत्रों में लोगों को भरपेट भोजन नहीं मिल पा रहा है वहां के लिए तत्काल राहत दी जाए और एक ऐसी एजेंसी बनाई जाए जो ऐसी आपातकालीन स्थितियों से निपटने में सक्षम हो। संस्था कहती है कि अनाज संकट से पार पाने के लिए जिन देशों ने कृषि उत्पादों के निर्यात पर प्रतिबंध लगा रखा है, वे जल्द से जल्द इस प्रतिबंध को हटाएं। इसके अलावा संस्था की तीसरी और सबसे महत्वपूर्ण सिफारिश यह है कि किसान और खेती को यथाशीघ्र आवश्यक मदद पहुंचाई जाए। यह मदद किसानों तक बीज, खाद और कर्ज के रूप में दिए जाने

की बात संस्था करती है। भारत जैसे देशों के लिए इस सुझाव को जल्दी से जल्दी लागू करना बेहद जरूरी है। अमेरिकापरस्त होकर भारतीय कृषि को विनाश के कगार पर पहुँचाने वाली सरकारी मानसिकता और उससे उपजी नीतियों को पलटे बगैर भारत को इस संकट से बाहर नहीं निकाला जा सकता। संस्था की चौथी सिफारिश यह है कि दुनिया जैव ईंधन की नीतियों को बदले। संस्था कहती है कि जैव ईंधन के उत्पादन की उस तकनीक पर लगाम कसने की जरूरत है जो खाद्यान्न के जरिए बनाई जाती है जैव ईंधन के उन रास्तों को तलाशा जाना चाहिए जिनमें उत्पादन के लिए खाद्यान्न की जरूरत न पड़ती हो। इसके अलावा संस्था हर देश को अपने-अपने यहां अनाज का ऐसा रिजर्व तैयार करने की सलाह देती है जिसका उपयोग अचानक पैदा होने वाले खाद्यान्न संकट से निपटने में किया जा सके।

(लेखक बिजनेस स्टैंडर्ड में युवा पत्रकार हैं।)

फोन : *09891323387* ईमेल *hshekhar.iimc@gmail.com*

पेट-पीठ दोनों मिल कर हैं एक
चल रहा लकुटिया टेक
मुट्ठी भर दाने को—भूख मिटाने को।
मुंह फटी पुरानी झोली का फैलाता
दो टूक कलेजे के करता पछताता पथ पर आता।
चाट रहे वे जूठी पत्तल सभी सड़क पर खड़े हुए
और झपट लेने को उनसे कुत्ते भी हैं अड़े हुए।
भीख मांगता है अब राह पर
मुट्ठी-भर हड्डी का यह नर। ***—निराला***

बढ़ते हैं नर-कंकाल, नवयुवक
खड़ी जहां सेना परतंत्रता की, मृत्यु की,
भूख की, दुःसह, अपमान, अत्याचार की।
—रामविलास शर्मा

वैश्विक अनाज संकट का साल 2008

–केट स्मिथ, रॉब एडवर्ड्स

यह भूख का नया चेहरा है। अनाज की अनुपलब्धता, ग्लोबल वार्मिंग, तेल की बढ़ती कीमतें और जनसंख्या वृद्धि ने इंसान को इक्कीसवीं सदी के बड़े संकट यानी खाद्यान्न संकट की ओर धकेल दिया है। इसकी वजह से भूख और गरीबी का विस्तार गांवों से लेकर शहरों तक हो रहा है। दुनिया के लाखों-करोड़ों लोग भूख से बेहाल हैं। उनके लिए अनाज की कमी और इसकी बढ़ती कीमत एक अभिशाप बन गई है। जानकारों की मानें तो इतिहास में ऐसा पहली बार हुआ है कि इस तरह के किसी संकट का असर विकासशील देशों से लेकर विकसित देशों तक फैल गया है।

दुनिया के 78 देशों के 7.3 करोड़ से ज्यादा लोगों की भूख उस कूपन के जरिए मिलने वाले अनाज से मिटती है जो उन्हें संयुक्त राष्ट्र के विश्व खाद्य कार्यक्रम यानी डब्लयूएफपी के जरिए मिलता है। आज हालत यह है कि अनाज संकट की वजह से उन्हें पर्याप्त राशन नहीं मिल पा रहा है। डब्लयूएफपी के अधिकारी भी इस बात की पुष्टि करते हैं कि अनाज की कमी की वजह से दुनिया गंभीर संकट में फँस गई है। उसी समय संयुक्त राष्ट्र के खाद्य एवं कृषि संगठन ने यह चेतावनी दी थी कि अनाज के दाम बढ़ते रहने की वजह से दुनिया के 36 देशों में खाद्यान्न संकट पैदा हो गया है और इन्हें अतिरिक्त मदद दिए जाने की जरूरत है। इसी बात को ध्यान में रखते हुए विश्व बैंक ने तात्कालिक कदम उठाए जाने की माँग करते हुए कहा था कि अनाज संकट से कुपोषण मिटाने के संकल्प को झटका लगेगा और यह समस्या और विकराल हो जाएगी।

विश्व बैंक ने इस बात की ओर ध्यान दिलाया कि 2000 के बाद अनाज के दामों में 75 फीसद से ज्यादा की बढ़ोतरी हो चुकी है। वहीं गेहूँ की कीमतों में दो सौ फीसद से ज्यादा इजाफा हुआ है। इसके अलावा चावल और सोयाबीन

के दामों में भी जबर्दस्त वृद्धि हुई है। बैंक ने यह भी कहा कि मक्के के दाम पिछले बारह साल के उच्चतम स्तर पर हैं। अनाज के दाम बढ़ने से कई चीजों के दाम में बढ़ोतरी हुई। मांस, अंडे और डेयरी उत्पादों के दाम में भी इजाफा हुआ। संयुक्त राष्ट्र और विकसित देशों के जानकारों ने ये अनुमान लगाया कि उन सभी उत्पादों के दाम में बढ़ोतरी तय है जो अनाज के उत्पादन से प्रत्यक्ष और परोक्ष तौर पर निर्भर हैं।

अनाज के दाम बढ़ने की वजह से दुनिया के कई हिस्सों में विद्रोह का माहौल बन गया। कई देशों में अनाज के दाम बढ़ने को लेकर बाकायदा विरोध प्रदर्शन हुए। मैक्सिको में इसकी वजह से दंगे हुए। वहीं भारत के पश्चिम बंगाल में जन वितरण प्रणाली के तहत वितरित होने वाले अनाज को लेकर विवाद पैदा हुआ। सेनेगल में अनाज के दाम को लेकर विरोध प्रदर्शन हुआ। मौरिटानिया और अफ्रीका के दूसरे हिस्सों में भी खाद्यान्न के बढ़ते दाम की वजह से विरोध प्रदर्शन हुए। यमन में तो बच्चों ने अपनी भूख की समस्या को उठाने के लिए बाकायदा मार्च निकाला। वहीं लंदन में सैकड़ों किसानों ने डाउनिंग स्ट्रीट के बाहर प्रदर्शन किया।

अगर अनाज के दाम में इसी तरह ही बढ़ोतरी जारी रही तो दुनिया में वैसे लोगों की संख्या काफी तेजी से बढ़ती जाएगी जो इसे खरीदने में सक्षम नहीं होंगे। इसकी वजह से उनकी जिंदगी पर खतरा बढ़ता जाएगा और बगैर किसी मदद के उनकी असंतुष्टि भी बढ़ती जाएगी। इस वजह से दुनिया को कई खाद्यान्न दंगों का गवाह बनना पड़ सकता है। ऐसे हालात भी बन सकते हैं कि सरकारें टकराव की मुद्रा में आ जाएँ और लाखों लोगों को काल के गाल में समाना पड़े। डब्लयूएफपी के ग्रेग बैरो कहते हैं कि अनाज की कमी का सीधा मतलब ये है कि भूखे लोगों की संख्या में बड़ी वृद्धि। वे ये भी कहते हैं कि हमें बगैर किसी संदेह के इस बात को स्वीकार करना चाहिए कि दुनिया के भूखे गरीबों के लिए यह एक बेहद मुश्किल दौर है। डब्लयूएफपी के अनुमान के मुताबिक उसे अतिरिक्त पचास करोड़ डॉलर की जरूरत है ताकि वह अफ्रीका और एशिया के 7.3 करोड़ लोगों को भोजन उपलब्ध करा सके। बैरो एक और अहम बात कहते हैं। वे कहते हैं कि हमें वैसे लोगों को भी अनाज मुहैया कराना पड़ रहा है जिनके बारे में हमने सोचा तक नहीं था। उनका इशारा उस वर्ग की ओर है जिसके बारे में यह माना जाता रहा है उसके पास अपनी जरूरतों को पूरा करने के लिए पर्याप्त साधन हैं। इससे साफ है कि अनाज संकट ने नए गरीब भी पैदा किए हैं।

अनाज संकट की वजह से भूख का एक नया चेहरा उभरकर सामने आया है।

भूख की समस्या झेल रहे लोगों में ग्रामीण आबादी ही नहीं है बल्कि इसमें शहरी लोग भी शामिल हो गए हैं। हालात का अंदाजा इस बात से लगाया जा सकता है कि अनाज दुकानों में उपलब्ध है लेकिन लोगों के पास उसे खरीदने की क्षमता नहीं रही है। बैरो कहते हैं कि इस संकट का असर पश्चिमी औद्योगिक देशों पर भी पड़ेगा। इसमें स्कॉटलैंड जैसे देशों को शुमार किया जा सकता है।

बहरहाल, इस संकट का सामना करने वाले 36 देशों में से 21 देश अफ्रीका में हैं। लिसोथे और स्वाजीलैंड सूखा की मार झेल रहे हैं। वहीं सियरा लियोन में आमदनी कम और दाम अधिक होने की वजह से लोगों की पहुँच बाजार तक नहीं हो पा रही है। संकट ने घाना, कीनिया और चाड पर भी गहरा असर डाला है। भारत में पच्चीस हजार से ज्यादा किसानों ने आत्महत्या कर ली। इसकी वजह उत्पादन में कमी और खेती के खातिर लिए गए कर्ज रहे। इंडिया टुडे पत्रिका ने लिखा भारत को अनाज का आयात करना पड़ रहा है और इससे ये साफ है कि यहाँ कृषि का विकास अब तक के निम्नतम स्तर पर है।

विश्व बैंक का अनुमान है कि 2030 तक अनाज की वैश्विक माँग दुगुना हो जाएगी। इसके पीछे एक वजह तो यह भी है कि 2050 तक दुनिया की आबादी में तीन अरब की बढ़ोतरी का अनुमान लगाया गया है। इसके अलावा अनाज की पैदावार की दृष्टि से तेजी से बढ़ता तापमान भी खतरे की घंटी बजा रहा है। तापमान बढ़ने से कई देशों में खाद्यान्न उत्पादन पर नकारात्मक असर पड़ रहा है। संयुक्त राष्ट्र के मुताबिक हर साल यूक्रेन के क्षेत्रफल के बराबर की पैदावार वाली जमीन सूखा, जंगलों के उजाड़े जाने और पर्यावरण असंतुलन की वजह से हमारे हाथ से निकल रही है। पिछले साल आस्ट्रेलिया में भयानक सूखा पड़ा। यह सदी का सबसे भयानक सूखा था। इस वजह से वहाँ गेहूँ के उत्पादन में साठ फीसदी की कमी आई। सात सालों में चीन के अनाज उत्पादन में भी दस फीसदी की कमी आई है।

संयुक्त राष्ट्र की इंटरगवर्नमेंटल पैनल ऑन क्लाइमेट चेंज ने अनुमान लगाया है कि अगले सौ सालों में समुद्र के स्तर में एक मीटर की बढ़ोतरी होगी। इस वजह से आने वाली बाढ़ की जद में दुनिया की एक तिहाई पैदावार वाली जमीन आ जाएगी। हाल ही में कंजर्वेटिव पार्टी के नेता डेविड कैमरून ने अपने एक विश्लेषण में ये कहा है कि वैश्विक अनाज संकट के लिए जैवईंधन की बढ़ती मांग और मांस के प्रति दुनिया की बढ़ती भूख भी काफी हद तक जिम्मेवार है। मांस के उत्पादन के लिए अनाज का उत्पादन करने वाली जमीन इस्तेमाल करना सही नहीं है। मांस की माँग दुनिया के कई हिस्सों में काफी तेजी से बढ़ी है। 1985 में एक चीनी साल में औसतन बीस किलो

मांस खाता था। अब ये बढ़कर पचास किलो हो गया है। समग्र तौर पर देखा जाए तो 1980 की तुलना में विकासशील देशों में मांस की खपत दुगुनी हो गई है।

दुनिया में अनाज का भण्डार तीस साल के न्यूनतम स्तर पर है। कैमरून कहते हैं कि कुछ विश्लेषकों ने बेहद चिंताजनक अनुमान लगाया शुरू कर दिया है। इन विश्लेषकों का मानना है कि सियासतदानों को ऊर्जा सुरक्षा और राष्ट्रीय सुरक्षा के साथ खाद्यान्य सुरक्षा के मसले को भी गंभीरता से लेना चाहिए।

इसके अलावा इस संकट के लिए तेल की बढ़ती कीमतें भी कम जिम्मेवार नहीं हैं। तेल का दाम बढ़ने का मतलब है परिवहन खर्चे का बढ़ जाना और उर्वरकों की लागत बढ़ जाना। विश्व बैंक के मुताबिक पिछले पाँच सालों में उर्वरकों के दाम में 150 फीसदी की बढ़ोतरी हुई है। उर्वरक के दाम बढ़ने से अनाज का दाम बढ़ना तय है। अमेरिका में ही फसल उत्पादन की कुल लागत में एक चौथाई हिस्सा उर्वरकों पर ही खर्च होता है। बैंक के अध्यक्ष रोबर्ट जोएलिक कहते हैं कि इस संकट ने संयुक्त राष्ट्र की उस मिलेनियम डेवलपमेंट लक्ष्य को भी खतरे में डाल दिया है जिसमें भूख की समस्या से निपटने की बात की गई है। उनका ये भी कहना है कि अनाज का संकट सिर्फ लोगों के लिए ही चिंताजनक नहीं है बल्कि राजनीतिक स्थिरता के लिए भी यह संकट पैदा कर सकता है। इसलिए इससे तुरंत निपटा जाना चाहिए। स्कॉटलैंड के किसानों का मानना है कि द्वितीय विश्व युद्ध के बाद पहली बार खाद्यान्न सुरक्षा एक मुद्दा बनता जा रहा है। वहाँ के राष्ट्रीय किसान संघ के कार्यकारी प्रमुख जेम्स विदर्स कहते हैं कि ये एक ऐसी आँधी है जिसका असर महसूस होने लगा है। वे कहते हैं कि एक तरफ तो अनाज की माँग बढ़ रही है वहीं दूसरी तरफ इसके उत्पादन के लिए जमीन घट रही है। बताया जा रहा है कि स्कॉटलैंड में जितनी कृषि योग्य जमीन है उसकी दुगुनी जमीन पर पिछले दस साल में चीन में शहरों का विस्तार हो चुका है।

खाद्यान्न संकट को देखते हुए अब दुनिया भर में यह बहस चल रही है कि हर देश को अपनी जरूरत भर अनाज का उत्पादन खुद करने की कोशिश करनी चाहिए। जानकार इसे कई देशों के लिए संभव बताते हैं लेकिन वे मानते हैं कि इस लक्ष्य को पाने के लिए व्यापक बदलाव की जरूरत है। स्कॉटलैंड सरकार के पर्यावरण सचिव रिचर्ड लॉकहेड इस संकट को सबक लेने वाला संकट बताते हैं। वे कहते हैं कि अब ये चयन हमारा है कि हम भविष्य में खाद्यान्न सुरक्षा चाहते हैं या नहीं। उन्होंने कहा कि स्कॉटलैंड सरकार के ऐजेंडे में खाद्यान्न सुरक्षा का अहम स्थान है।

खाद्यान्न संकट के गहराने के पीछे एक वजह ये भी है कि दुनिया जैव ईंधन को लेकर पगलाई जा रही है। इस वजह से अनाज लोगों के पेट भरने के लिए नहीं बल्कि उनके कारों के टैंक भरने के लिए पैदा किया जाने लगा है। जैव ईंधन की ये भूख दुनिया के लाखों लोगों के लिए भूख की वजह बन रही है। जैव ईंधन के उत्पादन को अमेरिका, ब्रिटेन और दूसरे यूरोपीय देशों द्वारा बढ़ावा दिया जा रहा है। कहा जा रहा है कि इससे ग्लोबल वार्मिंग की समस्या से निपटा जा सकेगा। पर जानकार इसे भयानक गलती बताने लगे हैं। अनाज पैदा करने वाली जमीन पर जैव ईंधन का उत्पादन होने की वजह से दुनिया की खाद्यान्न उत्पादन में कमी आ रही है। ऐसा उस समय हो रहा है जब दुनिया को अधिक खाद्यान्न उत्पादन करने की जरूरत है।

पिछले साल अमेरिका में जितना मक्के का उत्पादन हुआ उसके एक चौथाई का इस्तेमाल इथेनॉल बनाने में हो गया। इसके जरिए गाड़ियों के लिए ईंधन तैयार किया गया। यहाँ यह बताते चलें कि दुनिया के कुल मक्का निर्यात का 60 फीसदी अकेले अमेरिका करता रहता है। अब उसके इस कदम से वहाँ के मक्का निर्यात पर असर पड़ने लगा है।

दुनिया के बीस से ज्यादा देश जैव ईंधन के उत्पादन को एक दशक में गति देने की योजना पर काम कर रहे हैं। अमेरिका की योजना ये है कि इथेनॉल के लिए मक्के का उत्पादन तिगुना किया जाए। यूरोपीय संघ की योजना ये है कि 2020 तक वहाँ की दस फीसदी गाड़ियों का परिचालन जैव ईंधन के जरिए ही हो। ब्रिटेन सरकार के मुख्य वैज्ञानिक सलाहकार जॉन बेडिंगटन के मुताबिक ये अंदाजा लगा पाना बेहद मुश्किल है कि आखिर दुनिया कैसे उतना फसल उपजाएगी जिसके जरिए जैव ईंधन की आवश्यकता भी पूरी की जा सके और लोगों की भूख मिटाने के लिए आवश्यक अनाज की जरूरत भी पूरी की जा सके। उन्होंने जैव ईंधन के उत्पादन के लिए जंगल उजाड़े जाने को भी बकवास करार दिया। वहीं दूसरी तरफ कंजर्वेटिव पार्टी के नेता डेविड कैमरुन कहते हैं कि जैव ईंधन पर्यावरण की जितनी रक्षा नहीं करेंगे उससे ज्यादा वे इसका नुकसान करेंगे। वे कहते हैं कि एक एसयूवी के टैंक एक बार भरने के लिए ईंधन तैयार करने में जितना अनाज लगेगा उससे किसी व्यक्ति का पेट साल भर तक भरा जा सकता है। इसी तरह की बात सॉयल एसोसिएशन के रॉबीन मेनॉर्ड दुहराते हैं। वे कहते हैं कि अमेरिका के कुल अनाज के उत्पादन के छठे हिस्से का इस्तेमाल कार चलाने के लिए ईंधन तैयार करने में हो रहा है जिसे पागलपन के अलावा कुछ नहीं कहा जा सकता है। वे कहते हैं कि यह संभव है कि सबका पेट भरा जा सके। पर यह इस बात पर निर्भर करता है

कि हम किस तरह खाद्यान्न का उत्पादन करते हैं। अगर हम अनाज का उत्पादन लोगों के पेट भरने की बजाय कार के टैंक भरने के लिए करते रहेंगे तो हम संकट से बच नहीं सकते।

साभार : दि संडे हेराल्ड, लंदन
अनुवाद : हिमांशु शेखर

कभी नहीं सेंकता वह

उसे नहीं मालूम अनाज की कीमत
कभी खरीदा ही नहीं अनाज उसने
न ले गया चक्की पर
कभी गेहूँ
न चूल्हा जलाया, न आटा गूँधा
न बेलीं रोटियाँ, न सेंकी उन्हें
पेट भरने से कहीं अधिक वह
खाली रखता है उसे
बन गयी है अब सबसे बड़ी ताकत उसकी
चुपचाप भूख सहने की बेचारगी
अलबत्ता, यह और बात है
कि एकाध दिन बाद
भर जाता है पेट उसका
आधा तीहा से कुछ ज्यादा जैसे-तैसे
कैसे
यह कोई रहस्य नहीं
खूब जानता है वह ऐसी कई जगहें
थोड़ी मारा-मारी के बाद
मिल जाती है जहाँ बनी-बनायी रोटियाँ उसे
आलतू-फालतू दाल-सालन भीगी-सनी
यहाँ-वहाँ बिखरी हुई नुचे-चुँथे टुकड़ों में
घेरे रहते हैं जिन्हें कई-कई कुत्ते
आवारा गायें
उसी जैसे
कुछ और आदमी के बच्चे
नहीं पता होता जिन्हें
अनाज की कीमत
उसका भाव चढ़ता-उतरता
नहीं जलाते चूल्हे कभी जो
नहीं सेंकते रोटियाँ
कभी नहीं सेंकते

—मुरली मनोहर सिंह, बस्ती, उ.प्र.

बढ़ती खाद्य असुरक्षा

–शक्ति काक और कमलनयन काबरा

भारत में खाने-पीने की चीजों के दाम 2007-08 में लगातार तेजी से बढ़े हैं। आम आदमी की आमदनी में आमतौर पर या तो इजाफा नहीं हो रहा है, अथवा बहुत कम। इसलिए उसकी वास्तविक आय घट रही है। इसके असर से लंबे अरसे से चली आ रही भरपेट खाना खा सकने की समस्या करोड़ों लोगों के लिए और ज्यादा मुश्किल बन गई। खाद्य सामग्री पर ज्यादातार लोगों को अपनी आमदनी का दो-तिहाई तक खर्च करना पड़ता है। बढ़ती कीमतों और स्थिर या घटती मौद्रिक आय के कारण इस स्थिति में भरपेट, पौष्टिक खाना लगातार मिलते रहना अधिकांश भारतीयों के लिए दूर का सपना हो गया है। अभी हाल ही में असंगठित क्षेत्र के उद्यमों के लिए बनाए गए राष्ट्रीय आयोग ने बारीकी से जांच करके यह दिखाया है कि 83.6 करोड़ लोगों का दैनिक संपूर्ण खर्च 6 रुपये से ले कर 20 रुपये तक सीमित रहता है। इनमें से भी आधी संख्या का दैनिक खर्च तो महज दस रुपये प्रतिदिन से भी कम पाया गया है। जाहिर है इस रेखा के नीचे वाले लोगों और परिवारों को भी अध-पेट सोना पड़ता है। वह भी अगले दिन के भोजन की चिंता साथ में संजो कर। इस निष्कर्ष की पुष्टि करने वाले आंकड़े राष्ट्रीय पारिवारिक आय स्वास्थ्य सर्वेक्षण से मिलते हैं। ये आंकड़े बताते हैं कि पांच साल तक की आयु के बच्चों में से आधे बच्चे कुपोषण के शिकार हैं। स्पष्ट है कि ये कुपोषित भूखग्रस्त बच्चे हमारे भावी नागरिक बनने जा रहे हैं। लगभग ऐसी ही स्थिति हमारे गाँवों और शहरों की महिलाओं और युवाओं में पहले से ही विद्यमान है।

इन तथ्यों को कुछ और गहराई में जाकर देखना चाहिए। खेती और गाँवों की बात करें तो नेशनल सैम्पल सर्वे के 2003 के आंकड़ों के अनुसार एक प्रतिशत किसानों के पास कोई जमीन नहीं है, 82 प्रतिशत सीमांत और छोटे किसान हैं, करीब

16 प्रतिशत दरम्याने कृषक हैं तथा बड़े किसानों का अनुपात महज एक प्रतिशत है। इस तरह 83 प्रतिशत किसानों के पास दो हेक्टेयर से कम जमीन है, इस पर सारे कुनबे के लिए पर्याप्त अन्न पैदा करना काफी कठिन काम है। खासकर इनमें से भी 65 प्रति सैकड़ा जोतें कई टुकड़ों में बिखरी हुई भी हो सकती हैं। इन तथ्यों को पुख्ता करते हुए एक अध्येता ने 2008 की इंडिया डेवलपमेंट रिपोर्ट में यह बताया है कि सन् 1993-94 में हमारे अन्नदाता किसानों में कुपोषण ग्रसित किसानों की कुल संख्या 3.92 करोड़ से बढ़ कर 1999-2000 में 4.28 करोड़ हो गई थी। जाहिर है सीमांत किसान इस कष्टकारी हालत के खास तौर पर शिकार बनेंगे। ऐसे भूख के पीड़ित किसानों की संख्या इसी दौरान 10.55 करोड़ से बढ़ कर 12.20 करोड़ हो गई थी। ये कटु यथार्थ दर्शाते तथ्य बताते हैं कि इस दौरान गरीबी और गैर-बराबरी ने एक विशाल जनसमूह को अपनी चपेट में ले लिया। पिछले दो दशकों की अति-उदारवादी नीतियों के नतीजे अधिकांश भारतीय नागरिकों के लिए कितने भयावह रूप से अनुदार रहे हैं यह उपरोक्त आंकड़े साफ-साफ दिखाते हैं।

खाद्य-व्यवस्था का कुप्रबन्धन

भारत जैसे गरीब उपभोक्ताओं, गरीब सीमांत किसानों, कुछ प्रदेशों में विशेष रूप से केंद्रित बड़ी जोत वाले किसानों तथा मानसून और संगठित तथा असंगठित दोनों प्रकार के बाजारों द्वारा पैदा की गई उत्पादन कीमतों तथा विभिन्न फसलों से प्राप्त उत्पादन की मात्रा के अनिश्चित तथा बदलते अनुपात के कारण हमारी खाद्य व्यवस्था केवल बाजार की ताकतों के आधार पर सुचारू रूप से नहीं चल पाती है। व्यापारी वर्ग के साथ-साथ उद्योगों और शहरों से निकली कृषि पदार्थों की मांग तथा अंतर्राष्ट्रीय प्रभाव अनाज तथा अन्य कृषिजन्य उत्पादों की कीमतों का निर्णायक असर पड़ता है और यह हमेशा आमजन के हकों और जरूरतों के लिए शुभ नहीं होता। उत्पादन घटने पर तो किसान को हानि होती ही है, भरपूर फसल लेने पर कीमतों में कमी का रुख आ जाता है जो किसानों के लाभ को घटा देता है। ये मुश्किलें गरीब, कम उत्पादन वाले इलाकों, शहरी गरीबों तथा बंधी-बंधाई आमदनी वाले लोगों के लिए भी बड़ा सिरदर्द बन जाती हैं। अतः यह मानना निरी नासमझी होगी कि भारत में खाद्य व्यवस्था बिना राजकीय अथवा सामाजिक नियंत्रण के चल सकती है और लोगों को भरपेट खाना मुहैया करा सकती है। हरित क्रांति के बाद तो राजकीय हस्तक्षेप तथा नियंत्रण के बिना खाद्य आपूर्ति तथा भूख के सवाल से सफलतापूर्वक दो-दो हाथ करना असंभव ही था अतः राज्य की सक्रिय भूमिका वाली आर्थिक नीतियों के दौर की तरह ही आर्थिक उदारीकरण के दौरान भी भारत की खाद्य व्यवस्था (यानी उत्पादन, कीमत-निर्धारण वितरण तथा विकास) राज्य की निर्णायक

भूमिका से मुक्त नहीं हो पाई।

अरसे से न्यूनतम समर्थन मूल्य पर सरकारी अन्न की खरीद, उसका आपातकाल, अकाल और गरीबों की जरूरतों को पूरा करने के लिए बनी सार्वजनिक वितरण व्यवस्था हेतु भंडारण, जरूरत पड़ने पर आयात आदि तात्कालिक जरूरतों के लिए केंद्र और राज्य सरकारें खाद्य प्रबंधन के काम करती हैं। पिछले कुछ सालों से विदेशी व्यापारियों, निजी क्षेत्र की कंपनियों तथा अन्य व्यापारियों की अनाज के व्यापार में भूमिका बढ़ाने की मुहिम चलाई जा रही थी। खेती में निवेश भी घट रहा है। मौसम का मनमाना मिजाज जगजाहिर है ही। ऐसी स्थिति में एक ओर अनाजों की कीमतें बढ़ रही थीं, हमारे अतिरिक्त सुरक्षित अन्न भंडार रीत रहे थे और हमें कई बार गेहूँ का आयात करना पड़ा। ये आयात काफी ऊँची कीमतों पर हुए। सुरक्षित भंडार भी घट रहे थे। नई सरकारी खरीद भी अपर्याप्त रही। भारतीय किसानों से आयातित गेहूँ के दाम से कम कीमत पर यह खरीद करने का प्रयास अंततः अदूरदर्शितापूर्ण कदम साबित हुआ। साथ में गरीब उपभोक्ताओं की खाद्य सुरक्षा भी घटने लगी। अति अल्प गरीबी रेखा से ऊपर माने गए लोगों के लिए सार्वजनिक वितरण करने की निश्चित तथा कम कीमत पर उपलब्ध कराई गई आपूर्ति घटाई गई। उनसे वसूली जाने वाली कीमत भी बढ़ायी गई। साथ में राज्यों को दी जाने वाली अनाज की मात्रा भी घटायी गई। यह सार्वजनिक वितरण व्यवस्था भी बहुत खामियों से भरी है और काफी अनाज अफसरों-व्यापारियों की मिलीभगत और वितरण खामियों के कारण सुपात्र उपभोक्ताओं तक नहीं पहुँच पाता। दैनिक जीवन के अनुभव के अलावा अनेक सरकारी गैर-सरकारी अध्ययनों और जांच पड़ताल से भी सार्वजनिक वितरण व्यवस्था की खामियों, कमजोरियों और नाकारेपन का खुलासा होता है। सीमित या तथाकथित वितरण व्यवस्था के चलते बाजार के तहत नियमनविहीन चलने वाले अन्न के बाजार पर भी मुनाफाखोरों का दबदबा और नियंत्रण बढ़ जाता है।

कुल मिला कर पिछले पंद्रह-बीस सालों में, सरकार पर करीब तीस हजार करोड़ रुपयों के सबसिडी खर्च का भार डालते हुए भी सार्वजनिक वितरण व्यवस्था अपने मकसद में नाकाम होती जा रही है। काम के बदले अनाज जैसी स्कीमें भी सरकारी स्तर पर आबादी के अनुपात में अपर्याप्त आबंटन तथा ढुलमुल प्रशासनिक व्यवस्था के कारण लोगों की भूख मिटाने और सुपोषण प्रदान करने के उद्देश्य में कामयाब नहीं हो पाती। हमारे अनेक राज्यों की खेती भी अपेक्षाकृत ज्यादा पिछड़ी है। इन राज्यों में अनाज की आपूर्ति काफी अपर्याप्त रहती है। उत्तर-पश्चिम भारत के राज्यों को छोड़ कर ज्यादातर राज्यों में देश के अन्य भागों से आए अनाज की भारी जरूरत रहती है। परंतु हमारी खाद्य नीति इन प्रादेशित असंतुलनों को मिटाने में असफल रही। अनेक

राज्यों से भूख से लोगों के मरने की खबरें आती रहती हैं।

इन दिक्कतों के साथ-साथ हमारी वैश्वीकरण की नीति ने भी हमें भुखमरी की ओर तेजी से बढ़ाने का काम किया। चावल, दाल आदि के साथ-साथ फलों और फूलों के निर्यात को प्रोत्साहन दिया गया। इन मलाईदार उत्पादों के मुकाबले कुल उत्पादन में अन्न का अनुपात घटता है। यही हस्र बाजरा, मकई, रागी, जुआर आदि के साथ-साथ दालों और तिलहन का भी हुआ। दालों और खाने के तेलों के लिए हम आयात पर निर्भर हो गए। हरित क्रांति का राष्ट्रीय खाद्य आत्म-निर्भरता का दावा चकनाचूर हो गया। यही नहीं, हरित क्रांति के तहत उत्पादन की प्रति इकाई लागत भी बढ़ती गई। अनाजों की सरकारी कीमत भी किसानों के लिए पर्याप्त लाभ्रपद साबित नहीं हो पाई। इनका उत्पादन बढ़ाने की प्रेरणा और क्षमता दोनों पर नकारात्मक असर पड़ा। जिस किसी भी नजरिए से देखा जाए, भारत में भूख का सवाल विकटतर होता गया। कुपोषण, अकाल मृत्यु तथा बीमारियों से लड़ने की क्षमता वाले लोगों की संख्या बढ़ती जा रही है।

खाद्य एवं जन वितरण विभाग के अनुसार खाद्यान्न उत्पादन में 1989-90 से 2005-06 के दौरान 0.26 प्रतिशत प्रति वर्ष की कमी आई। खाद्यान्न उत्पादन में लगी जमीन 127.8 मिलियन हेक्टेयर (1990-91) से घट कर 2005-06 में 121.8 मिलियन हेक्टेयर रह गई। इस तरह 6.2 मिलियन हेक्टेयर की काफी बड़ी कमी आई अन्न उत्पादक जमीन के रकवे में से सा. वि. प्र. प्रणाली को विघटित किया जा रहा है। सरकार ऐसी नीतियां लागू कर रही है जो खाद्य सुरक्षा के लिए हानिकारक हैं। सन् 2007-2008 की वार्षिक आर्थिक समीक्षा दर्शाती है कि 1990-2007 के दौरान खाद्यानों के उत्पादन बढ़त की दर घट कर 1.2 प्रतिशत ही रह गई जबकि जनसंख्या वृद्धि प्रतिवर्ष 1.9 प्रतिशत थी। वर्ष 2006-07 में 217.3 मिलियन टन अनाज का उत्पादन हुआ जो कि अनुमानित उत्पादन से 2.7 प्रतिशत कम था। सर्वे में माना गया कि दलहन और तिलहन के उत्पादन में कमी आई। अनुमानित अन्न लक्ष्य का 93 प्रतिशत उत्पादन हो सका जबकि दलहन और तिलहन का उत्पादन अपने लक्ष्य का क्रमशः 87.7 प्रतिशत तथा 85.3 प्रतिशत था।

सारणी 1 से पता चलता है कि अनाज भंडारण का लक्ष्य वर्षों से पूरा नहीं हो पा रहा है। वैकल्पिक आर्थिक सर्वेक्षण, 2007-08 बताता है कि पिछले कई वर्षों में सरकार द्वारा खाद्यान्न खरीदने का लक्ष्य पूरा नही हुआ। इनसे सरकार जन वितरण प्रणाली के लिए खाद्यान्न आबंटित करने की जिम्मेदारी नहीं निभा पाई है। साथ ही खाद्यान्न के निजी व्यापार को लेकर ज्यादा परेशानी दिखती है। निजी व्यापार देश के सभी नागरिकों को खाना देने के काम में नाकाम रहा है। सन् 2007-08 के दौरान गेहूँ भंडार में 40 लाख टन की कमी रही है। इसकी भरपाई करने के लिए केंद्र सरकार

ने राज्यों के आबंटन में कमी करने का रास्ता अपनाया है।

यह सारणी विभिन्न कल्याणकारी योजनाओं द्वारा आबंटित खाद्यान्न की कमी को दर्शाती है, जैसे स्कूल के बच्चों के लिए मध्य दिवसीय भोजन आदि। लक्षित जन वितरण प्रणाली 2005-06 के 42.1 मिलियन टन से घट कर 2006-07 में 36.7 मिलियन टन ही रह गई।

तालिका-1 : गेहूं की खरीद, 2007-08 (लाख टन में)

राज्य	अनुमानित खरीद	वास्तविक खरीद	अंतर
पंजाब	75	67.81	-7.19
हरियाणा	45	33.50	-11.50
उत्तर प्रदेश	15	5.46	-9.54
बिहार	10	0.08	-9.92
मध्य प्रदेश	3	0.57	-2.43
राजस्थान	2	3.83	-1.83
उत्तराखंड	1	0.02	-0.98
गुजरात	0.5	-	-0.5
अन्य		0.01	-0.00
कुल	151.50	111.28	-40.22

स्रोत : खाद्य और जन वितरण विभाग की 2007-08 की सालाना वितरण रपट

तालिका-2 : चावल और गेहूं (दस लाख टन)

टीडीपीएस कुल	24.20	29.70	31.40	31.60	23.60	24.70
वीपीआई	15.80	17.50	15.60	14.20	10.60	11.20
एपीआई	4.20	6.70	8.30	8.70	6.60	7.0
एएवाई	4.20	5.50	7.40	8.70	6.40	6.5
कल्याणकारी योजनाएं	13.50	10.60	9.70	5.1	3.80	2.6
खुले बाजार की ब्रिक्री	11.60	1.20	1.10	0.0	0.0	0.0
कुल	9.30	41.50	42.10	36.70	27.40	27.3

स्रोत : भारत सरकार, आर्थिक सर्वे, 2007-08, 175

कैलोरी उपभोग में कमी तथा कुपोषण

1990 के बाद से प्रति व्यक्ति अनाज तथा दाल उपलब्धता में कमी आ रही है। जहां

1990 में अनाज उपलब्धता 435 ग्राम प्रति व्यक्ति प्रतिदिन, दाल 41 ग्राम प्रति व्यक्ति प्रतिदिन थी, वहीं सन् 2006 में यह घट कर 412 ग्राम अन्न तथा 32 प्रति व्यक्ति प्रति दिन दाल रह गई। इस पर प्रारंभ से ही ध्यान देने की आवश्यकता रही है कि गरीबी तथा सीमांत समूहों के प्रति, व्यक्ति उपलब्धता के आंकड़े उनके वास्तविक उपभोग स्तर को प्रदर्शित नहीं करते। पहले से दयनीय स्थिति में जीने वाले लोगों के उपभोग के लिए खाद्य सामग्री में कमी उन्हें और दयनीय स्थिति में पहुंचा रही है।

विभिन्न अध्ययनों तथा एनएसएस (2004-05) के आंकड़ों से ज्ञात होता है कि ग्रामीण और शहरी दोनों ही क्षेत्रों में कैलोरी तथा प्रोटीन की प्रति-व्यक्ति में कमी तथा रोजगार की अनिश्चितता ने लोगों के जीवन स्तर को और अधिक दयनीय बना दिया है।

कैलोरी के रूप में ऊर्जा पाने की कमी को हम सारणी-2 तथा सारणी-3 के आंकड़ों से भी समझ सकते हैं। इसमें यह कमी 1999.2000 के बाद से स्पष्ट दिखाई देने लगती है। हाल के वर्षों में एक बहुत ही भद्दा कुतर्क दिया जाने लगा है कि पिछले कुछ सालों में खान-पान की विविधता बढ़ने के कारण अनाजों की खपत घटी है। खेती के उत्पादन में कमी, खेतिहरों में बेरोजगारी बढ़ने, उन पर कर्ज के बोझा के असहनीय स्तर तक बढ़ जाने तथा कई सरकारी खर्चों में कटौती के कारण अच्छी गुणवत्ता के विविधतामय खाद्य उपभोग की संभावना तक के ठंडेपन से इनकार किया जा सकता है।

तालिका-3 : प्रति व्यक्ति कैलोरी ग्रहण में परिवर्तन 1993-2005

	1993-94	**1999-2000**	**2004-05**
ग्रामीण	2153	2149	2047
शहरी	2071	2156	2020

स्रोत : एनएसएस रपट, संख्या 513, भारतीय अर्थव्यवस्था के आयाम : संख्या 44-46, अप्रैल, 2008

सा.वि.व्यवस्था के कीमत नियंत्रण खाद्य सुरक्षा आदि के लिए सर्वमान्य भूमिका को नजरअंदाज करते हुए बाजार के से पीड़ित नीतिकारों ने कुछ ऐसी नीतियां भी बना रखी हैं जिसमें बाजार का बड़ा भाग निजी व्यापारियों तथा बाजारी शक्तियों के नियंत्रण में चला गया है। खाद्यान्नों की बड़ी मात्रा भारतीय बाजार से भारतीय तथा अंतर्राष्ट्रीय निजी व्यापारिक घरानों द्वारा मुनाफे के लिए खरीद ली जाती

है। फिर सा.वि.व्य. के कमजोर होने के कारण बाजारी शक्तियों को लोगों के भोजन तथा पोषण के साथ विनाशक खेल खेलने की खुली छूट मिल गई है। जैसे कृषि क्षेत्र में निवेश की उपेक्षा। जनकोष आबंटन में भेदभाव, किसानों की दयनीय स्थिति, खाद्यान्नों की व्यापार नीति, मुख्यतः गेहूँ, चावल, दाल तथा खाने के तेल संबंधी आयात-निर्यात नीतियाँ, आदि मिल कर देश के घरेलू स्तर पर खाद्यान्न सुरक्षा के खिलाफ काम कर रहे हैं। खाद्यान्नों के बढ़ते दामों तथा प्रभावी सहायक वितरण व्यवस्था के अभाव ने अनेकों परिवारों का जीवनयापन कठिन बना दिया है।

अब हाल के वर्षों में सरकार बढ़ती खाद्य सबसिडी को ले कर हायतौबा करने लगी है। इन मंतव्यों में किसानों के लिए न्यूनतम समर्थन कीमत, उपभोक्ताओं के लिए भारतीय खाद्य निगम की लागत से नीचे दामों पर आपूर्ति आदि को लेकर सरकारी बजट पर बढ़ते बोझ और इस राशि की उत्पादक कामों के लिए अनुपलब्धता पर काफी जोर दिया जाता है। इस पृष्ठभूमि में जन वितरण प्रणाली को 1990 से विश्ब बैंक तथा अंतर्राष्ट्रीय मुद्रा कोष की सलाह पर विघटित किया जा रहा है। गरीबी निवारण और उससे जुड़ी भूख के खिलाफ लड़ाई नवउदारवाद के लिए जन जन की नजर में एक तरह की राजनीतिक तथा नैतिक वैधता प्राप्त करने का लोक-दिखाऊ उपाय भर है। इसे गंभीरतापूर्वक लागू करने से लोकशक्ति बढ़ती है और वह इस न्यायहीन निजाम के खिलाफ प्रभावी ढंग से लामबंद होने लगती है। अतः गरीबी रेखा को भारत में 12 रुपये प्रतिदिन पर बांधने जैसी तहजीब तथा विश्व स्तर पर गरीबी रेखा को दो डॉलर प्रतिदिन तक तय किया जाता है। सबसिडी के बढ़ते बोझ पर छाती पीटने वाले भूल जाते हैं कि इन सबसिडियों का बोझ राष्ट्रीय आय के अनुपात में घट कर मात्र 0.66 प्रतिशत ही रह गया था। इसी नीति और सोच का एक चक्र यह है कि सा.वि.व्यवस्था के तहत दिये जाने वाले अनाज की मात्रा में कमी की गई है। इस तरह अच्छी फसल और गैरस्फीति वाले वर्षों में सरकारी वितरण व्यवस्था से अन्न का उठाव भी गिर जाता है। कुल मिला कर यह नजर आता है कि भारत का आर्थिक उदारवाद आम आदमी के भूखे पेट से बेखबर ही नजर आता है।

वैकल्पिक नीतियां : प्रभावी वितरण व्यवस्था

निरंतर गारंटीशुदा खाद्य-सुरक्षा के दायरे को हर परिवार और हर मुंह तक फैलाने में असमर्थ अथवा आनाकानी करने वाला देश एक भारी मूल्यगत तथा नैतिक गिरावट का शिकार माना जा सकता है। इस गिरावट से निजात पाना जनपक्षीय विकास की सच्ची आधारशिला हो सकता है। जाहिर है बाजारवादी वितरण व्यवस्था पर सार्वजनिक वितरण का अंकुश प्रभावी तरीके से लगाए बिना आम हिंदुस्तानी की

खाद्य-सुरक्षा सुनिश्चित नहीं की जा सकती। इस व्यवस्था को कारगर बनाने के लिए जरूरी कुछ कदमों का हम यहां उल्लेख करना चाहेंगे।

देश के प्रतिदिन प्रति व्यक्ति 30 रुपये तक खर्च करने वाले व्यक्ति को सस्ते सबसिडी युक्त उसकी खाद्य संबंधी आदतों के अनुरूप, अनाजें, दालें और खाने का सामान उपलब्ध कराने के प्रयास सा.वि.व्य. के तहत किए जाने चाहिए। बाकी जनता को भी लागत कीमत पर सा.वि.व्य. से आवश्यक अनाज, दालें आदि खरीदने का हक हो। इस काम के लिए देश के सभी भागों से बड़े किसानों से लेवी के जरिये तथा अन्यों से न्यूनतम समर्थन कीमत के आधार पर अनाज, मोटे अनाजों सहित राज्यों से केंद्र तक सरकारी संस्थानों द्वारा खरीद कर एक बिक्री योग्य तथा दूसरा आपातकालीन भंडार बनाना चाहिए। इसे सबसिडी युक्त काफी हद तक अपरिवर्तित कीमत पर इस चिह्नित तबके को नियमित उपलब्ध कराना चाहिए। कुल उत्पादन के 25 प्रतिशत अन्न की मात्रा अथवा बाजार में बिकने आए अनाज के 60 प्रतिशत भाग के बिना कारगर वितरण व्यवस्था संभव नहीं है। यहां सस्ते अनाज की दुकानों के प्रबंध को सुधारने के बार-बार सुझाए गए तौर-तरीकों की चर्चा नहीं करके हम केवल इतना भर कहेंगे कि इनको पारदर्शी, सबको ज्ञात तथा जिम्मेदारी लागू कराने में समर्थ बनाना होगा। दालों और खाद्य तेल को भी वितरण व्यवस्था में शुमार करना होगा। खाद्य सबसिडी की राशि एकत्रित करने के लिए कंपनियों और उच्च आय वर्ग पर अधिभार लगाया जाना चाहिए? जैसे तंबाखू, शराब, महंगे होटलों, हवाई यात्रा आदि तथा कंपनी कर पर।

राज्यों को आबंटन का विद्यमान तरीका भी कई लोगों को सा.वि.व्यवस्था से बाहर रखने का कारण बनता है। हर सरकारी वितरण की दुकान पर सभी कार्डधारियों के लिए पर्याप्त मात्रा में सामग्री हमेशा बनी रहनी चाहिए। दुकानों पर माल सरकार स्वयं पहुंचवाने की व्यवस्था करे तथा वोटर पहचान पत्र की तर्ज पर राशन कार्ड वितरित किए जाएं। उपभोक्ता को अपनी सुविधा के अनुसार विभिन्न मात्राओं में खरीददारी करने का अधिकार दिया जाना चाहिए। गरीबों के लिए वितरण व्यवस्था तथा रोजगार योजनाओं में तालमेल बैठाना चाहिए। निर्माण क्षेत्र के कर्मियों के लिए निर्माणस्थल पर वितरण व्यवस्था करके असंगठित क्षेत्र को भी सा. वि. व्य. से लाभान्वित करने की तजबीज भी होना जरूरी है। सीधी बात है कि व्यापारी तथा नौकरशाह की सुविधा और नजरिए के स्थान पर आम आदमी की परिस्थितियों और जरूरतों के अनुकूल वितरण व्यवस्था का रंग-ढंग तय किया जाना चाहिए।

(लेखक द्वय अर्थशास्त्र के प्रोफेसर और वैकल्पिक आर्थिक समूह के सदस्य हैं।)

आधुनिक सभ्यता का संकट

–सुनील

यह एक विचित्र बात लग सकती है कि औद्योगिक क्रांति के दो सौ साल बाद, विज्ञान एवं टेक्नोलॉजी की चमत्कारिक प्रगति के बावजूद, आधुनिक विकास की हैरत भरी दौड़ के बाद भी, आज दुनिया भोजन के संकट में फंसी है। दुनिया के खाद्य संकट को ले कर अंतर्राष्ट्रीय सम्मेलन हो रहे हैं। दुनिया के ताकतवर देशों के समूह जी-8 की पिछले दिनों हुई बैठक का भी प्रमुख मुद्दा खाद्य संकट व ऊर्जा संकट ही था। पिछले जुलाई माह में जेनेवा में विश्व व्यापार संगठन की वार्ताएं टूट गईं और बेनतीजा रहीं, तो वह भी कृषि व्यापार से जुड़े मतभेदों पर टूटी। विश्व व्यापार संगठन की दोहा वार्ताओं की गाड़ी बार-बार खेती से संबंधित मुद्दों पर अटक रही है और अब इन वार्ताओं के वापस पटरी पर आने की उम्मीद बहुत कम है। इसी के साथ तेल की कीमतें और ऊर्जा का संकट भी पूरी दुनिया के लिए बड़ी समस्या बना हुआ है। दुनिया के ज्यादातर झगड़े, संघर्ष, आंदोलन, विवाद और मतभेद अब तेल, खनिज, जमीन और पानी को लेकर हो रहे हैं। जलवायु परिवर्तन और धरती गर्म होने से पैदा होने वाले संकट भी हमारी नींद हराम किए हुए हैं। इसका मतलब है कि जबरदस्त औद्योगीकरण, चमत्कारिक विकास और तमाम प्रगति के बावजूद प्रकृति और प्राकृतिक संसाधनों से जुड़ी नई-नई समस्याएं पैदा हो रही हैं, सीमाएं। दिख रही हैं और संकट खड़े हो रहे हैं। कुदरत को जीतने, अपना गुलाम बनाने और रौंदने का आधुनिक मानव सभ्यता का घमंड धीरे-धीरे चूर होता जा रहा है।

हम समझ रहे थे कि दुर्भिक्ष, अकाल और महामारियों पर हमने विजय पा ली है और ये अब अतीत की चीजें रह गई हैं। लेकिन दुनिया में बड़े पैमाने पर खाने का संकट एक बार फिर पैदा हो गया है। वर्ष 2007 के प्रारम्भ में अनाज की कीमतों में अचानक काफी उछाल आया। अनाज के भंडार बहुत कम हो गए। हैती4, कैमरून, बुरकीनाफासो, सेनेगल, मिश्र, बांग्लादेश आदि देशों में भोजन को लेकर दंगे

और संघर्ष हुए हैं। लातीनी अमरीका के कैरीबियन देश हैती से तो एक दारुण रिपोर्ट अखबार में छपी है कि वहाँ लोग मिट्टी खा कर अपना पेट भर रहे हैं (द हिंदू, 30 जुलाई 2008)। दुनिया के 62 देशों में नाजुक हालात हैं और उन्हें खाद्यान्न की मदद देने की बात चल रही है। इस गंभीर स्थिति पर विचार करने के लिए संयुक्त राष्ट्र संघ के खाद्य एवं कृषि संगठन ने जून के पहले सप्ताह में रोम में एक अंतर्राष्ट्रीय सम्मेलन बुलाया। संयुक्त राष्ट्र संघ के महासचिव श्री बान-की-मून ने इस सम्मेलन में बताया कि ताजे खाद्य संकट ने दुनिया के 10 करोड़ नए लोगों को भुखमरी की गोद में ढकेल दिया है। दुनिया के 85 करोड़ लोग पहले से भूख से पीड़ित हैं। इनमें से लगभग 80 करोड़ दुनिया के गरीब देशों में रहते हैं। इस तरह दुनिया का हर सातवां आदमी भूख और कुपोषण का शिकार है। आज दुनिया में युद्ध से ज्यादा लोग भूख से मरते हैं।

पिछली शताब्दी या सहस्राब्दी के अंत में, दुनिया में भूखे लोगों की संख्या का अनुमान 79 करोड़ का लगाया गया था। नवम्बर 1996 में इसी तरह का विश्व खाद्य सम्मेलन हुआ था, तो उसमें इसे मानवता पर कलंक मानते हुए 2015 तक इस संख्या को आधा करने का संकल्प लिया गया था। इसके बाद 2002 में फिर इसी तरह का विश्व खाद्य सम्मेलन हुआ। लेकिन जाहिर है कि इस लक्ष्य की दिशा में आगे बढ़ने के बजाय दुनिया पीछे जा रही है। मनुष्य की सबसे बुनियादी जरूरत को पूरा करने में असफलता आधुनिक सभ्यता की बहुत बड़ी असफलता है।

भूख और कुपोषण से ठीक उलट, दुनिया के कुछ लोगों में मोटापे की समस्या बढ़ती जा रही है। जरूरत से ज्यादा खाने से होने वाली बीमारियां जैसे मधुमेह, हृदय रोग, कुछ तरह के कैंसर, ओस्टेओपोरोसिस, अपच आदि में तो तेजी से वृद्धि हो रही है। बल्कि अब स्वयं मोटापे को एक गंभीर रोग माना जा रहा है और अमीर देशों में यह काफी बड़ी चिंता का विषय है। विश्व खाद्य संगठन ने 2000 में मोटापे को 'वैश्विक महामारी' बताया है। संयुक्त राज्य अमेरिका में अब 65 प्रतिशत लोगों का वजन सामान्य से ज्यादा है और 30 प्रतिशत अत्यधिक मोटापे के शिकार हैं। यह संख्या पिछले 25 वर्ष में दुगनी हो गई है। वर्ष 2003 में संयुक्त राज्य अमरीका के महाशल्य चिकित्सक ने चेतावनी दी थी कि यदि ऐसा ही चलता रहा, तो उस देश में धूम्रपान से जितने लोग मरते हैं, उतने ही अमेरिकी प्रतिवर्ष मोटापे से मरने लगेंगे। भूख और मोटापे का यह तीखा द्वंद्व एक ही सिक्के के दो पहलू हैं और आधुनिक सभ्यता की एक विशेषता है। इतनी बड़ी संख्या में भूखे और कुपोषित लोग और इतनी बड़ी संख्या में मोटे लोग दुनिया के इतिहास में कभी नहीं रहे।

ऐसा भी नहीं है कि दुनिया में अनाज की कमी है। संयुक्त राष्ट्र संघ के खाद्य

एवं कृषि संगठन ने कुछ समय पहले बताया था कि पूरी दुनिया को खिलाने के लिए जितने अनाज की जरूरत है, उससे डेढ़ गुना दुनिया में पैदा हो रहा है। वर्ष 1950 से 1990 के बीच दुनिया का अनाज उत्पादन तीन गुना हो गया है, जबकि इस बीच दुनिया की आबादी दुगने के लगभग बढ़ी है। उसके बाद जरूर अनाज उत्पादन की वृद्धि की दर कम हो गई है और उसमें ठहराव आ गया है। विश्व स्तर पर प्रति व्यक्ति अनाज उत्पादन 1961-65 की अवधि में 271 कि.ग्रा. था, जो बढ़ता हुआ 1981-85 की अवधि में 334 कि.ग्रा. हो गया। उसके बाद से इसमें गिरावट शुरू हुई और 2001-05 की अवधि में यह 310 कि.ग्रा. रह गया। इसका मतलब है कि दुनिया के ताजे खाद्यान्न संकट को समझने के लिए दो बातों पर गौर करना होगा। यह अनाज कहाँ जा रहा है? दूसरा, दुनिया के अनाज उत्पादन की वृद्धि दरों में कमी क्यों आ रही है? उसमें ठहराव क्यों आ रहा है? वे कौन से बुनियादी कारण हैं, जिनके कारण उत्पादन की प्रगति मंद पड़ गई है।

ताजा खाद्यान्न संकट के पीछे जिस ताजी प्रवृत्ति पर काफी लोगों का ध्यान गया है, वह है जैव ईंधन। जैव-डीजल या इथेनॉल बनाने के लिए अनाज, खाद्य तेलों और खेती की जमीन का इस्तेमाल बढ़ता ही जा रहा है। जून माह में रोम के जिस विश्व खाद्य सम्मेलन का जिक्र ऊपर आया है, उसमें चर्चा एवं विवाद का प्रमुख केंद्र बिंदु जैव-ईंधन ही था। खाद्य एवं कृषि संगठन ने इसे खाद्य संकट का एक प्रमुख कारण माना था। यह माना जा रहा था कि यह सम्मेलन जैव-ईंधन के खिलाफ प्रस्ताव पास करेगा। लेकिन अमीर देशों और उनकी कंपनियों के ताकतवर निहित स्वार्थों के कारण ऐसा नहीं हो पाया।

ऊपर बताया गया है कि दुनिया में प्रति व्यक्ति अनाज उत्पादन घट कर 310 कि. ग्रा. रह गया है। किंतु यह भी मनुष्य के खाने के लिए पूरा उपलब्ध नहीं है। सिर्फ संयुक्त राज्य अमेरिका में 2007-08 में जितनी मक्का पैदा हुई, उसका एक-चौथाई जैव-ईंधन बनाने में इस्तेमाल हुई। अनुमान है कि इस वर्ष 2008-09 में यह मक्का दुनिया के अनाज-व्यापार के एक-तिहाई और अनाज उत्पादन के 5 प्रतिशत के बराबर है। संयुक्त राज्य अमरीका में सरकार द्वारा जैव-ईंधन बनाने के लिए काफी अनुदान दिया जा रहा है, इसी तरह, यूरोपीय संघ ने भी जैव ईंधन पर काफी जोर दिया है। पिछले वर्ष यूरोपीय संघ ने तय किया है कि वर्ष 2010 तक उसके यातायात के लिए 5.75 प्रतिशत ईंधन तथा 2020 तक 10 प्रतिशत ईंधन जैविक स्रोतों से मिलना चाहिए। अमरीका-यूरोप के जैव-ईंधन पर जोर का असर पूरी दुनिया पर पड़ रहा है। ब्राजील, मलेशिया, इंडोनेशिया, फिलीपीन जैसे देश बड़ी मात्रा में जैव-ईंधन के निर्यात में जुट गए हैं। मक्का के अलावा सोयाबीन, पाम-तेल,

सूरजमुखी, रेपसीड, गन्ना आदि से जैव-ईंधन बनाया जा रहा है। भारत जैसे देशों में रतनजोत (जट्रोफा) से डीजल बनाने के कारखाने डाले जा रहे हैं और रतनजोत लगाने के लिए हजारों-लाखों एकड़ जमीन कंपनियों को आबंटित की जा रही है। यह बताया जा रहा है कि यह बंजर भूमि है, किंतु असलियत यह है कि खेती, निस्तार या सामुदायिक उपयोग के रूप में यह भूमि ग्रामीण गरीबों के जीवन का आधार है। कुल मिला कर, अमीरों की कारों में ईंधन की कमी न हो, इसके लिए दुनिया के गरीबों के मुँह का कौर छीना जा रहा है और उन्हें वंचित किया जा रहा है।

मजेदार बात यह है कि कुछ साल पहले जैव-ईंधन को एक चमत्कार के रूप में देखा गया था और माना गया था कि बढ़ते हुए ऊर्जा संकट व पर्यावरण संकट का हल इसी से होगा। वर्ष 1987 में संयुक्त राष्ट्र संघ ने अपनी एक रिपोर्ट में टिकाऊ विकास के लिए जैव-ईंधन का इस्तेमाल करने की सिफारिश की थी। फिररियोडी जेनीरो में भी संयुक्त राष्ट्र संघ द्वारा आयोजित सम्मेलन में जलवायु परिवर्तन व धरती गरमाने से रोकने के एक प्रमुख औजार के रूप में जैव-ईंधन की भूमिका को स्वीकार किया गया था। संयुक्त राज्य अमेरिका और यूरोपीय संघ भी इसके पीछे यही दलील देते हैं कि इससे ऊर्जा की बचत होगी, वायुमंडल में छोड़ी जाने वाली ग्रीन हाऊस गैसों में कमी होगी और पर्यावरण की रक्षा होगी। लेकिन ये दलीलें कितनी गलत और खोखली हैं, यह अब सामने आ रहा है। यह ठीक है कि गाड़ी में पेट्रोल-डीजल की जगह जैव-ईंधन के इस्तेमाल से कार्बनडाईऑक्साइड कुछ कम निकलती है, किंतु यह एक अधूरा सच है। जैव ईंधन फसलों की खेती में इस्तेमाल किए जाने वाले उर्वरकों, कीटनाशकों, ट्रैक्टर-हार्वेस्टरों, डीजल, बिजली, पानी आदि का हिसाब लगाया जाए, फिर कच्चे माल को कारखाने तक तथा तैयार जैव-ईंधन को कारखाने से उपभोक्ताओं तक पहुँचाने में लगी ऊर्जा तथा कारखाने में लगी ऊर्जा का हिसाब भी लगाया जाए, तो पता चलेगा कि कोई विशेष बचत नहीं हुई, बल्कि कुछ मामलों में ज्यादा ऊर्जा खर्च हो गई।

इसके अतिरिक्त, जैव ईंधन की फसलें उगाने के लिए दुनिया के कई हिस्सों में जंगल साफ किए जा रहे हैं। ब्राजील में सोयाबीन एवं गन्ने की नई बढ़ती हुई मांग के लिए अमेजन के घने जंगलों को साफ करने की गति बढ़ गई है। सन 2007 के अंतिम छः महीनों में ब्राजील के 3000 वर्ग कि.मी. से अधिक जंगलों का नाश हो गया। इसी तरह मलेशिया और इंडोनेशिया में पाम के बगीचे लगाने के लिए जंगल काटे जा रहे हैं। अब उनकी गति भी बढ़ जाएगी।

जैव ईंधन में सबसे बड़ा सवाल जमीन का ही है। उदाहरण के लिए यूरोपीय संघ ने 2010 तक अपने यातायात के ईंधन की 5.75 प्रतिशत आपूर्ति जैव ईंधन

से करने का जो फैसला किया है और जो उसके कुल ऊर्जा इस्तेमाल का मात्र 1.75 प्रतिशत होगा, उसके लिए 1.7 करोड़ हेक्टेयर भूमि की जरूरत होगी। चूंकि यूरोप में इतनी भूमि नहीं है, इसलिए बाहर के देशों में यह खेती करवाई जाएगी। यानी यह नव-उपनिवेशवाद और साम्राज्यवाद का एक और कदम है।

जैव-ईंधन का यह मसला इस बात का भी उदाहरण है कि दुनिया के संकट, चाहे वह खाद्य संकट हो, ऊर्जा संकट हो या पर्यावरण संकट, असल में दुनिया के सीमित संसाधनों के उपयोग, नियंत्रण व बंटवारे के संकट हैं। इन संकटों का हल मात्र टेक्नोलॉजी से नहीं हो सकता। अमरीका-यूरोप के लोग अपने ऐशो-आराम में कटौती नहीं करना चाहते और इसके लिए नए-नए रास्ते ढूँढ रहे हैं। इसी चक्कर में वे पूरी दुनिया के लिए नई-नई मुसीबतें खड़ी कर रहे हैं। संकट के इस बुनियादी आयाम को न देखने के कारण ही ऐसा होता है कि एक संकट (ऊर्जा संकट या पर्यावरण संकट) का हल निकालने में नया विश्वव्यापी संकट (खाद्य संकट) खड़ा हो जाता है।

दुनिया के अमीरों के विलासितापूर्ण उपयोग का एक और पहलू खाद्य संकट से जुड़ा है, जिसकी ओर लोगों का कम ध्यान गया है। पिछले पचास वर्षों में खेती, जमीन और अनाज का उत्तरोतर ज्यादा हिस्सा सीधे मनुष्य के भोजन में लगने के बजाय पशुपालन और पशु आहार में लग रहा है। दुनिया के पशु-उत्पादों में काफी तेजी से वृद्धि हो रही है, जो कि कृषि उत्पादन से काफी ज्यादा है। वर्ष 1950 से अभी तक मांस उत्पादन लगभग पांच गुना हो चुका है। प्रति व्यक्ति औसत मांस खपत दुगुनी से ज्यादा हो चुकी है। इसी अवधि में प्रति व्यक्ति अंडा उत्पादन और प्रति व्यक्ति मछली उत्पादन भी लगभग दुगुना हो चुका है। इसी तरह दूध व दुग्ध उत्पादों में भी काफी वृद्धि हुई है। दुनिया के कुल खाद्य उत्पादन में पशु-उत्पादों का हिस्सा बढ़ कर 37 प्रतिशत हो गया है, जो दुनिया के इतिहास में अभूतपूर्व घटना है।

लेकिन विडंबना यह है कि इस पशुपालन क्रांति ने दुनिया के खाद्य संकट को कम करने में मदद करने के बजाय बढ़ाया है। आधुनिक पशुपालन उस पारंपरिक, विकेंद्रित, गाँव-जंगल-खेत आधारित पशुपालन से काफी अलग है, जिसमें पशुओं को जंगल में, चरागाहों में या खाली खेतों में (फसलों के बीच की अवधि) में चराया जाता था। खेती, और फसलों के सह उत्पादों जैसे कड़पी, भूसा, छिलके, खली आदि को उन्हें खिलाया जाता था। मनुष्य के भोजन और पशु आहार में कोई टकराव नहीं था। खेती व पशुपालन परस्पर एक-दूसरे की पूरक गतिविधियां थीं। लेकिन अब तो मुर्गी, सुअर, गाय या मछली के आधुनिक फार्म होते हैं जहां छोटी सी जगह में हजारों की संख्या में उन्हें पाला जाता है। उन्हें सीधे अनाज, तिलहन

और अन्य पशुओं का मांस ठूंस-ठूंस कर खिलाया जाता है ताकि चंद दिनों में उनसे ज्यादा से ज्यादा मांस, अंडे या दूध प्राप्त हो सके। उनका हरा चारा भी अब सीधे खेतों में एक फसल के रूप में पानी, रासायनिक खाद और कीटनाशक दवाइयों के भारी उपयोग के साथ लगाया जाता है। मक्का और सोयाबीन की खेती का जो इतनी तेजी से विस्तार हुआ है, और उनका उत्पादन तेजी से बढ़ा है, वह भी मुख्य रूप से इसी आधुनिक पशुपालन के लिए ही है। सत्तर के दशक के बाद सारी फसलों में सोयाबीन का रकबा ही सबसे ज्यादा बढ़ा है। संयुक्त राज्य अमेरिका में आज पैदा होने वाला 70 प्रतिशत से ज्यादा अनाज पशुओं को ही खिलाया जाता है।

जब दुनिया के कई हिस्सों में बड़ी संख्या में लोग भूख और कुपोषण के शिकार हो रहे हैं, तब अनाज को पहले पशुओं को खिलाना और फिर उससे मांस, अंडे या दूध तैयार करके थोड़े से अमीर लोगों को परोसना अपने आप में अन्यायपूर्ण तो है ही, भोजन तैयार करने का अकुशल एवं फिजूलखर्ची वाला तरीका भी है। यह अनाज और सीमित संसाधनों की बर्बादी है। संयुक्त राज्य अमरीका में 7 कि.ग्रा. मक्का खिला कर 1 कि.ग्रा. गोमांस तैयार किया जाता है। 6.5 कि.ग्रा. मक्का से 1 कि.ग्रा. सुअर का मांस तैयार होता है। 2.6 कि.ग्रा. मक्का से 1 कि.ग्रा. चिकन तैयार होता है। स्पष्ट है कि इस आधुनिक औद्योगिक पशुपालन के तरीके से भोजन तैयार करने के लिए काफी ज्यादा जमीन और संसाधनों की जरूरत होती है। अंदाज है कि दुनिया की लगभग आधी कृषि भूमि पशु आहार तैयार करने में लगी हुई है। यदि इसमें चराई के लिए सुरक्षित रखी जाने वाली भूमि को भी जोड़ लिया जाए तो यह आंकड़ा दो-तिहाई हो जाता है। भूमि के अलावा अन्य संसाधनों की भी इसकी मांग काफी ज्यादा है। यह अनुमान लगाया गया है कि फैक्टरीनुमा पशु फार्मों से तैयार होने वाले मांस-प्रोटीन में वनस्पति प्रोटीन के मुकाबले 100 गुना ज्यादा पानी लगता है तथा 8 गुना ज्यादा ऊर्जा लगती है। आधुनिक विकास के हिमायतियों के लिए अनाज और भूमि की विशाल मात्रा से होने वाला आधुनिक पशुपालन प्रगति, बेहतर खुराक और विकास का सूचक हो सकता है, लेकिन सच तो यह है कि इस महंगे, अकुशल, अवैज्ञानिक और अप्राकृतिक पशुपालन से दुनिया में गैरबराबरी व अभाव बढ़े हैं, और इसने दुनिया के भोजन के संकट को गहरा किया है।

खाद्य संकट के अलावा, आधुनिक औद्योगिक पशुपालन ने अन्य समस्याएं भी पैदा की हैं। छोटी-सी जगह में लोहे के तारों वाले दड़बों में हजारों मुर्गियों, सुअरों, गायों को रखना, उन्हें खुला घूमने-फिरने का अवसर या हिलने-डुलने की जगह भी नहीं देना, भारी रसायनों एवं हार्मोनों से युक्त पशुआहार एवं दवाइयां देना तथा वजन बढ़ते ही बूचड़खानों में भेज देना पर्यावरण एवं मानव स्वास्थ्य की दृष्टि से तो

नुकसानदेह है ही, काफी क्रूर भी है। पशुपालन के इस कृत्रिम औद्योगिक तरीके ने पिछले दिनों 'मेड काउ रोग' एवं 'बर्ड फ्लू' जैसी नई महामारियां पैदा की हैं, जिनसे काफी हड़कंप मचा है। बर्ड फ्लू तो मुर्गियों-बत्तखों का पुराना रोग है, लेकिन अब यह खतरा पैदा हो गया है कि इसका वायरस प्रजाति के बेरियर को लांघ कर इंसानों को प्रभावित कर सकता है। इंसान के शरीर में इसकी प्रतिरोधक क्षमता नहीं है। इससे इंसानों में जानलेवा महामारी फैल सकती है। इसीलिए, बर्ड फ्लू की शंका होते ही लाखों-करोड़ों मुर्गियों को मौत के घाट उतारा जा रहा है। इसी तरह मेड काऊ रोग से ग्रस्त गायों का मांस खाने वाले इंसानों को भी यह रोग लग सकता है। लाखों गायों को भी ब्रिटेन में इसी रोग के कारण मारा गया है। यह रोग गायों को मृत गायों के खून, हड्डियों और अन्य अवयवों से तैयार पशु-आहार खिलाने से फैला है और इसके बाद ब्रिटेन में इस प्रथा पर प्रतिबंध लगाया गया है।

अमीरों की कभी संतुष्ट नहीं होने वाली भूख, कंपनियों की मुनाफा-पिपासा और आधुनिक टेक्नोलॉजी की विनाशलीला का एक शिकार सागरों व महासागरों की मछलियां भी हुई हैं। आज से कुछ साल पहले कोई सोच भी नहीं सकता था कि समंदर में जहां मछलियों का अथाह भंडार होता है वहां खत्म भी हो सकती हैं। लेकिन मशीनी ट्रालरों ने आज दुनिया के अनेक महासागरों में मछलियों को खत्म होने की हालत में पहुंचा दिया है और वहां मछली उत्पादन घट रहा है। अपने सागरों व महासागरों में भंडार को खत्म करके अमीर देशों के ट्रॉलर्स अब गरीब देशों के समंदरों को लूटना चाहते हैं। जैसे भारत में मछुआरों के तीव्र विरोध के बावजूद गहरे समुद्र में मछली पकड़ने के नाम पर विदेशी ट्रालरों को घुसपैठ का मौका दिया जा रहा है।

इस मामले में पश्चिम अफ्रीका के एक गरीब देश सेनेगल का उदाहरण भी आँखें खोलने वाला है। समुद्र किनारे के इस देश की गरीब जनता मछली पर काफी निर्भर है। उनके भोजन में प्रोटीन का 70 प्रतिशत स्रोत समुद्री मछली है। सेनेगल की आबादी में हर छठा कामकाजी व्यक्ति मछुआरा है और उनमें दो-तिहाई महिलाएं हैं। लेकिन पिछले तीन दशकों से उनकी रोजी-रोटी संकट में है। दरअसल यूरोप के ट्रालर्स अपने सागरों की मछलियां खत्म करने के बाद पश्चिम अफ्रीका के समुद्र में घुस आए हैं। इससे वहां की मछलियां भी खत्म होने लगी हैं। वर्ष 1994 और 2005 के बीच वहां मछली का उत्पादन 95,000 टन से घट कर 45,000 टन रह गया है। स्थानीय मछुआरों की नौकाओं की संख्या में 1997 के बाद से 48 प्रतिशत कमी हुई है। एक अध्ययन के मुताबिक मछुआरों के जो परिवार पहले दिन में तीन वक्त भोजन करते थे, अब एक-दो बार ही खाते हैं।

सेनेगल के समुद्र में यूरोपीय जहाजों को मछली पकड़ने की इजाजत 1973

से सेनेगल सरकार के साथ समझौते के तहत दी गई थी। इसके दुष्परिणामों को देखते हुए सेनेगल सरकार ने 2006 में इस समझौते के नवीनीकरण से इंकार कर दिया। इसके बावजूद, यूरोपीय जहाज, गैरकानूनी तरीके से सेनेगल में वहां के जहाज के रूप में पंजीयन कराके मछली पकड़ रहे हैं। दूसरी ओर, यूरोपीय संघ विश्व व्यापार संगठन के अंतर्गत सेनेगल सहित पश्चिमी अफ्रीकी देशों पर इन समझौतों के नवीनीकरण के लिए भारी दबाव डाल रहा है और कार्यवाही की धमकी दे रहा है। उसका कहना है कि विश्व व्यापार संगठन के 'राष्ट्रीय बर्ताव' के सिद्धांत के तहत कोई देश अपनी फर्मों और विदेशी कंपनियों के बीच भेदभाव नहीं कर सकता। सेनेगल के अंदर भी कुछ अभिजात्य लोगों को इस मछली व्यापार में कुछ दलाली दे कर ललचाया जा रहा है और सेनेगल सरकार को बताया जा रहा है कि मछली निर्यात से ही सेनेगल का विकास होगा। इस हालत को 'खाद्य उपनिवेशवाद' का नाम देते हुए एक लेखक ने लिखा, "जहां पहले उन्होंने तोपों और सिपाहियों का इस्तेमाल किया था, अब अमीर देश भूखे लोगों का भोजन छीनने के लिए चेकबुक और वकीलों का इस्तेमाल करते हैं।"

आमतौर पर अंतराष्ट्रीय व्यापार को दुनिया में खाद्य आपूर्ति और खाद्य बढ़ाने में सहायक बताया जाता है। रोम में हाल में हुए अंतर्राष्ट्रीय खाद्य सम्मेलन में भी खाद्यान्न व्यापार के उदारीकरण की वकालत की गई। इसमें उन देशों की आलोचना की गई, जिन्होंने अपने देश के अंदर खाद्य आपूर्ति सुनिश्चित करने के लिए खाद्यान्नों के निर्यात पर पाबंदी लगा दी है (जैसे भारत ने गैर-बासमती चावल के निर्यात पर कुछ माह पहले रोक लगा दी है) लेकिन सच यह है कि खाद्य सामग्री के आयात और निर्यात दोनों ने गरीब देशों के खाद्यान्न संकट को बढ़ाया है।

पिछले काफी समय से विश्व बैंक और मुक्त व्यापार के अन्य समर्थक गरीब देशों को 'निर्यात आधारित विकास' की घुट्टी पिला रहे हैं। भारत सरकार भी उसी की माला जप रही है। खेती में भी उन फसलों तथा उस तरह के पशुपालन पर जोर दिया जा रहा है, जिनकी अमीर देशों में मांग है। इस चक्कर में गरीब देश के लोगों की खाद्य जरूरतों की उपेक्षा हो रही है। सेनेगल का जो उदाहरण ऊपर दिया है, उसको मछली निर्यात बढ़ाने और विदेशी मुद्रा कमाने के नाम पर जायज ठहराया जाता है। भारत में भी झींगा मछली, फूलों, सोयाबीन, कोको, काजू, बासमती चावल आदि निर्यात-फसलों को बढ़ावा दिया जा रहा है, जबकि देश के अंदर प्रति व्यक्ति खाद्यान्न उपलब्धि कम होती जा रही है। हमारे सीमित संसाधनों का इस्तेमाल अमीरों के लिए होता है। इस प्रकार की खेती बहुत महंगी भी होती है और उससे पर्यावरण पर भी प्रतिकूल प्रभाव पड़ता है। एक पर्यावरण समूह की हाल ही में आई रपट में

बताया गया है कि कैसे ब्रिटेन के लोग अपने भोजन में दुनिया के कई हिस्सों के पानी का अप्रत्यक्ष तरीके से उपभोग करते हैं। पाकिस्तान की सिंधु घाटी में वहां की सबसे उपजाऊ व सिंचित कृषि भूमि है। लेकिन इस भूमि और वहां के पानी का भारी इस्तेमाल अंग्रेजों के लिए बासमती चावल व कपास पैदा करने के लिए हो रहा है। वहां भूजल का स्तर तेजी से गिर रहा है तथा मरुस्थल बढ़ रहा है। अंग्रेजों की थाली खूशबूदार व्यंजनों से सजती है और उसकी कीमत पाकिस्तान की जनता को चुकानी पड़ती है। अफ्रीका के बड़े हिस्से में फ्रांस व अन्य यूरोपीय देशों के लिए मूंगफली व अन्य नकदी फसलों की खेती ने पिछली एक डेढ़-सदी में वहां की देशी अन्न की खेती और वहां के पर्यावरण दोनों को नष्ट करने का काम किया है। अफ्रीका के अकालों में इस औपनिवेशिक व्यापार की भूमिका रही है।

इसी तरह गरीब देशों में अमरीका-यूरोप-आस्ट्रेलिया-कनाडा से सस्ते अनाज के आयात से तात्कालिक रूप से तो लोगों का पेट भरने में मदद मिलती मालूम पड़ती है, लेकिन लंबे समय में इसने वहां के खाद्य स्वावलंबन को नष्ट करने का काम किया है। अमरीका-यूरोप अपने कृषि उत्पादकों को और कृषि व्यापार करने वाली कंपनियों को जितना भारी अनुदान देते हैं वह साधारण जनों की कल्पना से परे है और किसी भी अर्थशास्त्रीय सिद्धांत व तर्क के विपरीत है। गरीब देशों को अनुदान आधारित अर्थव्यवस्था को बंद करने का उपदेश देने वाली अमीर देशों की सरकारों और अर्थशास्त्रियों का दोहरा व दोगला चेहरा इससे उजागर होता है। विश्व व्यापार संगठन बनने के बाद से अमीर देशों के कृषि अनुदान कम होने के बजाय और ज्यादा बढ़े हैं। दुनिया में अमीर देश सालाना करीब 300 अरब डॉलर से ज्यादा कृषि अनुदान देते हैं। इन भारी अनुदानों के कारण उनकी कृषि-वस्तुएँ दुनिया के बाजार में बहुत सस्ती हो जाती हैं। गरीब देशों के किसान इससे प्रतिस्पर्धा नहीं कर पाते और बर्बाद होते जाते हैं। विश्व व्यापार संगठन की वार्ताएं बार-बार असफल हो रही हैं और वार्ताओं का दोहा दौर काफी मुसीबत में पड़ गया है, उसका प्रमुख कारण दुनिया के कृषि व्यापार का यह बुनियादी असंतुलन और इससे पैदा हो रही दिक्कतें हैं।

इन हैरतअंगेज अनुदानों के कुछ उदाहरण इस प्रकार हैं। यूरोप अपने चीनी उत्पादकों को अंतर्राष्ट्रीय कीमतों से चार गुनी कीमत देता है, जिससे वहां 40 लाख टन अतिरिक्त चीनी पैदा होती है, जिसे फिर 100 करोड़ डॉलर के सालाना निर्यात अनुदान के साथ दुनिया के बाजार में बेचा जाता है। नतीजा यह है कि काफी महंगे चीनी उत्पादन के बावजूद यूरोप दुनिया का दूसरे नम्बर का चीनी निर्यातक बना हुआ है और अन्य चीनी-निर्यातक/उत्पादक देशों के किसानों को काफी नुकसान उठाना पड़ रहा है। संयुक्त राज्य अमरीका में जितने मूल्य की कपास पैदा होती है, लगभग उतने

ही मूल्य 470 करोड़ डॉलर का अनुदान वहाँ की सरकार देती है। वहाँ के सस्ते कपास के कारण अफ्रीका के माली, बेनिन, चाड, बुरकिनोफासो जैसे देशों के कपास-किसानों की हालत खराब हो गई है। संयुक्त राज्य अमरीका ने 2003 में चावल की खेती के लिए 130 करोड़ डॉलर का अनुदान दिया जो कुल मूल्य का 72 प्रतिशत था। थाईलैण्ड और वियतनाम की तुलना में वहाँ चावल पैदा करने की लागत दुगनी आती है, लेकिन अनुदानों के दम पर वह दुनिया का तीसरे नम्बर का चावल निर्यातक देश बना हुआ है। इसी तरह संयुक्त राज्य अमरीका दुनिया के बाजार में गेहूं लागत के आधे दामों पर और मक्का 20 प्रतिशत कम दाम पर बेचता है। यूरोपीय संघ के देश औसतन एक गाय को पालने के लिए दो डॉलर रोज (यानी 95 रु.) का अनुदान देते हैं, जबकि भारत के 78 प्रतिशत लोग 20 रु. रोज से भी कम पर गुजारा करते हैं।

अनुदान के इस खेल से स्पष्ट है कि अमीर देशों को खेती में किसी तरह का तुलनात्मक लाभ प्राप्त नहीं है। तमाम प्रगति और आधुनिकतम टेक्नोलॉजी के बावजूद वहाँ की खेती काफी महंगी व अकुशल है। भारी अनुदानों के बगैर यह खेती चल नहीं सकती। जो लोग भारत सहित गरीब देशों के किसानों व वहाँ की खेती को अकुशल व पिछड़ा बताते हैं, उन्हें इस तथ्य पर गौर करना चाहिए। यह भी साफ है कि अंतर्राष्ट्रीय व्यापार अर्थशास्त्र की किताबों के तुलनात्मक लाभ के सिद्धांतों से नहीं चलता। इसके पीछे राजनीति व कूटनीति ज्यादा होती है।

इतने भारी अनुदान देकर, इतनी महंगी व अकुशल खेती को पाल कर, अमीर देश क्यों दुनिया की खाद्य आपूर्ति और कृषि व्यापार पर अपना नियंत्रण रखना चाहते हैं, इसका उत्तर भी दुनिया की मौजूदा राजनैतिक स्थिति में ही खोजना पड़ेगा। दरअसल दुनिया के खाद्य व्यापार व खाद्य आपूर्ति पर नियंत्रण दुनिया की महाशक्तियों का एक साम्राज्यवादी औजार है। गरीब देशों के खाद्य स्वावलंबन को नष्ट करना साम्राज्यवाद का एक एजेंडा है। हथियार, तेल व अनाज—इनके व्यापार पर जिसका वर्चस्व होगा, वही दुनिया का सिकंदर होगा, इसे ये महाशक्तियां अच्छी तरह जानती हैं।

फिर कृषि उपज एवं खाद्यान्नों का व्यापार अमीर देशों की बहुराष्ट्रीय कंपनियों का बढ़ता हुआ एक प्रमुख धंधा है और उनके मुनाफों का बढ़ता हुआ स्रोत है। कृषि उपज, तैयार खाद्य वस्तुएँ, बीज, रासायनिक खाद, कीटनाशक दवाइयों आदि के अंतर्राष्ट्रीय व्यापार के बड़े हिस्से पर इन देशों की चंद कंपनियों का एकाधिकारी वर्चस्व है। जैव-टेक्नोलॉजी के बढ़ते उपयोग और उसके पेटेन्टनुमा अधिकारों ने इन कंपनियों को अपना मुनाफा और ज्यादा बढ़ाने का मौका दिया है इसलिए कृषि और बौद्धिक संपदा अधिकारों को विश्व व्यापार संगठन के दायरे में लाया गया है।

खाद्यान्न की अंतर्राष्ट्रीय कीमतों के उतार-चढ़ाव को भी उनके इसी कुचक्र का हिस्सा समझना चाहिए। पहले कीमतें गिरा कर सस्ते आयात से दुनिया के देशों का खाद्य स्वावलंबन नष्ट किया गया और उसके बाद अब कीमतें बढ़ने पर कंपनियों की खूब कमाई हो रही है।

दुनिया के खाद्य संकट को समझने के लिए आधुनिक औद्योगिक खेती के चरित्र को भी समझना पड़ेगा। जैसा कि ऊपर कहा गया है बिना भारी अनुदानों के वह खेती नहीं चल सकती। इसकी लागत बहुत बढ़ चुकी है व बढ़ती जा रही है। इसमें मशीनों, ईंधन, रासायनिक खाद, कीटनाशकों आदि का उपयोग बहुत बढ़ चुका है। उतना ही उत्पादन लेने के लिए उत्तरोतर ज्यादा रासायनिक खाद डालनी पड़ती है। एकल खेती (मोनोकल्चर यानी एक ही फसल और उसकी भी गिनी-चुनी किस्में) के कारण तथा रोगों-कीटों में प्रतिरोधक शक्ति विकसित होते जाने के कारण कीट-प्रकोप बढ़ रहा है तथा ज्यादा-ज्यादा व नए-नए कीटनाशकों का इस्तेमाल करना पड़ रहा है। पानी के अत्यधिक उपयोग से जमीन में पानी नीचे जा रहा है तथा पानी निकालने की लागतें बढ़ रही हैं। जेरेमी रेपिकन नामक एक अमरीकी विद्वान ने हिसाब लगाया कि पहले पारंपरिक खेती में किसान श्रम या पशुश्रम के रूप में एक कैलोरी ऊर्जा खर्च करके दस कैलोरी के बराबर उपज पाता था, किंतु अब अमरीकी खेती में 10 कैलोरी ऊर्जा की खपत करके एक कैलोरी के बराबर उपज मिलती है।

निरंतर महंगी होती जाती एवं नई-नई पर्यावरणीय समस्याएं पैदा करने वाली ऐसी अकुशल, अवैज्ञानिक खेती में एक न एक दिन संकट आना ही था। मौजूदा संकट का एक कारण यह बताया जा रहा है कि तेल की कीमतें बढ़ने से इस खेती की लागत बढ़ गई है। रासायनिक खाद तथा कीटनाशकों के उत्पादन में भी पैट्रो-रसायनों व प्राकृतिक गैस का उपयोग होता है, इसलिए उनकी कीमतें भी बेतहाशा बढ़ी हैं। लेकिन यह सवाल बहुत कम लोगों ने उठाया कि आखिर यह खेती तेल, बिजली व पेट्रो-रसायनों पर इतनी निर्भर कैसे हो गई?

सिर्फ खेती ही नहीं, पूरी खाद्य अर्थव्यवस्था काफी ज्यादा ऊर्जा इस्तेमाल करने वाली हो गई है। खेत में पैदा होने के बाद पैदावर के फैक्टरी में पहुंचने, प्रसंस्करण, पैकेजिंग, ठंडा रखने और उपभोक्ता के मुंह तक पहुंचने तक काफी ऊर्जा इस्तेमाल होती है। कुछ विद्वानों ने अनुमान लगाया है कि अमरीका और कनाडा में औसत खाद्य सामग्री, खेत से खाने वाले के बीच 2000 से 2500 कि.मी. चल चुकी होती है। खेती में प्रयोग होने वाली वस्तुओं (जैसे रासायनिक खाद, कीटनाशक, तेल आदि) की यात्रा का हिसाब लगाया जाए, तो ये किलोमीटर काफी ज्यादा बढ़ जाएंगे। जो

लोग अंतर्राष्ट्रीय व्यापार को बढ़ाने की बात करते हैं और उसके फायदे गिनाते हैं, वे कभी यह हिसाब नहीं लगाते कि यह पूरी प्रक्रिया दुनिया के सीमित संसाधनों का कितना अपव्यय करने वाली है।

अर्थशास्त्र की यही सीमा है। उसमें अक्सर एक फर्म या उत्पादक (या उपभोक्ता) की ही लागत व आमदनी का हिसाब लगाया जाता है और उसमें मुनाफे को अधिकतम बनाने को ही विवेकसम्मत और सही माना जाता है। लेकिन मुफ्त में या बहुत कम दामों पर, औपनिवेशिक एवं नव-औपनिवेशिक व्यवस्था के तहत प्राकृतिक संसाधनों की जो लूट होती है, उनका अपव्यय और विनाश होता है, वह इस हिसाब में कहीं आता नहीं है। किसानों-मजदूरों का शोषण भी इस अर्थशास्त्र के लिए कोई मुद्दा नहीं है। दुनिया की आबादी का बड़ा हिस्सा वंचित होता है, अभावग्रस्त व भूखा रहता है और हाशिए पर जाता है, इस अर्थशास्त्र के सिद्धांतों में उसकी भी कोई जगह नहीं है। अधिक से अधिक उसे बाहरी लागतें (एक्सटर्निलिटीज) कह दिया जाता है, उसे अपने मॉडल में एक बाहरी चीज माना जाता है। लेकिन फर्म या कंपनी का कारोबार अर्थशास्त्र के इन सिद्धांतों के मुताबिक हो सकता है, दुनिया इन सिद्धांतों से नहीं चलती है प्रकृति भी अपना बदला लेती है और तब खाद्य संकट, ऊर्जा संकट, पर्यावरण संकट जैसे नए-नए संकट पैदा होते जाते हैं। इन संकटों को समझने, उनका समाधान ढूंढ़ने और उनको रोकने में यह अर्थशास्त्र पूरी तरह असफल रहता है।

इन संकटों की बुनियाद को नहीं समझ पाने (या समझना नहीं चाहने) के कारण प्रायः इनके सतही समाधान सुझाए जाते हैं। ऐसे समाधान सुझाए जाते हैं, जिनसे, ये संकट और बढ़ सकते हैं। जैसे यह कहा जाता है कि कृषि उत्पादन बढ़ाने के लिए नई तकनीकों और जीन-परिवर्तित बीजों को बढ़ावा देना चाहिए। भारत में प्रधानमंत्री और सरकार में बैठे अन्य लोग 'दूसरी हरित क्रांति' की बात कर रहे हैं। इसका मतलब है कि पहली हरित क्रांति की असफलताओं से वे कोई सबक नहीं लेना चाहते। जीन-परिवर्तित बीजों से तो प्रकृति के विरुद्ध हिंसा बढ़ेगी, कंपनियों के मुनाफे बढ़ेंगे तथा कुछ समय बाद नए संकट आ जाएंगे। इसी तरह कान्ट्रेक्ट खेती, कंपनी खेती, कृषि व्यापार का उदारीकरण जैसे सुझाए गए समाधान भी ऐसे हैं, जिनसे मर्ज और बढ़ेगा।

मूल मुद्दों से ध्यान हटाने के लिए ही बुश और कोन्डालीजा राइस कह देते हैं कि भारत और चीन के लोग ज्यादा खाने लगे हैं, इसलिए यह संकट पैदा हुआ है। वे यह नहीं बताते कि खाने के मामले में और तमाम अन्य मामलों में अमरीका व गरीब दुनिया में कितनी गैरबराबरी है। वे यह भी नहीं बताते कि दुनिया में सबसे

ज्यादा प्रति व्यक्ति तेल खपत संयुक्त राज्य अमरीका में ही होती है और अब सबसे ज्यादा जैव ईंधन का इस्तेमाल भी वे ही कर रहे हैं। दुनिया के वायुमंडल में ग्रीनहाउस गैसों का सबसे ज्यादा प्रति व्यक्ति उत्सर्जन भी संयुक्त राज्य अमेरिका में ही होता है। दरअसल आधुनिक युग के संकट मूलतः एक साम्राज्यवादी, पूंजीवादी, गैरबराबरी पर आधारित व्यवस्था के संकट हैं।

यह भी कह दिया जाता है कि जमाना बदल चुका है, दुनिया काफी आगे बढ़ चुकी है, अब हम वापस पीछे नहीं जा सकते। सवाल है कि क्यों नहीं? यदि इतिहास के किसी चौराहे पर हमने गलत दिशा पकड़ ली है या रास्ता भटक गए हैं, अपनी मंज़िल पर नहीं पहुंचेंगे, कोई शॉर्ट कट भी नहीं है, तो वापस जाकर सही रास्ता पकड़ने में शर्म कैसी? यदि पेरिस में लाखों साईकिलों से परिवहन की नई सार्वजनिक व्यवस्था लागू हो सकती है, डेनमार्क में सड़कों पर आधी भीड़ साईकिलों की होने लगी है, क्यूबा ट्रैक्टरों को छोड़ कर वापस बैलों पर तथा रासायनिक खेती को छोड़ कर जैविक खेती पर आ गया है, तो इसे क्या कहेंगे? पीछे जाना या नवीनतम फैशन?

कुल मिलाकर, खाद्य संकट एवं खेती का संकट आधुनिक पूंजीवादी औद्योगिक सभ्यता का संकट है। आधुनिक जीवनशैली, उपभोक्ता संस्कृति, आधुनिक विकास नीति, आधुनिक टेक्नोलॉजी और आधुनिक अर्थव्यवस्था में इस संकट की जड़ें छिपी हैं। यदि इस संकट से मुक्ति पानी है, तो पूरी आधुनिक सभ्यता की दिशा, सोच व बनावट के बारे में गंभीरता से पुनर्विचार करना होगा और इसका विकल्प तलाश करना होगा।

(लेखक अर्थशास्त्री और समाजवादी जनपरिषद के अध्यक्ष हैं।)

तीस कोटि संतान नग्न तन,
अर्ध क्षुधित, शोषित निरस्त्र जन।
मूढ़, असभ्य, अशिक्षित, निर्धन,
नत मस्तक/तरुतल निवासिनी॥

खड़ा द्वार पर लाठी टेके,
वह जीवन का बूढ़ा पंजर।
चिमटी उसकी सिकुड़ी चमड़ी, हिलते हड्डी के ढांचे पर।

—सुमित्रानंदन पंत

भूख का पसरता बाजार

–डॉ. ए.के. अरुण

दुनिया में भूख से पीड़ित लोगों की संख्या में फिर वृद्धि होनी शुरू हो गई है। गरीब देशों में लाखों लोग समुचित खाद्यान्न पाने की स्थिति में नहीं हैं। इन लोगों को अब खाद्यान्न उपलब्ध कराने वाली स्वयंसेवी संस्थाओं से भी अतिरिक्त मदद की उम्मीद नहीं है क्योंकि ये अंतर्राष्ट्रीय खाद्य संस्थाएं भी स्वयं संकट में हैं। विश्व खाद्य कार्यक्रम (डब्ल्यू.एफ.पी.) के निदेशक जोसेटी शीरान की मानें तो डब्ल्यू.एफ.पी. को वर्ष 2008-09 में 300 मिलियन डॉलर (30 करोड़) डॉलर की अतिरिक्त आवश्यकता है जिसकी पूर्ति के लिए अभी कोई उम्मीद नहीं है। उल्लेखनीय है कि वर्ष 2007 के बाद से खाद्य मूल्यों में 40 से 55 प्रतिशत की वृद्धि हुई है और भूख से पीड़ित लोगों की संख्या भी बढ़ी है। संयुक्त राष्ट्र के खाद्य एवं कृषि संगठन (एफ.ए.ओ.) के अनुसार इन दिनों दुनिया के 37 देश अंतर्राष्ट्रीय खाद्य सहायता पर निर्भर हैं।

अभी हाल ही में एफ.ए.ओ. के महानिदेशक जैक्स डायफ ने अपनी भारत यात्रा के दौरान केंद्रीय कृषि एवं खाद्य मंत्री शरद पवार से मुलाकात कर विश्व खाद्य समस्या पर चर्चा की तथा आशंका व्यक्त की कि खाद्यान्न उत्पादन में आ रही कमी एवं बढ़ते मूल्य से खाद्य संकट और गहराएगा तथा कई देशों में भोजन के लिए संघर्ष और हिंसक हो सकते हैं। श्री डायफ के अनुसार इस वक्त दुनिया में अनाज का भंडार इतना कम है कि कैमरून, मिस्र, हैती, बुरकिनोफासो तथा सेनेगल जैसे देशों में जारी खाद्य संघर्ष दुनिया के अन्य देशों में भी फैल सकते हैं।

एफ.ए.ओ. की मुख्य चिंता यह है कि खाद्य पदार्थों के भंडारण में आई विश्वव्यापी कमी को कैसे पूरा किया जाए? इसमें संदेह नहीं कि मुख्य कृषि उपज जैसे गेहूं, चावल, मक्का आदि की खपत में पिछले कुछ वर्षों से बढ़ोतरी हुई है। कई देशों ने हालांकि अपने यहां राशनिंग की व्यवस्था की है, लेकिन खपत में वृद्धि जारी

है। अनाजों की खपत में वृद्धि का मुख्य कारण न तो आबादी वृद्धि है और न ही लोगों के भोजन में वृद्धि। बल्कि इसका सबसे बड़ा कारण यह है कि विकसित देश ऊर्जा प्राप्ति के लिए खाद्यान्नों का अंधा उपयोग कर रहे हैं। अमरीका और यूरोप में अब खाद्यान्नों से बायोईंधन बनाए जा रहे हैं। वहां मक्का, गन्ना, रेपसीड जैसी फसलें खाद्य जरूरतों के बजाय अखाद्य उपयोग के लिए उपजाई जा रही हैं। ब्राजील में तो यह प्रक्रिया विगत एक दशक से जारी है। धीरे-धीरे बायोडीजल का यह अभियान अफ्रीका, एशिया में भी फैल रहा है। अंतर्राष्ट्रीय खाद्यान्न समिति (आई. जी.सी.) का अनुमान है कि वर्ष 2007 में 100 मीट्रिक टन खाद्यान्न का उपयोग बायोईंधन बनाने के लिए हुआ।

बढ़ते खाद्य संकट के लिए खाद्य मूल्यों में हुई बेतहाशा वृद्धि को भी मुख्य कारण बताया जा रहा है। खाद्य मूल्यों में हुई वृद्धि के लिए खाद्य विशेषज्ञ अंतर्राष्ट्रीय बाजारों में मांस की मांग में वृद्धि को एक बड़ा कारण मान रहे हैं। कहा जा रहा है कि विगत दो दशक में अंतर्राष्ट्रीय स्तर पर मांस की मांग दो गुनी हो गई है। जाहिर है कि इसी अनुपात में चारा उत्पादन का दायरा भी बढ़ा है। एक आकलन के अनुसार एक किलो गोमांस के लिए 7 किलो खाद्यान्न की आवश्यकता होती है जबकि एक किलो सुअर के मांस के लिए 3 किलो चारा चाहिए। इन मांगों की पूर्ति के लिए बड़ी मात्रा में सोयाबीन व अन्य फसलों का उत्पादन किया जा रहा है। अनाज की जगह चारे के उत्पादन का परिणाम है कि आस्ट्रेलिया जैसे देश में खाद्यान्न की कमी होने लगी है। इधर चीन भी अब खाद्य आयात करने लगा है। आस्ट्रेलिया में तो अकाल ने स्थिति और भयावह बना दी है। मौसम में आए प्रतिकूल प्रभावों से भी खाद्य संकट बढ़ा है। अफ्रीका आदि में इसका गहरा असर देखा जा सकता है।

भारत सरकार का आर्थिक सर्वेक्षण 2007-08 कहता है कि 1990 से वर्ष 2007 तक खाद्यान्न उत्पादन वृद्धि दर 1.2 प्रतिशत ही रही है। इस दौरान जनसंख्या की औसत 1.9 प्रतिशत वृद्धि दर की तुलना में खाद्यान्न उत्पादन की दर कम ही है। इस दौरान उत्पादन कम होने से प्रति व्यक्ति अनाज तथा दालों की उपलब्धता भी घटी है। अनाजों की खपत वर्ष 1990-91 में जहां प्रतिदिन प्रति व्यक्ति 468 ग्राम थी वहीं वर्ष 2005-06 में घट कर यह प्रतिदिन 412 ग्राम प्रति व्यति रह गई है। इस दौरान दालों की खपत प्रतिदिन 42 ग्राम प्रति व्यक्ति से घट कर 33 ग्राम रह गई। यहां ध्यान देने की बात है कि 1956-57 में प्रति व्यक्ति दालों की उपलब्धता 72 ग्राम थी।

इन आंकड़ों और तथ्यों से साफ है कि खाद्यान्न की उपलब्धता में कमी आ रही है। इसका असर लोगों के स्वास्थ्य पर भी देखा जा सकता है। वर्ष 2005-06

के राष्ट्रीय स्वास्थ्य सर्वेक्षण के अनुसार भारत में 5 वर्ष से कम उम्र के बच्चों में बड़े पैमाने पर शारीरिक कमजोरी देखी गई है। इस उम्र के 43 फीसदी बच्चों का शारीरिक वजन उम्र के लिहाज से काफी कम है। पर्याप्त पोषण के अभाव में अनेक रोगों से ग्रस्त बच्चों की तादाद बढ़ रही है। गर्भवती और दूध पिलाने वाली माताओं के शरीर में कैल्शियम और लोहा तथा अन्य लवण व पोषक तत्वों की कमी भी स्थिति की भयावहता की ओर इशारा करते हैं। 15 से 45 वर्ष के बीच की महिलाओं का बाडी मास इंडेक्स (बी.एस.आई.) 18.5 से भी कम है। यह बेहद गंभीर है। इनमें से 16 प्रतिशत महिलाएं तो बेहद कमजोर हैं। 15 से 45 वर्ष की उम्र के 34 फीसद पुरुषों में कुपोषण बहुत ज्यादा है। इनका बी.एम.आई. भी 18.5 से कम है। वास्तव में नकदी फसलों से आर्थिक सम्पन्नता भले ही बढ़ रही हो लेकिन आम लोगों के स्वास्थ्य पर इसका प्रतिकूल प्रभाव पड़ रहा है।

1983-85 में अनाज उत्पादन की जो स्थिति थी उसमें अखाद्य फसलों की हिस्सेदारी लगभग 37 प्रतिशत थी जो वर्ष 2006-08 में बढ़ कर 46.7 प्रतिशत तक पहुंच गई। आंकड़ों के अनुसार खा़द्य फसलों के उत्पादन में जहां 2 प्रतिशत की वृद्धि हुई वहीं अखाद्य फसलों का उत्पादन 4 प्रतिशत तक बढ़ गया है। विश्व बैंक की ही रिपोर्ट मानती है कि महंगी कीमत वाली फसलों की मांग बढ़ी है जबकि भोजन के लिए जरूरी फसलों का उत्पादन घटा है। सरकार भी खाद्य फसलों की तुलना में अखाद्य फसलों का उत्पादन बढ़ाने के लिए ज्यादा प्रोत्साहित करती है। उदाहरण के लिए वर्ष 2004-05 में फूलों का जो निर्यात 221 करोड़ रुपये का था वह 2006-07 में बढ़ कर 650 करोड़ का हो गया। इसमें 194 फीसद वृद्धि दर्ज की गई। ऐसे ही फल सब्जी का निर्यात 1363 करोड़ रुपये से बढ़ कर 2411 करोड़ तक पहुंच गया है। यह वृद्धि 75 फीसद से ज्यादा है।

यह विडंबना ही है कि संयुक्त राष्ट्र संघ के विश्व खाद्य शताब्दी सम्मेलन 2000 में विभिन्न सदस्य देशों की सरकारों द्वारा भूख घटाने के वायदे के बावजूद इस दिशा में कोई प्रगति नहीं दिखती। संयुक्त राष्ट्र संघ के भोजन के अधिकार संबंधी विशेष दूत जीन जिगलर कहते हैं, "प्रतिवर्ष 60 लाख से ज्यादा बच्चे 5 वर्ष से कम की उम्र में ही भूख या भूख से संबंधित बीमारियों की वजह से असमय मौत का शिकार हो जाते हैं।"

वर्तमान दौर के विकास मॉडल में भूख और अकाल अपरिहार्य हैं। खाद्य अनाज के उत्पादन से लोग और कंपनियां मुंह मोड़ कर अखाद्य फसलों का उत्पादन करने लगें तो स्थिति का अंदाजा लगाया जा सकता है। जैविक ईंधन बनाने की होड़ में कई देशों में किसान अपने अनाज का अखाद्य इस्तेमाल कर रहे हैं। एक अनुमान के अनुसार

50 लीटर जैविक ईंधन हेतु 200 किलोग्राम मक्का की जरूरत पड़ती है। ज्ञातव्य है कि इतने अनाज में एक व्यक्ति एक वर्ष तक अपना पेट भर सकता है।

भूख को बाजार ने मुनाफे के धंधे के रूप में परिवर्तित कर लिया है। अंतर्राष्ट्रीय संस्थाएं स्वास्थ्य व पोषण की कमी का वास्ता दे कर ऐसी नीतियां और कार्यक्रम थोप रहे हैं जिससे खाद्य उद्योग में लगी बड़ी अंतर्राष्ट्रीय कंपनियों को सीधे फायदा पहुंच रहा है। अब भारत सहित दुनिया भर में नागरिकों के स्वास्थ्य और पोषण संबंधी अधिकारों को सुनिश्चित करने के लिए सार्वजनिक निजी भागीदारी (पी.पी.पी.) को इस तरह से पेश किया जा रहा है मानो देश में लोगों का स्वास्थ्य इसी बुनियाद पर खड़ा किया जा सकता है अन्यथा भारत बीमारियों व कुपोषण के दलदल में धंस जाएगा।

वर्ष 2005 में विश्व स्वास्थ्य सभा (डब्ल्यू.एच.ए.) में स्तनपान के सवाल पर हुई बहस के दौरान भारत ने अपना पक्ष रखते हुए कहा था, "व्यावसायिक संगठनों की मुख्य प्राथमिकता लाभ कमाना है। इसलिए व्यावसायिक संगठनों से ऐसी अपेक्षा रखना न तो उचित है और न ही व्यावहारिक कि वे स्तनपान को संरक्षण, प्रोत्साहन और समर्थन देने के लिए सरकारों व अन्य समूहों के साथ मिल कर काम करेंगे।" तब डब्ल्यू.एच.ए. ने प्रस्ताव क्रमांक 58.32 को स्वीकार करते हुए सदस्य समूहों से आग्रह किया था कि वे यह सुनिश्चित करें कि शिशुओं व छोटे बच्चों के स्वास्थ्य के लिए कार्यक्रमों व कार्यकर्ताओं के लिए वित्तीय समर्थन व अन्य प्रोत्साहन में किसी प्रकार से हितों के बीच टकराव न हो। मई 1981 में भी 34वीं विश्व स्वास्थ्य सभा में स्तनपान के विकल्पों के विपणन संबंधी अंतर्राष्ट्रीय कोड को स्वीकारते हुए माना गया था कि लाभोन्मुखी व्यावसायिक संस्थान समतामूलक विकास के पैरोकार नहीं बन सकते। इन दिशा निर्देशों में नागरिक समाज और यूनिसेफ एवं डब्ल्यू.एच.ओ. जैसे अंतर्राष्ट्रीय संगठनों से उम्मीद की गई थी कि वह महज लाभ के लिए सक्रिय उद्योगों से अच्छी तरह निपटेगा लेकिन ऐसा कुछ भी नहीं हुआ। उलटे कथित पोषण एवं विटामिनों का धंधा करने वाली कंपनियों की तो चांदी हो गई और भ्रामक विज्ञापनों का सहारा लेकर नेस्ले, हिंदुस्तान लिवर और ऐसी ही अन्य बेबी फूड बनाने वाली कंपनियों ने खूब मुनाफा कमाया। उस दौर में इन कंपनियों के विज्ञापनों का यह असर था कि शहरों में रहने वाली मध्यमवर्गीय युवा माताओं ने अपने नवजात शिशु को भी अपने स्तन का दूध पिलाने के बजाय इन कंपनियों का डब्बा बंद दूध देना स्वीकार कर लिया था।

अंतर्राष्ट्रीय स्तर पर नेस्ले जैसी कंपनियों का रुतबा देखिए। 1974 में थर्ड वर्ल्ड एक्शन ग्रुप नामक एक जन संगठन ने एक पर्चा प्रकाशित किया था। शीर्षक

था–'शिशुओं का हत्यारा-नेस्ले।' इस पर्चे के खिलाफ नेस्ले ने मुकद्दमा कर दिया और 1976 में अदालत का फैसला नेस्ले के पक्ष में आया। अदालत ने 'आपराधिक कानून के तहत' नेस्ले को शिशुओं की मौत के लिए जिम्मेदार नहीं पाया। उल्टे अदालत ने थर्ड वर्ल्ड एक्शन ग्रुप पर 300 स्विस फ्रेंक का जुर्माना लगाया और आगाह किया कि ग्रुप अपने पर्चों की भाषा में संयम बरते।

कथित पोषण और हेल्थ फूड के धंधे में लगी कंपनियों की तो अब चल निकली है। भूमंडलीकरण के दौर में इन कंपनियों ने बड़े पैमाने पर स्वास्थ्य और भूख का वास्ता देकर अपने उल्टे-सीधे उत्पादों को महंगी दर पर बाजार में भर दिया है। यूनिसेफ तथा डब्ल्यू.एच.ओ. जैसे संगठनों ने भी अपने 27 वर्ष पूर्व के 34वें विश्व स्वास्थ्य सभा के घोषणा पत्र को उठा कर किनारे कर दिया है, जिसमें कहा गया था कि, "लाभ के लिए सक्रिय कंपनियां व्यापक जनहित की पोषक नहीं हो सकतीं।" अब यूनिसेफ ने 'ग्लोबल एलायंस फॉर इम्प्रूब्ड न्यूट्रीशन' (गेन) से हाथ मिलाया है। गेन एक ऐसा संगठन है जो अंतर्राष्ट्रीय खाद्य व्यापार कंपनियों के हित, पोषण और संरक्षण के लिए काम करता है। अब आशंका है कि इससे विभिन्न देशों की पोषण और खाद्य नीतियों में बाजार और बहुराष्ट्रीय खाद्य कंपनियों का दखल बढ़ जाएगा।

गेन ने विभिन्न बहुराष्ट्रीय कंपनियों के खाद्य उत्पादों को विभिन्न देशों के राष्ट्रीय खाद्य, स्वास्थ्य एवं पोषण नीतियों में शामिल करने के लिए सरकारों से लाबिंग भी शुरू कर दी है। यह जानना जरूरी है कि अंतर्राष्ट्रीय संस्थाएं यूनिसेफ तथा डब्ल्यू.एच.ओ. के प्रतिनिधि 'गेन' की बैठक में उन्हीं बहुराष्ट्रीय खाद्य निर्माता कंपनियों के प्रतिनिधियों के साथ बैठते हैं जिन्होंने कई देशों में अंतर्राष्ट्रीय दिशा-निर्देशों का उल्लंघन किया है। 'गेन' के बोर्ड सदस्यों में बायर, कोकाकोला, नेस्ले, नावार्टिस, पेप्सी को, फाइजर, प्राक्टर एण्ड गैम्बल, जैसे अनेक खाद्य, रसायन एवं दवा कंपनियों के प्रतिनिधि शामिल हैं। इसी गेन ने अभी 'हैज फूड्स' के साथ मिल कर 'स्प्रिंकल्स' नामक उत्पाद के समर्थन और विकास के लिए काफी पैसा दिया है, जो 6 माह के बच्चों के शरीर में आयरन की कमी से होने वाले एनीमिया के उपचार में प्रयुक्त होता है।

यहां यह जानना जरूरी है कि 'गेन' की स्थापना दुनियाभर में बच्चों के स्वास्थ्य को ध्यान में रख कर की गई है। सन 2002 में संयुक्त राष्ट्र संघ की एक विशेष बैठक में इसकी स्थापना की गई। इसका मकसद उन बच्चों के लिए विशेष पोषण युक्त खाद्य (फोर्टीफाइड फूड्स) को प्रचलित करना था जिन्हें पर्याप्त भोजन और पोषण नहीं मिल पाता। इसके लिए निजी क्षेत्र के साथ भागीदारी करने की बात कही गई थी। इसके उद्देश्यों में यह भी शामिल है कि बिल एण्ड मेलिंडा गेट्स

फाउंडेशन तथा संयुक्त राष्ट्र संघ की अन्य एजेंसियों की अगुवाई में गेन इस बात की लाबिंग करने का प्रयास करेगा कि लक्षित देशों में खाद्य कंपनियों के लिए अनुकूल शुल्क दरें लागू हों। इस लाबिंग में अमेरिका, जापान, जर्मनी, कनाडा जैसे देशों की सरकारों ने गेन का साथ देने का वायदा किया है। इसका उद्देश्य साफ है कि दुनिया में फोर्टिफाइड फूड्स की बड़े पैमाने पर मांग बढ़े। गेन अब डी.एस.एम. न्यूटीशनल प्रोडक्ट्स, कारगिल, एक्जो, प्राक्टर एंड गैम्बल के साथ मिल कर 'गेन प्रीमियम फंड' स्थापित करने की दिशा में काम कर रहा है। यह 'फंड' एन.जी.ओ. व सरकारों के माध्यम से ऐसे उत्पादन के प्रचार व विज्ञापन को बढ़ाने में मदद देगा। इस योजना पर सितंबर 2007 में सहमति बन चुकी है।

सवाल है कि 'गेन' जैसे प्रयास भारत व भारत जैसे सैकड़ों मुल्कों में वहां की प्राकृतिक व स्वावलंबी पोषण व्यवस्था को ध्वस्त कर देंगे। भारत में 1992 से टिकाऊ एवं आत्मनिर्भर पोषण सुरक्षा सुनिश्चित करने के लिए एक अधिनियम बना हुआ है। अब 'गेन' के सक्रिय होने से भारत की सफल पोषण सुरक्षा नीति बुरी तरह प्रभावित होगी। मौजूदा भारतीय सुरक्षा कानून (1992) में निम्नलिखित मुख्य प्रावधान हैं–

(1) दो साल से कम उम्र के बच्चों के लिए निर्मित शिशु आहार और दूध की बोतलों के प्रचार-प्रसार पर प्रतिबंध।

(2) प्रिंट मीडिया, इलेक्ट्रोनिक मीडिया व अन्य किसी भी प्रचार माध्यम से इन चीजों का विज्ञापन नहीं होगा।

(3) कोई भी कंपनी किसी भी गर्भवती या दूध पिलाने वाली महिला को उपहार या ऐसे उत्पाद का मुफ्त नमूना नहीं दे सकती।

(4) विज्ञापनों में माताओं, शिशुओं की तस्वीर, कार्टून या अन्य संबंधित ग्राफिक्स का इस्तेमाल नहीं किया जा सकता।

(5) दवा व पोषण का कारोबार करने वाली कंपनियां स्वास्थ्य कार्यकर्ताओं को किसी प्रकार का भुगतान नहीं कर सकतीं या बैठकों, सम्मेलनों, सेमिनार आदि को प्रायोजित नहीं कर सकतीं।

अब गेन के सक्रिय होने से भारत सहित अन्य देशों में खाद्य एवं पोषण सुरक्षा पर सवाल खड़े हो गए हैं। भारत में राष्ट्रीय पोषण नीति को ठीक से लागू करने के लिए डॉ. एम.एस. स्वामीनाथन की अध्यक्षता में एक संगठन बनाया गया है–'कोलीशन फॉर सस्टेनेबल न्यूट्रीशन सिक्युरिटी इन इंडिया।' गेन भारत में इस कोलीशन के साथ भी काम कर रहा है। अब सवाल यह है कि भारत में खाद्य एवं पोषण सुरक्षा की शर्त पर गेन के एजेंडा को कैसे चलने दिया जा सकता है। इससे टकराव की

स्थिति उत्पन्न हो गई है और खबर है कि अंतर्राष्ट्रीय स्वास्थ्य एवं पोषण संगठनों यूनिसेफ, डब्ल्यू.एच.ओ. आदि के प्रतिनिधि खाद्य एवं पोषण की बड़ी कंपनियों के आगे बौने नजर आ रहे हैं।

भोजन एवं पोषण के व्यापार से जुड़ी बड़ी कंपनियों का दबाव है कि राष्ट्रीय पोषण कार्यक्रम में फोर्टीफाइड आहार शामिल किया जाए। मई 2008 में चिकित्सा की चर्चित पत्रिका (जर्नल) लैन्सेट ने जच्चा-बच्चा कुपोषण पर एक श्रृंखला प्रकाशित की थी। इसमें सूक्ष्म तत्वों पर जोर था और सिफारिश की गई थी कि राष्ट्रीय पोषण कार्यक्रम में फोर्टीफाइड आहार शामिल किया जाए। हालांकि कई वैज्ञानिक इस 'फोर्टीफिकेशन' को गैर जरूरी और विशुद्ध व्यापारिक बताते हैं। शिशु रोग विशेषज्ञों की पत्रिका इंडियन पीडियाट्रिक्स के संपादक डॉ. पीयूश गुप्ता सवाल उठाते हैं कि "क्या सभी बच्चों के लिए विटामिन 'ए' युक्त पूरक आहार जरूरी है?" ध्यान देने की जरूरत है कि कुछ वर्ष पूर्व ऐसे ही नमक में आयोडीन की अनिवार्यता की वकालत की गई थी। नमक में आयोडीन की अनिवार्यता के लिए कंपनियों ने पूरा दबाव बनाया और सरकार को इस दबाव में कानून भी बदलना पड़ा। उल्लेखनीय है कि सरकारी कानूनों की आड़ में आयोडीन युक्त नमक की अनिवार्यता आम नागरिकों पर थोप कर इस देश में कई बीमारियों के लिए रास्ता खोल दिया गया है।

नमक में आयोडीन की अनिवार्यता को थोपने के मामले की पड़ताल करने से इस आशंका की पुष्टि हो जाती है कि देर-सबेर चावल में विटामिन ए अथवा आटे में लोहा तथा अन्य सूक्ष्म पोषक तत्वों को दैनिक उपयोग के अनाजों में मिला कर फोर्टीफाइड फूड के रूप में बाजार में उतारा जा सकता है। केंद्रीय स्वास्थ्य मंत्रालय के विश्वस्त सूत्रों के हवाले से इस लेखक को खबर है कि मंत्रालय में आयोडाइज्ड नमक की डबल फोर्टीफाइड (उसमें लोहा मिलाने) की एक महत्त्वाकांक्षी योजना लंबित है जिसमें संबंधित कंपनी ने सर्वेक्षण के आधार पर यह भी दावा किया है कि लोगों को यदि ठीक से शिक्षित किया जाए तो लोग मौजूदा दर से दो गुनी कीमत पर भी 'डबल फोर्टीफाइड नमक' लेने को तैयार हैं।

चिंता की बात तो यह है कि कंपनियों और बाजार का गठजोड़ हमारी प्राकृतिक खाद्य व्यवस्था को खत्म कर देने की योजना बना चुका है। और हम उसके जाल में फंस चुके हैं। कई पोषक तत्व तो खाद्य में कृत्रिम रूप से डाले ही नहीं जा सकते। जैसे जिंक। हमारे शरीर में जिंक की कमी को प्राकृतिक खाद्य पदार्थों के सेवन से पूरा किया जा सकता है। इसके लिए जैविक खेती को बढ़ावा देने की जरूरत है, क्योंकि रासायनिक कीटनाशकों के उपयोग से जमीन में उपलब्ध सूक्ष्म पोषक तत्व नष्ट हो जाते हैं और हमारे शरीर को प्राकृतिक रूप से पर्याप्त पोषण नहीं मिल पाता। यह विडंबना

ही है कि पहले पोषण के प्राकृतिक तरीके को हम नष्ट कर दें और फिर पोषण के लिए बाजार की तथाकथित तकनीक पर निर्भर हो जाएं।

भारत में तेजी से विकसित होते खाद्य बाजार और इसके पीछे लगी बड़ी कंपनियों की सफलता अभी से देखी जा सकती है। आम जनता के स्तर पर ऐसी योजना में जानकारी के अभाव में लोगों को कोई साजिश नजर नहीं आती। कंपनियां भी मध्यम वर्ग के लोगों को प्रभावित करना अच्छी तरह जानती हैं। इस कार्य में क्रिकेट स्टार धोनी, हरभजन, युवराज या सिने स्टार आमिर, शाहरुख या सलमान या कोई और सेलेब्रिटी अच्छी तरह इस्तेमाल होते हैं। नमक में आयोडीन की अनिवार्यता को सरकारी कानूनों ने जितना प्रभावी नहीं बनाया उतना विज्ञापन और प्रचार ने। वैसे भी गेन जैसी संस्था की स्थापना बहुराष्ट्रीय कंपनियों का बाजार निर्माण करने के लिए ही की गई है। गेन इन कंपनियों का बाजार बढ़ाने के लिए विभिन्न देशों में खाद्य और पोषण कानूनों को अपने अनूकूल बनवाने के लिए भी प्रयासरत है। भारतीय सांसदों के बीच गेन ने एक बैठक आयोजित कर उन्हें फोर्टीफाइड फूड के फायदे बताए। इसका असर भी रंग लाने लगा है। सांसद सचिन पॉयलट विटामिन ए युक्त कृत्रिम पोषक आहार के प्रबल समर्थक बन गए हैं। पिछले संसद सत्र में वे इसकी जोरदार वकालत भी कर चुके हैं।

गेन कुपोषण की समस्या का समाधान बाजार में तलाशता है। गेन का उद्देश्य भारत में पोषक आहार के लिए एक अरब लोगों का बाजार निर्मित करना है। गेन ने अभी-अभी हैदराबाद में ही ब्रिटानिया नामक कंपनी को एक लाख बच्चों तक अपना कथित पोषक उत्पाद पहुँचाने का मौका उपलब्ध कराया है। इस प्रकार कुपोषण के इस बाजार में बड़ी कंपनियों को बड़े बाजार बनाने के व्यापक अवसर उपलब्ध हो रहे हैं। इस झटपट समाधान की आपाधापी में भूख और कुपोषण के मूल सवाल दब गए हैं। इन सवालों का फास्ट-फूड स्टाइल वाला जवाब स्थायी समाधान नहीं दे सकता, क्योंकि भूख महज एक समस्या नहीं साम्राज्यवाद की मुकम्मल नीति है। जब तक नीति पर चोट नहीं होगी भूख का बाजार फलता-फूलता रहेगा।

(लेखक जन स्वास्थ्य वैज्ञानिक एवं राष्ट्रीय पुरस्कार प्राप्त होमियोपैथिक चिकित्सक हैं) संपर्क–167 ए/जी, एच.-2, पश्चिम विहार, नई दिल्ली-110063

फोन : 09868809602 ईमेल– docarun2@gmail.com

जी एम खाद्यान्न को प्रोत्साहन क्यों?

—सचिन कुमार जैन

पूरी दुनिया में आज सबसे ज्यादा चर्चा खाद्य संकट के ऊपर हो रही है। इस पूरी बहस में यह माना जा रहा है कि विश्व बाजार में खाद्यान्न के व्यापार को किसी भी तरीके से किसी भी देश की सरकार के द्वारा प्रभावित नहीं किया जाना चाहिए। उल्लेखनीय है कि यह तर्क केवल विकासशील देशों पर लागू हो रहा है विकसित देशों पर नहीं। इसका मतलब यह है कि अमेरिका जैसे विकसित देश यह चाहते हैं कि भारत अपने यहां खाद्यान्न उत्पादन की प्रक्रिया को संशोधित कर खुले निर्यात की नीतियों को लागू करे। साथ ही कृत्रिम खाद्यान्न संकट के जरिए इस तर्क को भी स्थापित करने की कोशिश की गई है कि जैव संशोधित खाद्यान्न उत्पादन की तकनीकें ही इस संकट से निजात दिला सकती हैं और दुनिया को भुखमरी का शिकार होने से बचा सकती हैं। हमें यह समझना होगा कि विगत कुछ वर्षों में जिस तरह विकसित देशों में पेट्रोलियम उत्पादों की जरूरत में बेतहाशा वृद्धि हुई है उसे पूरा करने के लिए अमेरिका ने अपने खाद्यान्न उत्पादन का उपयोग बायोडीजल बनाने में करना शुरू कर दिया है जिससे अमेरिका में पैदा होने वाला अतिरिक्त खाद्यान्न जरूरतमंद देशों तक न जा कर विलासितापूर्ण वाहनों के पेट्रोल टैंक के जरिए धुंआ बन कर उड़ रहा है। यह पूरा सवाल विकास की परिभाषा से जुड़ा हुआ है कि आखिर विकास के न्यायपूर्ण मानक क्या हों? यह जानना भी अच्छा होगा कि अमेरिका में जैव संशोधित खाद्यान्न का उपयोग मानव उपभोग के लिए नहीं करके बायोडीजल के लिए किया जाता है क्योंकि वे जानते हैं कि इस तरह का खाद्यान्न मानव अस्तित्व के लिए खतरनाक होगा। परंतु यह सिद्धांत केवल अमेरिका जैसे देशों में ही लागू हो रहा है और वे इस बात के लिए लगातार कोशिश कर रहे हैं कि विकासशील देश अपने यहां जैव

संशोधित खाद्यान्न का उत्पादन मानव उपभोग के लिए करें। बाजार के जरिए सत्ता को नियंत्रित करने की इस रणनीति में विकसित देशों के राजनैतिक-आर्थिक सिद्धांतकार दुनिया के दूसरे देशों में मानव अस्तित्व को भी दांव पर लगा देने के लिए तैयार हैं। हमें यह समझ लेना होगा कि खाद्यान्न का यह संकट प्रकृति द्वारा नहीं बल्कि बाजार द्वारा रचा गया है। जिसमें यह कोशिश की जा रही है कि संकट के चेहरे को सामने रख कर खाद्यान्न बाजार से लाभ कमाया जा सकता है। सीधी सी बात है कि यदि दुनिया में खाद्यान्न का संकट पैदा हो रहा है तो किसानों को नीतिगत संरक्षण देकर खाद्यान्न के उत्पादन की कमी को पूरा किया जाए। परंतु वास्तव में ऐसा नहीं हो रहा है। एक तरफ तो संकट की बात हो रही है तो वहीं दूसरी तरफ ऐसी नीतियां लागू की जा रही हैं जो पूरी तरह से किसान विरोधी हैं। यह मुद्दा व्यापक है किंतु जैव संशोधित फसलों की राजनीति को कुछ जमीनी वास्तविकताओं के साथ समझने की जरूरत है क्योंकि खतरे के ये प्रयोग अब हमसे दूर नहीं बल्कि हमारे ही आसपास हो रहे हैं।

हम सबने सुना है कि अब बाजार में बीटी बैंगन के बीज आ रहे हैं। बहुत से शहरी लोग नहीं समझ पाएंगे कि ये बीटी बीज क्या होते हैं? तो इसका अर्थ यह है कि बैंगन के जहर बुझे बीज। बीटी बीज बनाने वाली कंपनी का कहना है कि बैंगन या आलू की फसल को कीटों से बचाने के लिए ऊपर से कीटनाशकों का छिड़काव करना पड़ता है। इस समस्या से बचने के लिए कंपनी ने बीज में ही कीटनाशक (यानी जहर) प्रवेश करा दिए हैं। यह तकनीक कुछ और नहीं, केवल बीजों, कीटनाशकों और नई समस्याओं के समाधान का बाजार खोजने की रणनीति है। भूमंडलीकरण में आम लोगों के लिए इसी बाजार से निपटना सबसे बड़ी चुनौती है।

जीनांतरण मुक्त म.प्र. हेतु गठजोड़ ने अपने दस्तावेज में लिखा है कि जबलपुर स्थित जवाहर लाल नेहरू कृषि विश्वविद्यालय ने राज्य सरकार को बगैर सूचना दिए और सरकारी अनुमति के बिना ही अपने परिसर में मायको कंपनी के बीटी बैंगन का रोपण किया है। मायको को परीक्षण के लिए दो साल तक की अनुमति दी गई थी, जिसमें से एक साल निकल चुका है। ऐसे में यह राज्य सरकार के खिलाफ एक षड़यंत्र मालूम होता है। बीटी बैंगन के पौधों के रोपण से पहले इस बात का कोई परीक्षण नहीं किया गया है कि कहीं इस रोपण से पास के खेतों और उसमें खड़ी फसल तो संक्रमित नहीं होगी। सुप्रीम कोर्ट ने इस तरह के परीक्षण से पहले इन बातों का ध्यान रखने की स्पष्ट हिदायत दी हुई है।

इसके नकारात्मक परिणामों के बावजूद असल में जबलपुर सेंटर इससे पहले

जीएम बीजों के मैदानी परीक्षण का हिस्सा नहीं रहा है। ऐसे में यह स्पष्ट नहीं है कि पिछले साल से इतने बड़े पैमाने पर जीएम बीजों के मैदानी परीक्षण का हिस्सा कैसे बन गया। इस साल हुए व्यापक मैदानी परीक्षणों से साफ है कि केंद्र सरकार बीटी बैंगन को बाजार में पेश करने के करीब पहुंच चुकी है, लेकिन सुरक्षा और अन्य मुद्दों से जुड़े सवाल अभी भी कायम हैं।

बीटी बैंगन हम सभी को गिनी पिग बना सकता है। अगर इन बीजों के ओपन एअर ट्रायल की अनुमति दी गई और संक्रमण फैल गया तो बीटी और गैर बीटी बैंगन की पहचान करना मुश्किल हो जाएगा। तब उपभोक्ताओं के सामने भी कोई विकल्प मौजूद नहीं रहेगा।

बीटी बैंगन को सुरक्षित भी नहीं पाया गया है। नियामक अधिकारियों को मायको कंपनी ने अब तक इन बीजों के किए गए परीक्षण का सिर्फ सारांश पेश किया है। कंपनी द्वारा पेश किए गए इन आंकड़ों के आधार पर बीटी बैंगन के बारे में फैसला लेना छल करने जैसा होगा। असल में जीएम खाद्य फसलों को लेकर मोन्सांतो कंपनी पहले भी झूठ बोलती रही है, साथ ही बाजार में अपने व्यावसायिक हितों को नुकसान न पहुंचाने के मकसद से कंपनी ने अपने ही परीक्षणों के विवादास्पद आंकड़ों को दबाने की कोशिश की है। इस बात के कई वैज्ञानिक प्रमाण मिले हैं, जिनमें कहा गया है कि जीएम खाद्य पदार्थों में विषैलेपन और पोषण की गुणवत्ता को बदला गया है, जबकि गैर जीएम फसलों में ऐसा नहीं है। यहां तक कि बीटी कॉटन जैसी गैर खाद्य फसलों के लिए मध्यप्रदेश के निमाड़ क्षेत्र में किए गए अध्ययन में पाया गया है कि इसे उगाने वाले किसान और स्पिनिंग मिल के मजदूरों को इसके संपर्क में आने पर एलर्जी की शिकायत होने लगी है।

बीटी बैंगन की फिर से बात करें तो इस बात पर कोई स्वतंत्र वैज्ञानिक शोध नहीं हुआ है कि यह सुरक्षित और पोषक है। इसके विपरीत मायको कंपनी द्वारा पेश किए गए संक्षिप्त आंकड़ों में बीटी बैंगन की सुरक्षा को लेकर सवाल उठाए गए हैं। इन आंकड़ों को सार्वजनिक समीक्षा के लिए भी जारी नहीं किया गया है। इसके बावजूद भारत सरकार ने अपने ही बनाए नियमों को तोड़ते हुए पिछले साल बीटी बैंगन के व्यापक परीक्षणों को अनुमति दी थी और वह भी बायोसेफ्टी की मंजूरी दिए बिना। राज्य सरकार की इस मामले में खामोशी प्रदेश के लोगों के स्वास्थ्य और पर्यावरण की दृष्टि से खतरनाक साबित हो सकती है। ऐसे में यह आपका अधिकार और आपकी जिम्मेदारी बनती है कि प्रदेशवासियों के हित में इन परीक्षणों को फौरन रोका जाए।

सबसे अहम बात यह है कि मध्य प्रदेश को बीटी कॉटन की खेती के मामले

में पिछले छह साल के परिणामों के आधार पर सबक लेना चाहिए। इन छह सालों में 1996-97 से 2001-02 तक राज्य में प्रति हेक्टेयर कपास की पैदावार 613 किलोग्राम हुई। ये आंकड़े 2002-03 में बीटी कॉटन को पेश किए जाने से पहले के हैं। बाद में, यानी 2002-03 से 2007-08 के बीच मध्य प्रदेश में कपास की पैदावार गिर कर महज 518 किलोग्राम प्रति हेक्टेयर ही रह गई है। इसका अर्थ यह है कि बीटी कॉटन के प्रवेश के बाद से प्रदेश में कपास की पैदावार में प्रति हेक्टेयर करीब एक क्विंटल की गिरावट आई है। बीटी बैंगन के मामले में सिर्फ पैदावर बढ़ाने के लिए इसकी अनुमति देना एक मूर्खतापूर्ण कदम होगा, क्योंकि देश में कहीं भी बैंगन की कोई कमी नहीं है।

भूमंडलीकरण वास्तव में एक स्पष्ट रूप से नजर आने वाली वस्तु नहीं है। यह तो एक प्रक्रिया है और इसमें खास बात यह है कि जब तक हम इस प्रक्रिया के वर्तमान पहलुओं और सिद्धांतों को समझ पाते हैं तब तक इसका रूप बदल चुका होता है। फिर भी जब हम कृषि के भूमंडलीकरण की बात करते हैं तब यह साफ तौर पर दिखता है कि बाजार में बैठी हुई कंपनियों का मकसद केवल लाभ कमाना है। इस आर्थिक लाभ को कमाने के लिए वे यह तर्क अपने तथाकथित अध्ययनों-विश्लेषणों से स्थापित करते हैं कि किसान जितने संसाधनों का उपयोग करते हैं, उसके अनुरूप फायदा नहीं कमा पाते हैं। सबसे ज्यादा हानि फसलों में अलग-अलग बीमारियों और कीटों के हमलों से होती है। और जब बीमारियां होती हैं तो किसानों को तरह-तरह के कीटनाशकों का छिड़काव करना पड़ता है, जिनसे खेती की लागत बढ़ती है। यह तर्क वास्तव में पूरी व्यवस्था की कमजोर नब्ज है जिस पर कंपनियों ने अपना हाथ रख दिया। अब कंपनियों ने जैव परिवर्द्धित (जैनेटिकली मोडिफाईड बीज) बीजों का विकल्प खड़ा कर दिया है। जैव तकनीक के जरिए कंपनियों ने बीजों के भीतर ही कीटनाशकों का प्रवेश करा दिया है। उनका दावा है कि यदि किसान उनकी कंपनी के बीजों का उपयोग करेंगे तो उन्हें कीटनाशकों का उपयोग नहीं करना पड़ेगा। इससे कृषि की लागत कम होगी और उत्पादन भी बढ़ेगा। इन बहुराष्ट्रीय कंपनियों ने भूमंडलीकरण की राजनीति के जरिए विकासशील देशों (खासतौर पर कृषि प्रधान अर्थव्यवस्था पर आधारित भारत जैसे देशों) पर अपना शिकंजा कसा, क्योंकि यहां की जनतांत्रिक व्यवस्था की कमजोरियां उन्हें रास आईं। भ्रष्टाचार और तकनीकी जाल में उलझे सरकारी संस्थान भी अब बहुराष्ट्रीय कंपनियों के निर्देशों पर नीतियां बनाते हैं।

रणनीति के तौर पर हमें इस राजनीति का विश्लेषण करना जरूरी है। अमेरिका हमेशा से आर्थिक उपनिवेशवाद का ध्वजवाहक रहा है। वह दुनिया में कहीं

भी वास्तविक जनतंत्र का हिमायती नहीं रहा हैं। यही कारण है कि जैव तकनीक को सबसे पहले और सबसे ज्यादा अमेरिकी बहुराष्ट्रीय कंपनियों ने ही बढ़ावा दिया और अमेरिकी सरकार ने अपनी नीतियां भी उन्हें मदद करने वाली ही बनाईं। इतना ही नहीं, उसने वैश्विक मंचों पर भी जैव तकनीक की वृद्धि का खुल कर पक्ष लिया। सन 2002 में विश्व खाद्य सम्मेलन में गरीबी-भुखमरी पर चर्चा हुई। विकसित देशों ने कहा कि भूमंडलीकरण से ही भुखमरी मिट सकती है और बायोटेक्नोलॉजी के जरिए ही संकट को हल किया जा सकता है।

तभी अमेरिका के कृषि सचिव ने यह विवाद भी खड़ा कर दिया कि सम्मेलन के घोषणा पत्र में सभी देश जीएम फसलों को बढ़ावा देने पर सहमति जाहिर करें और अपनी नीतियां इसी तरह बनाएं। अमेरिका के दबाव में जैव परिवर्धित तकनीक को भुखमरी मिटाने के लिए जरूरी मानना पड़ा। यह स्वीकार न करने की स्थिति में अमेरिका ने यह धमकी तक दे दी थी कि वह विश्व खाद्य सम्मेलन के घोषणा पत्र पर हस्ताक्षर नहीं करेगा।

यह एक सर्वमान्य तथ्य है कि कृषि पर जीवन निर्भर करता है, कृषि पर बाजार कभी हावी नहीं रहा। ऐसे में इस पर नियंत्रण हासिल करने के लिए जैव तकनीक का सहारा लिया गया। जैव तकनीक अब बहुत तेजी से कृषि का बाजारीकरण तो कर ही रही है परंतु चिंताजनक तथ्य यह है कि इसमें मानवता पर भी संकट छा रहा है। जिस कीट से फसल को बचाने के लिए बैक्टीरिया बीजों में प्रवेश कराया जा रहा है क्या वह उन लोगों पर असर नहीं करेगा जो जैव परिवर्धित बीजों से उपजाए गए फल या सब्जी खायेंगे। जैव परिवर्धित बीजों (बीटी बीज) के कितने खतरनाक प्रभाव पड़ते हैं इसके दो उदाहरण हमारे सामने आ चुके हैं। बीटी कपास की खेती करने वाले 30000 किसान घाटे में डूब कर कर्ज के जाल में फंसे और उन्हें आत्महत्या करनी पड़ी। इसी फसल के पेड़ और कपास के फल खाकर 1600 भेड़ें मर गईं। शुरुआत तो बीटी कपास से हुई थी परंतु अब भारत सरकार की जेनेटिक इंजीनियरिंग एप्रवुल कमेटी (जी ई ए सी) ने तो खाद्य फसलों के लिए भी जहर बुझे बीजों के उपयोग को अनुमति देना शुरू कर दिया है। यह स्पष्ट है कि अब तक किसान अपनी फसल से ही बीजों का भी उत्पादन करता था किंतु अब नई तकनीकी परिस्थितियों में जीए फसलों में उपयोग होने वाले बीजों का पुनर्उत्पादन नहीं किया जा सकेगा। हर बार अब किसानों को बाजार से ही बीजों की खरीदारी करनी होगी। यह भी तय है कि बाजार में कुछ चुनिंदा बहुराष्ट्रीय कंपनियों के बीज ही उपलब्ध होंगे जिनकी कीमत अभी भी सामान्य बीजों के मुकाबले 10 से 200 गुना ज्यादा है। स्वाभाविक है कि हर साल बीजों का बाजार

ही खरबों रुपये का होने वाला है जिस पर नियंत्रण की कोशिशें हो रही हैं और जी एम खाद्यान्न को अनुमति भी उन्हीं कोशिशों में से एक कोशिश का नतीजा है।

जी एम खाद्यान्न को अनुमति का मतलब

अंततः भारत दुनिया का ऐसा पहला देश बन गया जिसने जैव परिवर्धित खाद्यान्न उत्पादन के जमीनी परीक्षण की अनुमति दे दी। इसके अंतर्गत 11 स्थानों पर चार किस्म के बीटी बैंगन के उत्पादन के परीक्षण किए जाएंगे। अपने आप में यह मानव सभ्यता के लिए एक खतरनाक कदम हो सकता है। यह अनुमति देते समय सरकार ने जनकल्याण से ज्यादा बाजार के फायदों को प्राथमिकता दी है। हालांकि न्यायपालिका ने कुछ निर्देश दे कर इन प्रयोगों की सीमा तय करने की कोशिश की है परंतु हम सब देख रहे हैं कि अब कानून और नियमों की अड़चन आने पर उन कानूनों को ही बदल दिया जाता है। ऐसे में सवाल यह है कि इन प्रयोगों की ईमानदार निगरानी कौन करेगा? अब यह तय है कि बीटी बैंगन के प्रयोगों के बाद टमाटर और ओकरा के प्रायोगिक उत्पादन को भी बढ़ावा मिलेगा। आज यह विवाद का मुद्दा है कि बीटी खाद्यान्न के मानव जीवन पर नकारात्मक प्रभाव पड़ते हैं या नहीं, परंतु यह सच है कि यह प्रभाव जानने के लिए किए गए अध्ययनों के निष्कर्ष अब भी गोपनीय ही हैं। सर्वोच्च न्यायालय ने निर्देश दिए हैं कि पर्यावरण और वन मंत्रालय जैव सुरक्षा अध्ययनों को सार्वजनिक रूप से प्रकाशित करेगा। एक तरह से विश्व व्यापार संगठन के अनुबंधों के तहत यह भारत सरकार की भी मजबूरी है कि वह बहुराष्ट्रीय व्यापारिक प्रतिष्ठानों के हितों का पहले संरक्षण करे। बीटी कॉटन के अनुभव बताते हैं कि बीटी और गैर-बीटी बीज किसानों ने एक साथ बोए और फसल ली जबकि सर्वोच्च न्यायालय के निर्देश हैं कि जीएम फसलों को सामान्य फसलों से कम-से-कम 200 मीटर की दूरी पर रखना चाहिए और पंचायतों को इन प्रयोगों के बारे में पूरी जानकारी होनी चाहिए। परंतु सच्चाई बिल्कुल उलट है। किसानों को बीटी और जीएम फसलों के संभावित दुष्प्रभावों के बारे में पूरी तकनीकी जानकारी नहीं दी जा रही है। इसके विपरीत उन्हें बताया जा रहा है कि इससे उत्पादन की मात्रा में भारी बदलाव आयेगा और कीटनाशकों के उपयोग का खर्च भी कम होगा। इसका पशुधन पर घातक प्रभाव पड़ने वाला है क्योंकि इन फसलों के पौधे जानवर नहीं खाते और यदि खाते हैं तो मरते हैं।

दूसरी तरफ बहुराष्ट्रीय बीज निर्माता कंपनी मान्सेंटो ने एक अध्ययन कर बताया कि कीटों और बीमारियों के कारण हर वर्ष 22.1 करोड़ डालर का बैंगन उत्पादन बेकार हो जाता है, जबकि वास्तविकता यह है कि इतनी राशि का तो कुल

बैंगन उत्पादन ही नहीं होता। बैंगन के बीजों में मान्सेंटों कंपनी ने वहीं बैक्टीरिया–क्राय१एसी जीन डाला है जो कपास के बीज में डाला गया था। वही कपास की बीज जिसकी फसल को खाकर आंध्र प्रदेश में 1600 भेड़ें मर गई थीं।

खाद्य बीजों, खास तौर पर बैंगन के बीजों में जिस क्राय१एसी जीन को प्रवेश कराया गया है, उसके प्रभावों का प्रयोग चूहों पर किया गया। उससे पता चला कि यह प्रतिरोधक क्षमता को कमजोर करता है और आंतों में चिपक जाता है। पूर्व के क्राय१एसी जीन के परीक्षण यह सिद्ध करते हैं कि उससे जीवों में जबरदस्त एलर्जी होती है और यदि यह जी लगातार मानव शरीर में प्रवेश करेगा तो वह कभी भी खतरनाक बीमारियों से नहीं उबर पाएगा। जीएफ खाद्य पदार्थों पर हुआ कोई भी अध्ययन यह सिद्ध नहीं करता कि ऐसे बीज या उत्पादन खतरनाक रसायनों और संकटों से मुक्त हैं। यही कारण है कि किसी भी विकसित देश ने अपने यहां जीएम खाद्यान्न को प्रोत्साहित नहीं किया है।

बीटी बैंगन के बीजों में एनपीटी-2 जीन का भी प्रयोग किया गया है। वास्तव में यह जीन कैनामायसिन प्रतिरोध के रूप में जाना जाता है। इसके कारण मानव शरीर की प्रतिरोधक क्षमता और कोशिकायें खत्म हो जाती हैं। यदि व्यक्ति बीटी बैंगन का उपयोग करता है तो उस पर एंटीबायोटिक दवाओं का असर भी खत्म हो पाएगा।

एक तरफ तो सरकार हेपेटाईटस जैसी बीमारी से निपटने के लिए कार्यक्रम बना रही है और वहीं दूसरी ओर इसी तरह की बीमारी फैलाने वाले कालीफ्लोवर मोसियेक वायरस की बीटी बैंगन के जरिए मानव शरीर में प्रवेश कराने की अनुमति बहुराष्ट्रीय कंपनियों को दे रही है। सरकार बहुराष्ट्रीय कंपनियों की कुदृष्टि को भांप नहीं पा रही है। ये कंपनियां नई तकनीक से बने बीजों के नकारात्मक प्रभावों को छिपाती रही हैं। जो कंपनी बीटी बैंगन के बीजों का उत्पादन करवा रही है उसने पहले बीटी मक्का के घातक परिणामों को छिपाया है। बीटी मक्का के प्रयोगों से पता चला था कि इससे किडनी में असामान्यता आ जाती है और खून में श्वेत कोशिकाओं का स्तर बढ़ जाता है। कंपनियां कहती हैं कि उस बीज से बैंगन के बीज का संबंध नहीं है पर सच यह नहीं है। कई वरिष्ठ वैज्ञानिक मानते हैं कि जैव परिवर्धित बीजों का व्यापारिक उपयोग करने से पहले उसके पहले प्रभावों का परीक्षण कई पीढ़ियों पर करना होगा। ताकि इसके प्रभावों को जांचा-परखा जा सके। परंतु लाभ कमाने को तत्पर बाजारू कंपनियां इंसानी समाज के अस्तित्व को ही दांव पर लगा रही हैं।

यह एक षड़यंत्र है भारत की जैव विविधता को खत्म कर देने का। हमारे देश

में चार हजार सालों से बैंगन का उत्पादन हो रहा है और इसकी मात्रा भी किसी भी तरह से कम नहीं है। बीटी कंपनियां जिस तरह से बीजों के चरित्र में रासायनिक गुणधर्मों में परिवर्तन कर रही हैं उससे भारत में खाद्य पदार्थों और सब्जियों के प्राकृतिक बीज खत्म हो जाएंगे। तब हर किसान को कंपनी के बीज पर ही निर्भर रहना होगा। यह तथ्य भी जान लेना जरूरी है कि बीटी बैंगन में उपयोग किया गया क्राय१एसी जीन तितलियों को खत्म कर देता है। क्या हम भारत की रंगबिरंगी तितलियों को खत्म कर देना चाहते हैं?

संकट केवल बैंगन तक सीमित नहीं है। आलू का उत्पादन भी बढ़ाया जा सकता है यह तर्क बाजार ने फैला दिया है और उत्पादन में वृद्धि करने के लिए आलू के बीज में मकड़ी के जीन प्रवेश कराए गए हैं। तर्क यह दिया गया कि इस आलू में प्रोटीन ज्यादा है और यह प्रोटीन गरीबों के लिए ज्यादा फायदेमंद है। परंतु इस दावे की तब हवा निकल गई जब हिमाचल प्रदेश के आलू में भी बहुत प्रोटीन की बात सिद्ध हो गई।

चावल अब केवल एक खाद्यान्न फसल नहीं है बल्कि दूसरी हरित क्रांति में बाजार में इसकी बहुत अहम भूमिका है। इसलिए चावल में बिच्छू के जीन शामिल किए गए हैं। इसी तरह अरहर, सरसों, टमाटर, मूंगफली, मक्का जैसी 10 खाद्यान्न फसलों के लिए अनुमति की मांग की गई है। खाद्यान्न फसलें तो शुरुआत है परंतु बीटी खाद्य को स्थापित करने के लिए बहुराष्ट्रीय कंपनियों ने जो रणनीति अपनाई उसे हमें समझना होगा। ये कंपनियां पेटेंट और एकाधिकार के नाम पर बाजार से देशी और स्थानीय बीजों पर रोक लगवा देती हैं। तब केवल उन्हीं का बीज बाजार में होता है और किसान की मजबूरी होती है कि वह हर कीमत पर इन्हें खरीदे। फिर चूंकि यह बीज जैव परिवर्धित बीज है इसलिए इन पर केवल एक विशेष प्रकार के कीटनाशकों का ही असर होता है। और यह विशेष कीटनाशक भी वही खास कंपनी बनाती है। इसे खरीदना भी किसान की मजबूरी हो जाती है। यदि वैश्वीकरण के संदर्भ में देखें तो इसका स्पष्ट अर्थ यह है कि अब कृषि क्षेत्र में आत्मनिर्भरता जैसे शब्दों के अर्थ कभी नहीं खोजे जा सकेंगे। अब किसान और बहुराष्ट्रीय कंपनियों के बीच नौकर और मालिक के रिश्ते होंगे। जहां तक सरकार की भूमिका का सवाल है, तो सरकार केवल दलाल की भूमिका निभाएगी।

(लेखक सामाजिक कार्यकर्ता हैं। इन्होंने बुंदेलखंड की खाद्य समस्या पर सघन कार्य किया है।)

बुंदेलखण्ड के खेतों में सिकुड़ती रोटी, उपजती भूख

—सचिन कुमार जैन

पिछले साल बुंदेलखण्ड के लोगों की उम्मीदें खुले आसमान पर टिकी हुई थीं। कहीं तीन तो कहीं चार साल के सूखे के बाद अब वे उम्मीदों के आसमान के सहारे नहीं जी सकते थे, उन्हें तो बादलों से भरा उमड़ता-घुमड़ता आसमान चाहिए थे। इत्तफाक देखिए कि प्रकृति ने निराश नहीं किया, पानी बरसा और भरपूर बरसा, कुछ दिन इतना बरसा कि बस बरसता ही गया। अब एक नया सवाल उठ खड़ा हुआ कि क्या अब सूखा मिट गया है, क्या रोटी, रोजगार और पानी का संकट खत्म हो गया है? बारिश हो जाने के बाद भी सितम्बर 2008 की स्थिति में जवाब दे पाना बेहद कठिन है। पिछले सालों में पड़े लगातार सूखे के दौर में इस अंचल के 76 प्रतिशत किसान (छोटे और मझोले) जीवन बचाए रखने के लिए अपनी उम्मीदों के साथ-साथ अपनी जमा पूंजी भी खर्च करते रहे और जब इस साल पानी बरसा तो किसानों के पास पैसे नहीं थे कि वे खाद-बीज खरीद सकते! सरकार ने भी उनकी मजबूरियों का भरपूर मजाक उड़ाया, अब सरकार इन किसानों को भिखारी से ज्यादा कुछ नहीं समझती।

जानते हैं एक एकड़ की खेती बर्बाद होने की स्थिति में कितना मुआवजा सरकार ने किसानों के लिए तय किया—1200 रुपये प्रति एकड़!! किसान और किसानी के प्रति सरकार के टुच्चे और अमानवीय नजरिये का जीता-जागता प्रमाण है यह। और फिर यह राशि देने की भी प्रक्रिया इतनी विसंगतिपूर्ण बनाई गई कि कई किसानों ने अपने चैक फाड़ कर फेंक दिए। हुआ यूं कि अब भी पटवारी के रिकार्ड में एक जमीन कई लोगों के संयुक्त नाम पर है। या तो उस जमीन का बटवारा नहीं हुआ है या फिर नामान्तरण नहीं हुआ। ऐसे में 1200 रुपये के एक चैक पर उन 16, 17, 18, 19 व 20 लोगों के नाम लिखे गये जिनके नाम जमीन

के रिकार्ड में हैं और चैक भुनाने के लिए इन सबका बैंक में साक्षात् मौजूद रहना अनिवार्य था। अब इनमें से कई मर चुके हैं या गांव छोड़ चुके हैं। इससे पता चलता है कि अफसरशाही और जनप्रतिनिधि अपने पसीने से मिट्टी को नम करके गेहूं-मक्का के दाने उगाने वाले किसानों के अब सबसे बड़े दुश्मन हैं। वे जमीन हड़प लेना चाहते हैं ताकि उसे बेचा जा सके।

मध्यप्रदेश में सरकार देशी-विदेशी निवेशकों (यदि इन्हें मुनाफाखोर लुटेरे कहें तो कोई अतिशयोक्ति नहीं होगी) के स्वागत में पलक पांवड़े बिछाये बैठी है। इसी बुंदेलखण्ड में 50 हजार करोड़ रुपये का निवेश निजी कम्पनियां करेंगी। हम उन्हें करों में रियायत देंगे और ऐसा माहौल बना देंगे कि जमीन का मालिक अपनी जमीन बेचने के लिए मजबूर हो जाए। 'इन्वेस्टर्स मीट' या निवेश के नाम पर सीमेन्ट उत्पादन, खनिज उत्खनन, जेट्रोफा उत्पादन, परिष्कृत खाद्य पदार्थ उद्योग स्थापित करने की प्रक्रिया शुरू कर दी गई है। ये सभी ऐसे उद्योग हैं जिनमें भारी मात्रा में पानी का दोहन होगा, जमीन खोदकर उसकी उर्वरता नष्ट की जाएगी और जिस जमीन पर जंगल के वस्त्राभूषण हैं वह नंगी होकर बहुराष्ट्रीय कम्पनियों के बाजार में आकर खड़ी हो जाएगी। यह इलाका उपजाऊ जमीन से भरा-पूरा है। यही कारण है कि मध्यप्रदेश के कुल खाद्यान्न उत्पादन में इसका बड़ा योगदान रहा है पर पिछले आठ सालों में यह घटकर आधे से कम रह गया है।

पर्यावरण बदलाव की सजा को वे लोग नहीं भोग रहे हैं जो पर्यावरण को गरम कर रहे हैं। वे तो वातानुकूलित कारों, कार्यालयों या फिर सभागारों में बैठे हैं और विकास की रूपरेखा तय कर रहे हैं। सजा तो बुंदेलखण्ड के लोग भोग रहे हैं जहाँ बारिश के दिनों की संख्या पिछले 8 सालों में 52 से घटकर 24 पर आ गई है। सरकार ने घोषित कर दिया है कि इस साल टीकमगढ़ और छतरपुर जिलों में सूखा नहीं है क्योंकि वहां औसत से ज्यादा बारिश हो चुकी है, किन्तु सूखे को परिभाषित करने वाले यह जानते हैं क्या कि यदि औसत बारिश 45-50 दिन के बजाए 20 दिन में हो जाए तो इसे आपदा से मुक्ति नहीं कहा जा सकता। संकट जमीन पर अब भी बरककार है, जरा जमीन पर आकर तो देखिए।

अभी-अभी बुंदेलखण्ड में खूब बारिश हुई है पर फिर भी सूखा नहीं मिटा। हम सभी ने अपनी स्कूली किताबों में पढ़ा है कि खेती मानसून पर निर्भर जुआ है। लेकिन हमें यह कभी नहीं सिखाया गया कि किसानों और आम लोगों के साथ यह जुआ आखिर कौन खेल रहा है। सच तो यही है कि बाजार और सत्ता का गठजोड़ टेबल के एक सिरे पर बैठा इस खेल को अंजाम दे रहा है। अब सूखा एक नियमित प्रक्रिया बन चुकी है और किसान अपना सब कुछ हार जाने को बाध्य है। बुंदेलखण्ड

के लिए सूखे का मतलब केवल पानी का अभाव ही नहीं है, अगर आंकड़ों पर नजर डालें तो पता चलता है कि मध्यप्रदेश के छह जिलों में फैले इस क्षेत्र के सामाजिक-सांस्कृतिक समुदाय के लिए यह खाद्य संकट का बड़ा कारण बनता जा रहा है। टीकमगढ़ जिले के सरकारी आंकड़ों के मुताबिक पिछले साल यहां रबी की 18 फीसदी और खरीफ की महज 24 फीसदी खेती ही हो पाई है। वहीं ग्रामीणों का कहना है कि दोनों फसलों के लिए यह आंकड़ा 10 फीसदी से ज्यादा का नहीं है। सरकारी दस्तावेजों के मुताबिक इस क्षेत्र में वर्ष 2007 में 349 मिलीमीटर बारिश रेकार्ड की गई थी जो सामान्य बारिश (972 मिमी) से 64 फीसदी कम है। यहाँ बारिश का आंकड़ा वर्ष 2003-04 से निरन्तर गिरता ही जा रहा है।

मध्यप्रदेश भोजन का अधिकार अभियान तथा मप्र आपदा निवारण मंच की ओर से बुंदेलखण्ड के मप्र से जुड़े क्षेत्रों के एक अध्ययन से साफ पता चलता है कि यहाँ खेती से जुड़े सरकारी आंकड़ों का वास्तविक स्थिति से कोई लेना-देना नहीं है। खेती की बदहाली के बारे में स्थानीय किसानों के दावों की पुष्टि कई तरह के आंकड़ों से भी की जा सकती है। वर्ष 2003-04 में बुंदेलखण्ड क्षेत्र ने 2.045 मिलियन टन अनाज का उत्पादन किया था, यह वर्ष 2006-07 में 44.67 फीसदी गिरकर महज 1.13 मिलियन टन रह गया। इसी अवधि में कृषि उपज भी 1035 किलोग्राम प्रति हैक्टेयर से गिरकर 806 किलोग्राम तक पहुँच गई।

इससे दो मुख्य बिंदु बहुत उभरकर आते हैं। पहला तो यह कि पिछले चार-पांच सालों में सूखे, अल्प वर्षा व लचर सिंचाई प्रबंधन के चलते अनाज उत्पादन जैसे क्षेत्र में यहाँ की कृषि का हाल बदतर होता गया है। दूसरा यह कि सरकारी कृषि नीतियों, लाभ कमाने की प्रवृत्ति तथा पर्याप्त जल संसाधनों के अभाव के चलते यहाँ कृषि के स्वरूप में काफी बदलाव आ गया है। (देखें तालिका-1 पृष्ठ-86)

सरकार जहाँ इस समस्या की ओर आँखे मूंदे हुए है वहीं सूखा प्रभावित क्षेत्रों में खेती चौपट होने से ग्रामीणों को न केवल पड़ोसी राज्यों में पलायन करना पड़ रहा है बल्कि कर्ज, स्वास्थ्य जैसी दिक्कतों के साथ पालतू जानवरों को बचाने का संकट भी झेलना पड़ रहा है। इसी समस्या के चलते यहाँ महिलाओं, बच्चों, दलित व आदिवासी समुदायों को कई तरह के शोषण का भी सामना करना पड़ रहा है। पलायन से उनके बच्चों की शिक्षा और भविष्य पर सवालिया निशान लग गया है। जो उनके साथ ही शहरों की ओर कूच कर जाते हैं और स्कूली शिक्षा से अस्थायी या स्थायी तौर पर दूर हो जाते हैं। यह बुंदेलखण्ड का सच है कि 30 से 40 एकड़ जमीन का मालिक किसान महज दो जून की रोटी और अपने परिवार के भरण-पोषण

के लिए नई दिल्ली जैसे महानगरों में दिहाड़ी मजदूर बनने के लिए पलायन को मजबूर है। वे राष्ट्रीय रोजगार गारंटी योजना में काम करने से कतराते हैं क्योंकि ऐसा करने से गाँव-समाज में उनके मान-सम्मान को चोट पहुँचती है।

टीकमगढ़ का निवाड़ी ब्लॉक जिले का सर्वाधिक खुशहाल भाग माना जाता है क्योंकि यहाँ घरेलू उपयोग व बाजार के लिए भरपूर सब्जियां उगाई जाती रही हैं। यहाँ रहते हैं रामपाल सिंह घोष, 40 बीघा जमीन के मालिक, जो कभी बेहद उपजाऊ और सिंचित थी। रामपाल टीला गाँव के हैं जो बैंगन और लौकी की पैदावार के लिए पूरे इलाके में खासा प्रसिद्ध है। टीला पंचायत के 387 परिवारों में से 302 परिवार आजीविका के लिए सब्जियां उगाते रहे हैं। तीन साल पहले तक निवाड़ी ब्लॉक से रोजाना 17 से 18 ट्रक सब्जियां जबलपुर, भोपाल, इंदौर, झांसी और आगरा जैसे शहरों में भेजी जाती थीं। लेकिन आज हालत यह है कि दो दिन में बमुश्किल एक ट्रक सब्जी ही बाहर भेजी जा पाती है। किसान बताते हैं कि लौकी, आलू, बैंगन व शिमला मिर्च की पैदावार में 70 से 80 फीसदी की गिरावट आई है। वे यह भी बताते हैं कि क्षेत्र के करीब 80 फीसदी किसानों ने सब्जी की खेती पूरी तरह छोड़ दी है, इनमें छोटे और सीमान्त किसान शामिल हैं।

रामपाल बताते हैं कि निवाड़ी और टीला में भरपूर सब्जी पैदा होती थी, इसकी बदौलत क्षेत्र के हर व्यक्ति की थाली में पर्याप्त गेहूँ, चना, मटर और कई तरह की सब्जियां नजर आती थीं। लेकिन आज की कड़वी सच्चाई यही है कि वे अपने 40 बीघा खेत में पिछले चार सालों से आलू या लौकी की एक ही पैदावार ले पा रहे हैं। रामपाल ने पिछले साल किसान क्रेडिट कार्ड से इस आशा में कर्ज लिया था कि सब्जी खेती से कमाई कर उसे चुका देंगे। लेकिन आज की तारीख तक वे कर्ज की एक भी किस्त अदा नहीं कर सके हैं। टीला गाँव के ऐसे कई किसान हैं जो कुछ सालों पहले तक आत्मनिर्भर और संपन्न थे, अपनी आजीविका सम्मानपूर्ण तरीके से कमाते थे, आज रोजगार गांरटी योजना में काम का प्रस्ताव ठुकरा देते हैं क्योंकि यह उन्हें अपनी मर्यादा को ठेस पहुँचाने वाला लगता है।

कृषि में असफलता बुंदेलखण्ड के इस भाग के लिए एक नियमित घटनाक्रम सा बन गया है। मप्र के बुंदेलखण्ड में समाहित छतरपुर, टीकमगढ़, पन्ना, सागर, दमोह व दतिया में से छतरपुर, टीकमगढ़ और पन्ना बीते 4-5 सालों से सूखे से खासे प्रभावित रहे हैं। इस क्षेत्र का आर्थिक परिदृश्य पूरी तरह से कृषि पर निर्भर है, यह योजना आयोग के दस्तावेजों में भी स्वीकार किया गया है। यहां होने वाली मुख्य फसलों में ज्वार, बाजरा, कोदो, कुटकी, चना, तुअर, मूंग, उड़द, अल्सी, तिल, जूट

व सब्जियां शामिल हैं। लेकिन यहाँ अनाज उत्पादन वर्ष 2003 के 19,75,000 टन से गिरकर वर्ष 2006 में 14,03,400 तक पहुँच गया जो इस दौरान 28.94 फीसदी की गिरावट बताता है। इसी अवधि में यहाँ कुल उत्पादन में 43.11 फीसदी की गिरावट दर्ज की गई इससे प्रति हैक्टेयर उत्पादन में औसत 22.13 फीसदी की गिरावट का अनुमान लगाया गया है।

इसके उलट समूचे मध्यप्रदेश में इसी अवधि में अनाज उत्पादन में 13.86 फीसदी गिरावट दर्ज की गई है। इससे साफ पता चलता है कि इस गिरावट का करीब आधा हिस्सा बुंदेलेखण्ड के हिस्से आता है। (देखें तालिका-2 पृष्ठ-87)

बुंदेलखण्ड लंबे समय से गेहूँ उत्पादन में अहम भूमिका निभाता आया है। वर्ष 1999-2000 में बुंदेलखण्ड के इन छह जिलों ने मध्यप्रदेश की गेहूँ की कुल पैदावार में 14.35 फीसदी का योगदान किया था। पिछले साल यह आंकड़ा गिरकर महज 7.17 फीसदी तक पहुँच गया। यहाँ यह जानकारी उपयोगी होगी कि गेहूँ उत्पादन में यह गिरावट केवल पिछले साल की ही नहीं है, पिछले 8 वर्षों से जारी है। इस दौरान मध्यप्रदेश में जहाँ गेहूँ के उत्पादन में 16 फीसदी की गिरावट दर्ज हुई वहीं बुंदेलखण्ड में यह 58 फीसदी तक पहुँच गई। (देखें तालिका-3 पृष्ठ-67)

स्थानीय किसानों के मुताबिक गेहूँ उत्पादन में गिरावट का मुख्य कारण क्षेत्र में समुचित सिंचाई सुविधाओं की कमी है। समूचा बुंदेलखण्ड प्रत्यक्ष या परोक्ष सिंचाई के लिए बारिश पर ही निर्भर है। हालांकि यहाँ सिंचाई के पानी का मुख्य स्रोत कुआँ है लेकिन कुएं में पानी की मात्रा भी बारिश पर ही निर्भर करती है। जल संसाधन विभाग के दस्तावेजों के मुताबिक 2006 में सिचाई के लिए टीकमगढ़ में 65 फीसदी, छतरपुर में 61फीसदी व पन्ना जिले में 44 फीसदी परिवार कुएँ पर निर्भर थे। पिछले चार-पाँच सालों में बारिश कम या बिलकुल न होने के चलते क्षेत्र के करीब सभी कुएँ सूख चुके हैं।

केंद्रीय भूजल बोर्ड के आंकड़ों के मुताबिक पिछले 10 सालों में टीकमगढ़ के 35.32 फीसदी कुओं का पानी दो मीटर तथा 8.86 फीसदी कुओं का पानी चार मीटर से भी ज्यादा नीचे जा चुका है। ऐसी हालत में किसी भी किसान के लिए खेती से अपनी आजीविका कमाना अकल्पनीय है। खासकर छतरपुर जिले के लौंड़ी ब्लाक के विगपुर गाँव के लखन पटेल पर यह बात बिल्कुल खरी उतरती है। कई वर्षों तक खेती से गुजर-बसर करने वाला लखन अब कर्ज में डूबा हुआ है। लखन ने 2004 में 3 लाख का कर्ज लिया था, जिसमें से एक लाख अगले साल चुका दिया। लेकिन उसके बाद लगातार खेती चौपट होने से वह बैंक को एक भी किश्त अदा नहीं कर

पाया है। आज हालत यह है कि बकाया कर्ज और ब्याज मिलकर मूल कर्ज से ज्यादा हो गए हैं। लखन बताता है कि उसके खेतों में 70 से 80 क्विंटल की उपज होती थी जिससे साल में वह डेढ़ लाख तक कमा लेता था। लेकिन पिछले साल से खेतों से धेले भर की कमाई भी नहीं हुई है।

इस क्षेत्र में कृषि की बदहाली का असर पालतू जानवरों पर भी पड़ा है। सूखा प्रभावित क्षेत्रों के अधिकांश परिवार या तो अपने पालतू जानवर गंवा चुके हैं या फिर अपना भोजन खुद तलाश करने के लिए उन्हें आजाद छोड़ दिया गया है। यहाँ ग्रामीण इन दिनों अपने अस्तित्व की लड़ाई से जूझ रहे हैं, ऐसे में जानवरों का सवाल उनके लिए काफी पीछे छूट जाता है। विगपुर के हकीम सिंह यादव जो कभी 37 जानवरों के मालिक थे, आज महज 7 जानवरों के साथ सूखे का मातम मना रहे हैं।

बुंदेलखण्ड के गाँवों के दुख का अंत कृषि या जल संकट अथवा पशुओं के बिछुड़ने तक ही सीमित नहीं है। टीकमगढ़ के निवाड़ी ब्लाक में केना गाँव के रतिराम के पास दो एकड़ जमीन है। पिछले छह महीने में रतिराम पर बिजली विभाग के 42 हजार का कर्जा हो गया है। यह बात अलग है कि ग्रामीणों के मुताबिक बीते तीन बरसों से गाँव में बिजली आई ही नहीं है। और तथ्य यह है कि छह साल पहले गाँव से पावर लाइन हटा ली गई थी।

बीते एक दशक से मध्यप्रदेश सरकार बुंदेलखण्ड क्षेत्र में औद्योगीकरण व बहुराष्ट्रीय कंपनियों को आमंत्रित कर प्राकृतिक संसाधनों के शोषण को बढ़ावा देने में जुटी है। इस सिलसिले में हाल ही में सागर में हुए विवेक सम्मेलन में 2954.91 करोड़ रुपये (करीब 7.413 बिलियन अमेरिकी डॉलर) के 36 समझौतों पर दस्तखत किए गए हैं। इनमें से अधिकांश निवेशक यहाँ प्लांट, सीमेंट जैसे खनिज अयस्क आधारित उद्‌योग विकसित करने के इच्छुक हैं। बहरहाल, यहाँ निवेश के लिए मंजूर कुल 245918.91 करोड़ (करीब 61.695 बिलियन अमेरिकी डॉलर) रुपयों में एक धेला भी कृषि क्षेत्र के लिए निर्धारित नहीं किया गया है।

सोची-समझी रणनीति के तहत मध्यप्रदेश में केंद्रीकृत सेज (विशेष आर्थिक क्षेत्र) पर कोई पहल नहीं की जा रही है। मप्र सरकार राज्य के विभिन्न हिस्सों में निवेश के लिए निजी औद्योगिक घरानों को बुलाकर विकेंद्रित सकल आर्थिक क्षेत्र को बढ़ावा देने में जुटी है। सरकार उन्हें विकास के नाम पर पानी, बिजली व अन्य तमाम सुविधाएँ देने का वादा भी कर रही है। अब तक हुए चार निवेशक सम्मेलनों–खजुराहो, इंदौर, जबलपुर व सागर में 245918.91 करोड़ रुपयों के 217 सहमति पत्रों पर दस्तखत किए जा चुके हैं।

तालिका-1

अनाज उत्पादन व पैदावार की स्थिति : मध्यप्रदेश बनाम बुंदेलखण्ड
(उत्पादन टन में तथा उत्पादकता किलोग्राम प्रति हैक्टेयर)

जिला	2003 उत्पादन	2004 उत्पादकता	2004 उत्पादन	2005 उत्पादकता	2005 उत्पादन	2006 उत्पादकता	2006 उत्पादन	2007 उत्पादकता	4 वर्षों में दर्ज गिरावट उत्पादन	4 वर्षों में दर्ज गिरावट उत्पादकता
छतरपुर	433500	1149	426100	1106	372300	966	181800	743	.58.06	.35.34
टीकमगढ़	385000	1335	280300	1015	227600	883	89300	683	.76.81	.48.40
पन्ना	194500	730	183400	659	211500	754	140000	654	.28.02	.104.1
सागर	424400	854	406400	820	402600	818	293900	832	.30.75	.2.58
दमोह	309300	904	296200	870	308900	913	260000	809	.15.94	.10.51
दतिया	298300	1464	235700	1244	256200	1398	166500	1196	.44.18	.18.31
बुंदेलखण्ड	2045000	1035	1828100	889	1779100	919	1131500	806	.44.67	.22.13
मध्य प्रदेश	15956900	1248	14292700	1140	13484200	1134	13745200	1168	.13.86	.6.41

तालिका-2

गेहूँ की उत्पादकता में कमी : बुंदेलखण्ड बनाम मध्यप्रदेश

(किलोग्राम प्रति हेक्टेयर)

जिला	1999.00	2000.01	2001.02	2002.03	2003.04	2004.05	2005.06	2006.07	8 सालों में पैदावार में गिरावट आई
	उत्पादकता	उत्पादकता	उत्पादकता	उत्पादकता	उत्पादकता	उत्पादकता	उत्पादकता	उत्पादकता	उत्पादकता
छतरपुर	1892	1538	155096	1244	1789	1771	1469	1276	.33
टीकमगढ़	2187	1838	113185	1587	2167	1702	1393	1417	.35
पन्ना	1136	792	93051	808	1165	1111	1057	984	.13
सागर	1159	773	265925	433	1183	1101	1111	1015	.12
दमोह	1479	1035	109315	705	1542	1507	1553	1323	.11
दतिया	2654	2462	69076	1857	2565	2117	2249	1797	.32
बुंदेलखण्ड	1654	1308	1532	1352	1633	1454	1360	1184	.28
मध्यप्रदेश	1863	1471	1620	1461	1879	1821	1710	1915	.3

तालिका-3

गेहूँ की उत्पादकता में कमी : बुंदेलखण्ड बनाम मध्यप्रदेश

(टन में)

जिला	1999.00	2000.01	2001.02	2002.03	2003.04	2004.05	2005.06	2006.07	8 सालों में उत्पादन में आई गिरावट
	उत्पादन	उत्पादन	उत्पादन	उत्पादन	उत्पादन	उत्पादन	उत्पादन	उत्पादन	उत्पादन
छतरपुर	274633	203349	238501	192925	249600	243700	200200	89100	.68
टीकमगढ़	280435	212894	207982	179638	250300	174800	126300	39900	.86
पन्ना	92151	55502	73728	75166	78900	76700	71800	47000	.49
सागर	264891	155152	205677	115079	183700	173100	174700	161400	.39
दमोह	147530	89183	113192	77098	96600	97800	102800	81100	.45
दतिया	186801	160887	1700064	129287	180900	139100	158800	104900	.44
बुंदेलखण्ड	1246441	876967	1009144	768193	1040000	905200	834600	523400	.58
मध्यप्रदेश	8685197	4869362	6000966	4923414	7364600	7327400	6199700	7325900	.16

दूसरी ओर बुंदेलखण्ड के किसानों से अभी तक कोई वादा नहीं किया गया है जबकि 12 अप्रैल, 2008 को हुए बुंदेलखण्ड निवेशक सम्मेलन में स्टील व पावर प्लांट के 9345 करोड़ रुपयों के छह समझौतों, सीमेंट प्लांटों के 7300 करोड़ के 8 तथा रॉक फास्फेट, शक्कर, एथेनाल व शिक्षा पर 398.91 करोड़ के चार समझौतों पर दस्तखत किए गए हैं। यहाँ एक सीधा सा सवाल पूछा जा सकता है कि अगर इन समझौतों पर अमल होता है तो बुंदेलखण्ड की खेती, जल संसाधनों, जंगलों व सामाजिक आजीविका क्षेत्रों का क्या होगा।

यहाँ इस बात का उल्लेख जरूरी है कि सरकार की नजरें जहाँ इस क्षेत्र में बड़े पैमाने पर सस्ती जमीन की उपलब्धता, कच्चा माल, प्राकृतिक संसाधन, सस्ता मजदूर श्रम, खनन लाइसेंस आदि पर टिकी हैं, वहीं वह इस बात का आकलन करने में चूक गई है कि इन निवेशों व गतिविधियों का यहाँ की जमीन, जल संसाधनों व कृषि पर क्या दूरगामी असर होगा।

यह और भी आश्चर्य की बात है कि सरकार इन निवेशों को बुंदेलखण्ड के सूखे की समस्या से निपटने के समाधान के रूप में देख रही है। उसका मानना है कि इन निवेशों के जरिए बड़े पैमाने पर रोजगार के अवसर सृजित होंगे जिसमें स्थानीय लोगों की बदहाली दूर हो जाएगी। वर्तमान में जब देश और खासकर बुंदेलखण्ड की अर्थव्यवस्था अभी भी बड़े पैमाने पर कृषि पर निर्भर है, स्थानीय युवाओं को नए तरह के रोजगार में अपना हुनर सिखाने के लिए काफी भारी निवेश की जरूरत पड़ेगी। वहीं दूसरी ओर सूखे के चलते ग्रामीणों की सम्मानजनक ढंग से जीने की आशाएं बिखर सी गई हैं; इसमें बिजली की लगातार कटौती उनके दुखों को और बढ़ा ही रही है। उधर सरकारी अधिकारियों का यह कहना जले पर नमक छिड़कने के समान है कि जहाँ खेती ही नहीं होती वहाँ बिजली की क्या जरूरत है।

कई दिनों तक चूल्हा रोया, चक्की रही उदास।
कई दिनों तक कानी कुतिया, सोई उनके पास॥
कई दिनों तक लगी भीत पर, छिपकलियों की गश्त।
कई दिनों तक चूहों की भी हालत रही शिकस्त॥

—नागार्जुन

पाक में गहराया खेती का संकट

—अनिल चौधरी

खेती-किसानी वास्तव में घाटे का सौदा साबित हो रहा है। इसकी अहम वजह है सरकार की उपेक्षा। ऐसा नहीं कि ये हालात भारत या फिर किसी दूसरे राष्ट्र के हों बल्कि दुनिया भर के किसानों की हालत एक जैसी ही है। सबसे शक्ति संपन्न देश अमेरिका में भी हर साल खेती छोड़ने वाले किसानों की संख्या लगातार बढ़ रही है। ऐसे में विकसित देशों के किसानों की दशा का अंदाज सहज रूप से लगाया जा सकता है। पचास साल पहले यानि आज की तथाकथित औद्योगिक क्रांति से पहले किसी भी देश की जीडीपी में एक चौथाई तक भागीदारी खेती की होती थी लेकिन वह धीरे-धीरे लगभग नगण्य होती जा रही है। किसान पिस रहा है। खेती घाटे का सौदा साबित हो रही है। ऊपर से मल्टीनेशनल कंपनियां जीएम और हाईब्रिड सीड लेकर विकासशील देशों की खेती पर नजर गड़ाए हैं। परिणामतया किसान आत्महत्या को मजबूर हो रहे हैं या फिर उसकी चपेट में हैं। वहां के किसान संगठन आशांकित हैं कि समय रहते किसानों को पाक सरकार ने बचाने की रणनीति नहीं बनाई तो किसान तो मरेगा ही देश में भुखमरी की हालत पैदा हो जाएगी। दिसंबर के आखिरी सप्ताह में भारत के दौरे पर आए किसानों के एक सात सदस्यीय प्रतिनिधि मंडल से पाकिस्तान की कृषि की हालत जान कर यही लगता है।

पाक प्रतिनिधिमंडल ने जो खुलासा किया वह बेहद चौंकाने वाला था। पाकिस्तान में आज भी 67 फीसद आबादी देहात में रहती है जो खेती करती है या फिर खेती पर निर्भर है। पाक में 88 फीसद स्मॉल फार्मर हैं और इनके पास मात्र 48 फीसदी जमीन है। बाकी 12 फीसदी किसानों या कहें धनकुबेरों के पास 52 फीसदी जमीन है। और ये वही धनकुबेर हैं जो देश की सत्ता चलाते हैं। यानि यही तथाकथित किसान और रजवाड़े कृषि नीति बनाते हैं। या यूं कहें कि इनकी वजह से ही आज तक किसानों के हितों के लिए कोई नीति ही नहीं बनाई गई। कोढ़

में खाज सुहागा यह कि गत वर्षों में डब्ल्यूटीओ के दबाव में पाक सरकार ने मझोले किसानों को बिजली, खाद, पानी आदि पर दी जाने वाली सब्सिडी भी खत्म कर दी। नतीजतन छोटे किसानों की कृषि में उपज लागत और बढ़ गई और यह उसी अमेरिका के कहने पर किया गया जो अपने किसानों को खुल कर सब्सिडी दे रहा है।

खेती-किसानी की अनदेखी का ही नतीजा है कि सन 1995-98 तक बजट का 25 फीसदी हिस्सा खेती के लिए दिया जाता था। जो अब घट कर मात्र 1.5 फीसदी ही रह गया है। सुन कर हैरानी होती है कि सन 2000 तक पाक की जीडीपी में खेती का योगदान 23 फीसदी था जो अब घट कर मात्र 3 फीसदी तक सिमट गया है।

प्रतिनिधि मंडल ने इस बात का भी खुलासा किया कि वर्तमान हालात में किसानों को फसलों के दाम मिल नहीं रहे हैं। पानी की लगातार कमी होती जा रही है। हरित क्रांति के बाद बेतरतीब खेती करने से, कैमिकल और कीटनाशकों के अंधाधुंध प्रयोग से जमीन की उत्पादकता खत्म हो गई है और इसी वजह से पैदावार कम हो गई है। जमीन में जलस्तर जो एक दशक पहले तक 35 फीट हुआ करता था अब 60 से 70 फीट तक जा पहुंचा है।

यह दुर्भाग्य ही कहा जाएगा कि आजादी के बाद से दो बार जमीन सुधार किया गया। पहली बार अय्यूब खां के दौर में और दूसरा जुल्फिकार अली भुट्टो के दौर में, लेकिन उसका पाकिस्तान के अवाम पर व्यापक असर दिखाई नहीं दिया। हालात ये रहे कि इतना सब होने के बाद भी मात्र 12 फीसदी कृषि भूमि की ही चकबंदी हुई और बाकी जागीरदारों व रसूखदारों के कब्जे में ही रही। इन्हीं भूमाफियाओं की वजह से पाकिस्तान में आजादी के बाद से असली किसान को हक नहीं मिल पाया और न ही वह इन सियासतदारों के सामने अपनी जबान ही खोल पाए क्योंकि लोकतांत्रिक सरकार का कभी पाक में वजूद ही नहीं रहा और मिलिट्री हुकूमत से टक्कर लेने की हैसियत में किसान कभी रहा नहीं। कभी उनको संगठित भी नहीं होने दिया गया।

खेती का एक स्याह चेहरा डब्ल्यूटीओ पर दस्तखत करने के बाद से भी उभर रहा है जिसने किसानों को बेचैन कर रखा है और इसीलिए वह बाहर निकल किसानों के संगठनों में शामिल होने की छटपटाहट में भी है। किसानों ने खुलासा किया कि मल्टीनेशनल को छूट दी जा रही है और हाईब्रिड सीड व जीएम सीड के नाम पर किसानों को महंगे दामों पर बीज बेचने का हर संभव प्रयास किया जा रहा है। मगर किसानों का तजुर्बा यह रहा है कि ऐसे बीजों की पैदावार आम बीज के मुकाबले कम है जबकि महंगे बीज के साथ ही उन पर ज्यादा मेहनत करने के साथ

ज्यादा खाद पानी और स्प्रे का बोझ बढ़ गया है। मुकामी (परंपरागत) बीजों को आहिस्ता-आहिस्ता गायब किया जा रहा है और पिछले चार सालों से यह सिलसिला चल रहा है। यह दुर्भाग्य ही कहा जाएगा कि बीटी काटन की खेती को सरकार ने अभी मंजूरी नहीं दी है लेकिन चोरी-छिपे इसकी खेती बड़ी मात्रा में की जा रही है और उम्मीद है कि सरकार शीघ्र ही इस कंपनी को यहां इजाजत देने जा रही है। जबकि बीटी कॉटन की खेती के दुष्परिणाम भारत समेत अन्य देश भी बेहतर देख चुके हैं। पहले बीटी काटन के बारे में स्टडी प्रकाशित की गई कि 28 किग्रा प्रति एकड़ में कीटनाशक का छिड़काव किया जाता था लेकिन बीटी के बीज से यह मात्र पहले साल में 14 किग्रा प्रति एकड़ हो गया और दूसरे साल 7 किग्रा रह गया लेकिन तीसरे साल में यह फिर से 28 किग्रा प्रति एकड़ जा पहुंचा। चीन की रिपोर्ट ही इस बात का खुलासा करती है कि वहां इस बीज से खेती को नुकसान हुआ। किसान संगठनों की चिंता है कि 1960 में बीटी कॉटन के बीज में 5-7 कीड़े थे और अब दो दर्जन से अधिक हो गए हैं। पाकिस्तान कॉटन का चौथा बड़ा एक्सपोर्टर देश है जहां पर मल्टीनेशनल्स की नजर लगी हुई है। गत वर्ष पाक ने एक बिलियन डॉलर की कॉटन का एक्सपोर्ट किया। चूंकि खेती लायक सिंध में सबसे बेहतर जमीन है इसलिए वहां पर 60 से 70 फीसदी कॉटन की खेती बीटी के बीज से चोर दरवाजे से की जा रही है। किसानों को फायदे गिना बरगलाया जा रहा है। अब तो यह भी स्पष्ट हो चुका है कि बीज पर जिसका अधिकार होगा फूड चेन पर भी उसी कंपनी का अधिकार होगा, इसीलिए ऐनकेन प्रकारेण तमाम मल्टीनेशनल्स कंपनियों की निगाहें तीसरी दुनिया के देशों की खेती पर टिकी हुई हैं। जबकि शक्ति संपन्न अमेरिका की बात करें तो वहां 2002 में 9 लाख किसान थे और दो साल में ही दो लाख किसान खेती से बाहर हो गए। आंकड़े बता रहे हैं कि यूरोप में हर मिनट एक किसान खेती छोड़ रहा है। यह खतरनाक खेल मल्टीनेशनल कंपनियां ही खेल रही हैं। खेती को घाटे का सौदा बताकर उस पर एकाधिकार पाने की जद्दोजहद में ये कंपनियां लगी हैं और विकासशील देशों की सरकारें इनके सामने घुटने टेकने को मजबूर हो रही हैं। जाहिर है कि ऐसे में दुनियाभर के किसानों व किसान संगठनों को इस मुसीबत का सामना करने के लिए न्यूनतम साझा कार्यक्रम के तहत रणनीति बनानी ही होगी, वरना न खेत बचेंगे, न खेती और न ही किसान।

(लेखक 'हिंदुस्तान' दिल्ली में वरिष्ठ पत्रकार और सामाजिक कार्यकर्ता हैं।)

खेती पिछड़ी तो होंगे सोमालिया जैसे हालात

–प्रो. टी हक से अनिल चौधरी की बातचीत

जनवरी 1965 से अस्तित्व में आए कृषि और मूल्य आयोग (सीएसीपी) का सीधा मतलब किसानों के हितों का ध्यान रखते हुए इससे जुड़े उद्योगों व आमजन की जरूरतों से तालमेल बैठाना था। दुर्भाग्य ही रहा कि आयोग केवल केंद्र सरकार, राजशाही और नौकरशाही के बीच उलझ कर रह गया। या यूं कहें कि उनके हाथों की कठपुतली साबित हुआ। कहने भर को देश के सक्षम किसान संगठन के किसान प्रतिनिधियों का प्रतिनिधित्व भी इसमें रखा गया लेकिन हकीकत के धरातल पर संघर्ष कर रहे किसानों को कभी भी प्रतिनिधित्व नहीं मिला, ऐसा आरोप हमेशा आयोग पर लगता भी रहा है। प्रो. टी हक आयोग के चेयरमैन बने और उन्होंने अंतिम वर्ष की पारी में फसलों के मूल्यों का निर्धारण करने की सिफारिश केंद्र सरकार को भेजी तो सरकार के तोते उड़ गए। पहली बार हुआ जब सरकार ने आयोग की सिफारिशों को ठंडे बस्ते में डाल दिया। हालांकि ऐसी सिफारिशों का नतीजा यह रहा कि किसानों को फसलों का कुछ बढ़ा हुआ मूल्य अवश्य मिला। हाल ही में सेवानिवृत्त हुए सीएसीपी के चेयरमैन प्रो. हक ने भी स्वीकारा कि दिल्ली में बैठ कर फैसला करने वाली सरकारों ने किसान का कभी भला नहीं किया। यहां भी उद्योपतियों की ही सुनी जाती है और उन्हीं के दबाव में नीतियां बनती हैं। खेती का ककहरा न जानने वाले ही नीतियां बनाते और बिगाड़ते हैं। आज भी वही हो रहा है। मल्टीनेशनल कंपनियों को बुलावा देकर कांट्रेक्ट फार्मिंग के जरिए उन्हें लूट की खुली छूट देने से देश का रहा-सहा खाने-पीने का गणित भी बिगड़ जाएगा। खेती की बदौलत ही मंदी की मार का असर उग्र रूप धारण नहीं कर पाया है वरना यहां भी सोमालिया जैसे हालात होते।

पेश है इन्हीं मुद्दों पर वरिष्ठ पत्रकार अनिल चौथरी से हुई बातचीत के प्रमुख अंश :

अनिल : सालभर से खाद्यान्न के दाम समूची दुनिया में असाधारण रूप से बढ़े हुए हैं। ऐसा क्यों हैं और इसका लाभ किसको मिल रहा है?

टी हक : सीजन 2007-08 तथा 2008-09 की खरीफ फसल को छोड़ दें तो 2005-06 में गेहूं की फसल में अप्रत्याशित रूप से कमी हुई। इसके दृष्टिगत केंद्र सरकार ने गेहूं आयात किया हालांकि इसकी जरूरत नहीं थी। इसकी भनक लगते ही बिचौलियों ने भी गेहूं का स्टाक कर लिया और देखते-देखते गेहूं की कीमत बढ़ती गई। हालांकि सीजन 2007 के मध्य तक विश्व स्तर पर भी खाद्यान्न का संकट आ खड़ा हुआ, इसकी वजह से भी दामों में वृद्धि हुई। आपूर्ति और मांग में अंतर आने के कारण या अंतर पैदा किए जाने के कारण ये हालात पैदा हुए। सप्लाई सिस्टम भी कमजोर था। नौवी पंचवर्षीय योजना में खाद्य सुरक्षा आयोग का गठन किया गया और उसमें 20 मिलियन टन का लक्ष्य रखा गया जिसमें 10 मिलियन टन चावल, 8 मिलियन टन गेहूं और 2 मिलियन टन दालें शामिल थीं, लेकिन उस ओर ध्यान नहीं दिया। यह विडंबना है कि केंद्र सरकार ऐसे मिशन के लिए या योजनाओं के लिए जो धन मुहैया कराती है उसका एक तिहाई हिस्सा भी खर्च नहीं नहीं किया जाता। यह प्रक्रिया बेहद पेचीदा होती है और कठिन भी। गेहूं क्षेत्र को ले लीजिए, इसमें तमाम तकनीकी खामियां हैं। लैब भले ही क्षमतावान हैं लेकिन उसका फायदा निचले स्तर तक नहीं पहुंच पाता। इन्हीं खामियों का फायदा ट्रेडर्स या कहें बिचौलिए उठाते हैं और कहीं न कहीं नेताओं का भी संरक्षण उन्हें होता ही है।

इस बार गेहूं और चावल में किसानों को फायदा हुआ। देखिए 2011 के प्लान के तहत 240 मिलियन टन की डिमांड आंकी गई और 2008-09 में ही 231 मिलियन टन खाद्यान्न का उत्पादन हो गया, इसके बाद भी दाम कम नहीं हुए जबकि होने चाहिए थे। इसके पीछे यह भी तर्क गढ़ा गया कि मूल्य बढ़ने से ट्रांसपोर्टेशन और लेबर भी मंहगी हुई जिससे महंगाई बढ़ना स्वाभाविक थी। हालांकि इस बम्पर उत्पादन से यह फायदा हुआ कि मूल्य वृद्धि की रफ्तार बेहद धीमी हो गई।

अनिल : खाद्यान्न के दाम और उसका व्यापार जब बहुराष्ट्रीय कंपनियों के हवाले होते जा रहे हैं, ऐसे में किसी सरकारी आयोग द्वारा अनाज के दाम तय करने का कितना अर्थ रह जाता है?

टी हक : खाद्य पदार्थों के दाम यदि सरकार न तय करे तो बाजार पूरी तरह से

निरंकुश हो जाएगा इसलिए एमएसपी (न्यूनतम समर्थन मूल्य) का अपना विशेष महत्व है। शुरुआत में मोन्सेंटो के बीटी कॉटन क्षेत्र में आने से अफरा-तफरी मची। उसका विरोध भी हुआ। उस खेती के अपने गुण-दोष रहे लेकिन जब सरकार ने अंकुश लगाया तो उसी बीटी कॉटन के बीज (700 रुपए में 250 ग्राम का पैकेट) से पंजाब में खेती को बल मिला। थोड़ी चालाकी कम दाम देने की ट्रेडर्स ने जरूर दिखाई जिससे कुछ नुकसान किसानों को उठाना पड़ा। इसके लिए किसानों को जागरूक करने की जरूरत है।

अनिल : **प्रतिवर्ष कृषि उत्पादों के मूल्य निर्धारण के समय किसानों व उपभोक्ताओं का किस प्रकार ध्यान रखा जाता है। उसका फार्मूला क्या है औरं इन दोनों में संतुलन कायम कैसे किया जाता है?**

टी हक : कृषि उत्पादों का मूल्य निर्धारण करते समय हर क्षेत्र का ध्यान रखना आवश्यक होता है। सबसे पहले उत्पादक का ध्यान रखा जाता है फिर उपभोक्ता का। मूल्य अधिक होंगे तो उपभोक्ता पर मार पड़ने की संभावना अधिक होती है। ऐसा न होने से लेबर कॉस्ट भी बढ़ेगी और वह अधिक वेतन की मांग भी करेगा। इस बार गेहूं का मूल्य बढ़ने से यह समस्या सामने आई। यह भी देखना होता है कि मूल्य वृद्धि का प्रभाव औद्योगिक क्षेत्र को किस तरह प्रभावित करेगा। अधिक मूल्य वृद्धि से उद्योग चौपट होगा तो दूसरी तरह की दिक्कतें पैदा होने की संभावना प्रबल हो जाती है। यह भी ध्यान में रखना होता है कि जिन फसलों (मुख्यतः गेहूं, धान, दाल आदि) को सरकार खरीदती है उनका दाम ज्यादा न बढ़े क्योंकि इससे सब्सिडी भी बढ़ानी पड़ती है, इसलिए आपूर्ति और मांग में बैलेंस लाने का काम भी निपुणता से किया जाता है।

अनिल : **कृषि उत्पाद के मूल्यों का राष्ट्रीय और अंतर्राष्ट्रीय अर्थशास्त्र क्या है और उसकी राजनीति क्या है?**

टी हक : अंतर्राष्ट्रीय स्तर पर कृषि उत्पादों का मूल्य बाजार केंद्रित होता है क्योंकि भारत, चीन व थाईलैंड (अधिकांश हिस्से) को छोड़ सरकार की ओर से कोई प्रोटक्शन नहीं दिया जाता। अमेरिका में बाजार भाव को स्थिर बनाए रखने के लिए सरकार किसानों को दिशा-निर्देश जारी करती रहती है। खेती में अंतर्राष्ट्रीय ट्रेड को देख कर ही वह किसानों को गाइड करती है। सन 2011 की पॉलिसी को ध्यान में रखते हुए ही अमेरिका ने कॉर्न का

बायोफ्यूल में इस्तेमाल करने का मन बनाया। स्वाभाविक है कि इसकी बाजार में कमी होगी तो प्राइज स्वतः ही बढ़ेगा जो हुआ भी, लेकिन इससे अमेरिका को दिक्कत इसलिए नहीं हुई कि उसके पास इसका सरप्लस भंडार और उत्पादन क्षमता थी। बाकी देशों को इसका खामियाजा उठाना पड़ा। हालात और भी खराब हो सकते थे लेकिन गनीमत है तेल के दाम अंतर्राष्ट्रीय स्तर पर कम हुए, तब जाकर गंभीर होती समस्या थोड़ी कम हुई। मैं समझता हूँ कि कृषि उत्पादन पर कोई समझौता नहीं होना चाहिए। इसके लिए 'खाद्य सुरक्षा मिशन' को सही तरीके से लांच करने की जरूरत है।

मैं समझता हूँ कि समाज के सबसे निचले तबके तक की खाद्य सुरक्षा को ध्यान में रखना आवश्यक होता है वरना उससे खाद्य असुरक्षा बढ़ेगी साथ ही अनेक समस्याएं भी पैदा होंगी। ग्रामीण स्तर पर शिक्षा और जागरूकता का अभाव है। बढ़ती जनसंख्या के साथ लोगों की इनकम और रोजगारों के साधन नहीं बढ़ेंगे तो उनकी खरीद क्षमता खत्म हो जाएगी। इसलिए सभी स्तर पर तालमेल बैठाने की सख्त जरूरत है।

अनिल : अब तक कृषि उद्योग (सीएसीपी) की सिफारिशें केंद्र सरकार मानती रही है लेकिन पिछले वर्ष सरकार ने इसे पहली बार खारिज किया। इसके मूल में क्या वजह थी?

टी हक : सन 2007-08 में 2008-09 के खरीफ सीजन में रेट की घोषणा लेट की गई। सरकार इस बात से डर रही थी कि फसलों का मूल्य बढ़ा दिया गया तो अधिक सब्सिडी का बोझ बढ़ जाएगा। गेहूं का मूल्य तो 850 से बढ़ा कर 1000 रुपए प्रति कुंतल किया लेकिन धान का एमएसपी जो 1000 प्रस्तावित था 750 से केवल 850 रुपए प्रति कुंतल किया गया। गन्ने का और बुरा हाल हुआ और उसमें कोई वृद्धि नहीं हुई। जबकि मेरा मानना है कि आप प्राइस इंसेटिव दोगे तो किसान खेती को बढ़ाएगा और इसमें इंफ्लेशन (मुद्रास्फीति) अपने आप स्थिर रहेगा। इस बार भी गन्ने का एमएसपी 155 रुपए प्रति कुंतल था लेकिन सरकार ने नहीं माना। इन्हीं सब वजहों के चलते अप्रत्याशित रूप से गन्ने का रकबा घटा है। इसकी एक वजह यह भी है कि किसान को गेहूं और धान में अब औसत दिखाई देने लगा है।

अनिल : खेती खास कर कांट्रेक्ट फार्मिंग मामले में बहुराष्ट्रीय कंपनियां आयोग

की सिफारिशों से संचालित नहीं हो रहीं, वे पूरी तरह निरंकुश जैसा व्यवहार करती हैं या कर रही हैं। इससे किसान पिस रहा है। यह बात कहां तक तर्कसंगत है?

टी हक : कांट्रेक्ट फार्मिंग का कांसेप्ट फायदेमंद साबित हो सकता था यदि उसे सही नीयत के साथ लागू किया जाता। न तो सरकार कोई मैकेनिज्म डेवलप कर पाई और न ही कानूनी प्रक्रिया। कांट्रेक्ट फार्मिंग जो भी बहुराष्ट्रीय या राष्ट्रीय कंपनियां कर रही हैं वे पूरी तरह निरंकुश हैं। किसानों का उनके हाथों की कठपुतली बनना नियति बन रहा है।

हमने एक 'मॉडल-एम' बनाया था लेकिन सरकार ने उसे ठंडे बस्ते के हवाले कर दिया। उसमें हमने स्पष्ट किया था कि कांट्रेक्ट फार्मिंग का फार्मूला त्रिस्तरीय हो जिसमें सरकार, कंपनी, किसानों का ग्रुप—इन तीनों को शामिल किया जाए। किसानों का ग्रुप चाहे वह सोसायटी के रूप में हो, सामुदायिक हो या विलेज स्तर पर, उनको मान्यता के तौर पर इसमें शामिल किया जाए। फिर कंपनी बीच में समझौता तोड़ती है या उसके दुष्परिणाम खेती पर दिखाई देते हैं तो वह घाटा सरकार वहन करे। साथ ही कंपनी कांट्रेक्ट तोड़ती है तो उस पर पैनल एक्शन हो। लेकिन सरकार में भी किसानों की तरफदारी करने वाले बचे ही कहां हैं। जो बचे हैं उनमें भी अधिकांश खुद के हित को सर्वोपरि रखते हैं जो बेहद दुर्भाग्यपूर्ण है।

अनिल : हरित क्रांति अब उन्हीं इलाकों में किसानों के लिए अभिशाप बन रही है। खेत बंजर हो रहे हैं और नीचे का पानी जहरीला, ऐसे में कांटेक्ट फार्मिंग के नाम पर किसानों को बरगलाना बेहद आसान है। आखिर चूक कहां हुई और क्या हैं ठोस उपाय?

टी हक : हरित क्रांति उस समय बेहद जरूरी थी क्योंकि आमजन की भूख शांत करने के लिए उपज बढ़ाना आवश्यक था। लालच के चक्कर में हम खेतों के अंधाधुंध दोहन में लग गए। पहली बात किसान शिक्षित और जागरूक नहीं था, इसलिए दुष्परिणाम को जान नहीं पाया। दूसरे कृषि विश्वविद्यालय और कृषि विभाग किसानों को इस फार्मूले को समझाने में नाकाम रहे या कहें कि नाकारापन के चलते उन्होंने किसान को उसके हाल पर छोड़ दिया। चूंकि खेती की उत्पादकता बढ़ने से जीडीपी सुधरी और खाद्यान्न में आत्मनिर्भरता की स्थिति दिखी तो सरकार भी किसानों की ओर से आंखे मूंदे बैठी रही।

इसमें अधिक दोषी सरकार की फर्टिलाइजर सब्सिडी रही। खेतों में बैलेंस खादों का प्रयोग होना चाहिए था लेकिन यूरिया की प्रचुरता और किसानों की नासमझी से खेत बंजर होते गए। यह प्रक्रिया अभी भी सुधरी नहीं है, खेत तो बंजर हुए, पानी के अंधाधुंध दोहन से जलस्तर गिरा और पानी विषैला हो गया। जिन इलाकों में जो फसल नहीं उगानी चाहिए थी या फर्टिलाइजर का इस्तेमाल नहीं किया जाना चाहिए था, जम कर हुआ। परिणाम हमारे सामने है। हालांकि किसान जागरूक हो रहा है लेकिन ठोकर खाने के बाद। जो सरकार या उसकी एजेंसियों को करना चाहिए था, सिरे से गायब रहा। पंजाब में जब पानी सिर से गुजर गया तब सरकार ने पंजाब में 10 जून से पहले धान की फसल बोने पर प्रतिबंध लगाया, क्योंकि पहले धान की फसल लेने से खेतों की उर्वरा शक्ति कम हुई वहीं पानी के अंधाधुंध दोहन से जलस्तर रसातल में चला गया। अब हालात सुधर रहे हैं। जरूरत है फर्टिलाइजर और आर्गेनिक के तालमेल की। इसके लिए नीतियां बनाने से नहीं बल्कि किसानों को बताने से ही काम चलेगा। मैं इस बात का प्रबल समर्थक हूँ कि खेती किसानी में इंटीग्रेटेड न्यूट्रीएंट मैनेजमेंट (समेकित पोषकता प्रबंधन) की सख्त जरूरत है।

अनिल : **किसी भी प्रकार की आपदा के बाद किसानों को राहत देने के नाम पर चंद रुपयों का चेक पकड़ना क्या समस्या का समाधान हो सकता है? जब किसान के इस्तेमाल की हर चीज के मूल्यों का निर्धारण निर्माता कंपनियों के हाथ में है तो फिर खेती को भी उद्योग का दर्जा नहीं मिलना चाहिए?**

टी हक : देखिए खेती में इंस्टीट्यूशनल रिफार्म की जरूरत है और किसानों की इन इंस्टीट्यूट्स में हिस्सेदारी सुनिश्चित हो तभी खेत, किसान और सरकार तीनों का भला हो सकता है। समूचे फार्मिंग नियम कंट्रोल करने और रिस्क कम करने की जरूरत है। आपदा आने पर ही उससे निपटने की योजना बनती है जबकि मालूम है कि वह हर साल आती है। इसके मूल कारण को ही नष्ट करने की जरूरत है, आखिर सरकार नेपाल से दो टूक बात क्यों नहीं करती। सब, एडहॉक बेस पर चल रहा है। क्यों नहीं नदियों को आपस में जोड़ने वाली परियोजनाओं को तत्काल लागू किया जाता। ड्राई लैंड फार्मिंग की बड़ी-बड़ी बातें सरकार करती है लेकिन धरातल पर कुछ भी नहीं है।

एक मामूली वाहन खराब या चोरी होने पर बीमा कंपनियां दरवाजे पर खड़ी रहती हैं तो फिर खेती में बीमा पॉलिसी को क्यों नहीं लागू किया जाता। ग्रामीण गोदाम की बात की गई लेकिन उसका फायदा पूंजीपति गोदाम मालिकों की झोली में ही गया, इसके लिए किसानों के अपने गोदामों की भी व्यवस्था होनी चाहिए ताकि बात-बात पर बिचौलियों की धींगामुश्ती से मंडियों में उछलते दामों को काबू में किया जा सके। और यह सब हो सकता है यदि सरकार की नीयत किसानों को कुछ देने की हो। जब तक वोट से तौल कर हिस्सेदारी तय होती रहेगी, तब तक किसान ऐसे ही पिसेगा।

कटोरे के पेंदे में भात
गोद में लेकर बैठा बाप
फर्श पर रख कर अपना पुत्र
खा रहा है उसको चुपचाप।

मैं बैठक में लौटा दो रोटी लाया था,
भीतर बुला कर परस दिया
उसने उठाया वह परोसा और रख लिया बूढ़े बाप के लिए
और वह चला गया आदर से झुक प्रणाम करके जो हाल में सीखा था
जाते वक्त हमको धकेल कर छोड़ गया जहां हम पहले थे।

–रघुवीर सहाय

क्या वैकल्पिक कृषि क्रांतिकारी है?

–राजेंद्र चौधरी

मेरे दरवाजे के नीचे एक पर्चा पड़ा था। जैविक दूध व गेहूं 32 रुपये किलो। इसको पढ़ कर तो यही लगता है कि जैविक कृषि की उत्पादकता इतनी कम है कि इससे सबका पेट नहीं भरा जा सकता और ये चोंचले भरे पेट वाले व्यक्तियों या देशों को ही सुहाते हैं। क्या यह निष्कर्ष सही है या इसके विपरीत जैविक खेती कृषि के वैकल्पिक रूप में व्यापक जनता के हित में है? इस लेख में, उपलब्ध आंकड़ों के आधार पर उपरोक्त प्रश्न का उत्तर ढूंढने का प्रयास किया गया है। इससे जुड़ा हुआ एक छोटा प्रश्न यह है कि क्या एक छोटे किसान के लिए जो प्रमाणित रूप से जैविक खेती के अपने उत्पाद को ऊंचे दामों पर नहीं बेच सकता, वैकल्पिक कृषि अपनाना उचित होगा या नहीं?

इस लेख के प्रथम भाग में 2007-08 के आर्थिक सर्वेक्षण के संदर्भ में विमर्श के बिंदुओं को रेखांकित किया गया है। कुछ चर्चा पारिभाषिक मुद्दों पर भी है। दूसरे भाग में उपलब्ध शोध की समीक्षा के आधार पर इस प्रश्न पर विचार किया गया है कि क्या वैकल्पिक खेती दुनिया और भारत का पेट भर सकती है? तीसरे भाग में वैकल्पिक कृषि के अन्य लाभों की समीक्षा की गई है। चौथे भाग का शीर्षक है अगर वैकल्पिक कृषि इतनी लाभकारी है तो इसका फैलाव क्यों नहीं हुआ। पांचवें भाग में वैकल्पिक कृषि के प्रति भारत में सरकारी नीति की समीक्षा की गई है। अंतिम भाग में सारांश एवं निहितार्थ हैं।

विमर्श के पहलू

आर्थिक सर्वेक्षण 2007-2008 में कृषि संकट को रेखांकित किया गया है। इसके अनुसार कुल राष्ट्रीय उत्पाद में कृषि का हिस्सा लगातार घटा है और यह 36.4 प्रतिशत (1982-83) से घट कर 18.5 (2006-07) रह गया है। इसके बावजूद कृषि

आधे अरब से ज्यादा लोगों का सहारा है, यह कार्यबल (वर्क फोर्स) के 52 प्रतिशत लोगों को काम देती है... इस दौरान 1990-2007 में खाद्यान्नों एवं दालों की प्रति व्यक्ति उपलब्धता में कमी आई। खाद्यान्नों की प्रति व्यक्ति उपलब्धता 1990-91 के अधिकतम 468 ग्राम प्रतिदिन से 13 प्रतिशत घट कर 2006-07 में 412 ग्राम रह गई थी। दालों का उपभोग इस दौरान 42 ग्राम से घट कर 33 ग्राम रह गया था। यह (1995-96) में 72 ग्राम था। (भारत सरकार (जीओआई 2008 पृ. 155)

इस आलेख में प्रयोग किए गए सभी उदाहरण अंग्रेजी में हैं जिनका अनुवाद इस लेखक ने किया है।)

इस संकट से उबरने के लिए सर्वेक्षण में राष्ट्रीय किसान नीति 2007 के दर्जन भर पक्षों की चिंता है परंतु इनमें जैविक या वैकल्पिक कृषि शामिल नहीं है। सरकारी नीति या तो पुरानी वचनबद्धता दोहराने और बेहतर क्रियान्वयन के वायदे की है या बाजार समर्थक परिवर्तन लाने की है। हैरानी की बात यह है कि वैकल्पिक आर्थिक सर्वेक्षण से भी यह लगभग गायब है जबकि आमतौर पर इसमें कृषि पर विस्तृत चर्चा होती है। सरकारी आर्थिक नीति की विरोधी राजनैतिक पार्टियों या किसान संगठनों के दस्तावेजों में भी यह बात लगभग गायब ही है। सीपीआईएम की 19वीं कांफ्रेंस में पारित राजनैतिक प्रस्ताव में कृषि संकट पर विस्तृत चर्चा के बावजूद वैकल्पिक कृषि का जिक्र नहीं है। (सीपीआईएम 2009), एआईकेएस और एआईडब्लूू 2007 में भी 1-2 वाक्य ही हैं।)

दूसरे छोर पर हम देखेंगे कि ऐसे लोग हैं जो जैविक कृषि के जबर्दस्त समर्थक हैं। इस विवाद के बिंदुओं को हम लेख के इस भाग में रेखांकित करेंगे परंतु उससे पहले वैकल्पिक खेती की परिभाषा इत्यादि के बारे में चर्चा करना उचित होगा।

"जैविक खेती एक तरह की नहीं है। इसमें स्वास्थ्य और पर्यावरण के मूल्यों से प्रभावित स्वयं के उपयोग हेतु उत्पादन करने वालों से लेकर मुनाफे के चलते परिवर्तन करने वाले शामिल हैं।" (सीआलाब्बा, 2007) आज कई किस्म की वैकल्पिक खेती की जा रही है। कहीं जैविक कृषि है तो कहीं प्राकृतिक, पर्यावरणीय, बायोडाइनेमिक कृषि या लीसा (कम बाह्य संसाधन पर आधारित टिकाऊ–लीसा शब्द अंग्रेजी में इस वाक्यांश के प्रथम वर्णों से मिल कर बना संक्षेप है) खेती। इन सबके बीच महत्वपूर्ण फर्क है। प्रमाणित जैविक खेती में तो बहुत ही विशिष्ट प्रक्रियाएं अपनानी पड़ती हैं। परंतु इन सबमें एक समानता है। ये सबके सब रासायनिक खाद एवं कीटनाशक आधारित कृषि, जो कम-से-कम हरित क्रांति के क्षेत्रों में सर्वव्यापी पद्धति बन गई है, से दूर हटने के प्रयास हैं। वैकल्पिक कृषि साहित्य में वर्तमान पद्धति को अभिसामयिक (कनवेंशनल) कृषि कहते हैं। इसको

हम यहां प्रचलित कृषि कहेंगे। आधुनिक विज्ञान आधारित और रासायनिक खाद एवं कीटनाशकों का प्रयोग करने वाली प्रचलित कृषि, इससे पहले पाई जाने वाली परंपरागत कृषि से भिन्न है। प्रचलित खेती से कृषि के विभिन्न प्रयोगों की इस बुनियादी भिन्नता के चलते हम इन सब प्रयोगों को एक ही श्रेणी के वैकल्पिक कृषि में रख रहे हैं और इन सब शब्दों का आम तौर पर समानार्थक रूप में प्रयोग करेंगे।

कई बार जैविक या वैकल्पिक कृषि को परंपरागत कृषि भी कहा जाता है।[1] यह सही नहीं है। वैकल्पिक कृषि आधुनिक विज्ञान एवं परंपरागत ज्ञान, दोनों का प्रयोग करती है। इसलिए इसे नव परंपरागत कहना उपयुक्त होगा। वैकल्पिक कृषि की ये धाराएं आजकल पनप रही उस धारा से बहुत भिन्न हैं जो कृषि में कंपनीकरण और केंद्रीयकरण पर आधारित अथवा जो जीएम बीजों का एवं ऐसी अन्य तकनीकों का प्रयोग करती हैं। जो प्रचलित कृषि का विकल्प न होकर उसको और बढ़ावा देते हैं। इसलिए इस लेख में वैकल्पिक कृषि के अंतर्गत जीएम बीज इत्यादि जैसे विकल्प शामिल नहीं हैं।

आईसीएआर के (भारतीय कृषि शोध संस्थान) मुख्य निर्देशक मंगला राम ने तिरुपति विश्वविद्यालय में जैविक कृषि : संभावना एवं रणनीतियों पर दिए अपने सहस्राब्दी व्याख्यान में निम्नलिखित मुद्दों को विवादित प्रश्नों की श्रेणी में रखा :

1. क्या जैविक कृषि सबके लिए आवश्यक भोजन का उत्पादन कर सकती है?
2. क्या पौधों की पोषण संबंधी सभी जरूरतें जैविक स्रोतों से पूरी हो सकती हैं?
3. क्या जैविक कृषि महत्वपूर्ण पर्यावरणीय लाभ हैं?
4. क्या जैविक भोजन बेहतर गुणवत्ता का होता है?
5. क्या आर्थिक दृष्टि से जैविक कृषि संभव है?
6. क्या कीटों और बीमारियों का जैविक प्रबंधन संभव है?

अपने व्याख्यान में इन प्रश्नों को सूचीबद्ध करने और जैविक कृषि के फायदों को रेखांकित करने के बाद अपने व्याख्यान का समापन वह यह कहते हुए करते हैं, "कि किसी भी हालत में जैविक कृषि की हमारी वास्तविक जरूरत के बावजूद खाद्य आत्मनिर्भरता एवं खाद्य सुरक्षा पर आंच नहीं आनी चाहिए।" इस चेतावनी में सबके लिए भोजन उपलब्ध करा सकने की क्षमता पर प्रश्नचिह्न स्पष्ट है। हरित क्रांति के पुरोधा नारमन बॉरलॉट इस बात को एक साक्षात्कार (बेली 2002) में इन शब्दों में कहते हैं :

"इस पर कोई बहस नहीं हो सकती। अगर आप हर तरह के जैविक पदार्थों, पशु, खाद, मानव मल, वनस्पति जगत के अवशिष्ट का प्रयोग कर पाए, उन्हें वापिस मिट्टी में पहुंचा दें तो भी आप 4 अरब से ज्यादा लोगों का पेट नहीं भर

सकते...अगर लोग यह मानना चाहते हैं कि जैविक भोजन में बेहतर पोषक तत्व हैं तो उन्हें यह बेवकूफी करने का हक है...यह जनतंत्र है। परंतु यह मत कहिए कि बगैर रासायनिक खादों के हम वर्तमान आबादी का पेट भर सकते हैं। यह मिथ्या प्रचार घातक है।"

बॉरलॉग के अनुसार जैविक खेती एक ऐसा वैज्ञानिक प्रयोग नहीं है जिसकी समीक्षा की जरूरत हो, अपितु यह घातक मिथ्या प्रचार है। भारत के भी कई कृषि वैज्ञानिक इसी विचार के हैं। कृषि विज्ञान की राष्ट्रीय अकादमी के 2005 के नीतिगत दस्तावेज 'जैविक कृषि : भारतीय संदर्भ में तौर तरीके एवं संभावनाएं' के अनुसार, "बगैर रासायनिक खाद के प्रयोग के भारत में वर्तमान उत्पादन स्तर बनाए रखने के लिए आवश्यक कृषि भूमि भारत के कुल क्षेत्रफल से ज्यादा होगी...सर्वोत्तम आशावादी अनुमानों के अनुसार भी भारतीय कृषि के लिए आवश्यक पोषक तत्वों का मात्र 25-30 प्रतिशत ही जैविक स्रोतों से मिल सकता है।" (एनएएएस 2005)

एक ओर वैकल्पिक कृषि के ये आलोचक हैं तो दूसरी ओर ऐसे आलेख भी हैं : "दस कारण जिनके चलते जैविक कृषि दुनिया का पेट भर सकती है" तथा "दस और कारण जिनके चलते जीएम यह नहीं कर पाएगी," (हैमर एवं एनस्लॉ 2008) लेख के अगले भाग में सच्चाई का पता लगाने का प्रयास करेंगे।

खंड 2

क्या वैकल्पिक खेती दुनिया भर का पेट भर सकती है?

यह एक महत्वपूर्ण प्रश्न है क्योंकि अगर वैकल्पिक खेती दुनिया का पेट भर सकती है तो इसमें क्रांतिकारी संभावनाएं हैं। यह हमारे जीवन का ढंग ही बदल सकती है, क्योंकि वैकल्पिक कृषि में श्रम का प्रयोग बढ़ जाता है इसलिए यह ज्यादा रोजगार पैदा कर बेकारी का समाधान कर सकती है, क्योंकि इसमें ज्ञान का नियमित प्रयोग बढ़ जाता है इसलिए खुदकाश्त इसमें बेहतर साबित होती है और बड़े-बड़े कृषि फार्मों के स्थान पर छोटी जोतें बेहतर रहती हैं, क्योंकि इसमें बाह्य संसाधन का प्रयोग कम और स्थानीय संसाधनों का प्रयोग ज्यादा होता है, इसलिए यह विकेंद्रीकृत विकास को बढ़ावा दे सकती है। इन सबके चलते क्षेत्रीय असमानताएं कम हो सकती हैं और शहरों की ओर प्रवास कम हो सकता है। इसके साथ ही तेजी से खत्म होते जा रहे एवं नवीनीकृत न हो सकने वाले तेल की निर्भरता से भी स्वतंत्रता मिल सकती है। स्वास्थ्य और पर्यावरणीय फायदे इनसे अलग हैं। इस सब का कुल प्रभाव पिछली कुछ शताब्दियों में अपनाए गए मानव विकास की दिशा को मोड़ सकता है।

यह एक क्रांतिकारी संभावना है। परंतु इस सब पर एक बड़ा प्रश्नचिह्न है। क्या वैकल्पिक कृषि सबका पेट भर सकती है?

सौभाग्य से इस प्रश्न पर काफी शोध सामग्री उपलब्ध है। उपलब्ध शोध सामग्री सभी प्रश्नों के सटीक उत्तर भले ही न दे पाए परंतु ऐसा भी नहीं है कि वैज्ञानिक आंकड़े उपलब्ध ही न हों। क्षेत्र-विशेष एवं विशेष फसल संबंधी काफी शोध सामग्री के अलावा दो ताजा दस्तावेजों में समग्र सर्वेक्षण समीक्षा भी उपलब्ध है जो बहुत लाभकारी हो सकती है।

रोम में 2007 में जैविक कृषि और खाद्य सुरक्षा पर एक अंतर्राष्ट्रीय सम्मेलन हुआ था। यह सम्मेलन संयुक्त राष्ट्र संघ के खाद्य एवं कृषि संगठन द्वारा अन्य अंतर्राष्ट्रीय संस्थाओं के सहयोग से आयोजित किया गया था। सभी दस्तावेज लंबी संदर्भ सूची के साथ इंटरनेट पर उपलब्ध हैं (http://www.foo.oog.orgaicag) इस सम्मेलन में 80 देशों, 24 शोध संस्थाओं, 31 विश्वविद्यालयों, पांच अंतःसरकारी संस्थाओं से 350 प्रतिभागी शामिल थे (एफएओ 2007)। दूसरा दस्तावेज समूह कृषि विकास के अंतर्राष्ट्रीय फंड द्वारा कराए गए अध्ययन "एशिया में जैविक खेती एवं गरीबी नियंत्रण : चीन एवं भारत" से निकला है (आईएफएडी, 2005)। इस लेख में इन दो दस्तावेज समूह के अलावा भारत संबंधी कई अन्य अध्ययनों का प्रयोग भी किया गया है। हालांकि शोध नतीजों का प्रस्तुत सर्वेक्षण काफी व्यापक है परंतु इसकी एक बड़ी सीमा भी है। दुर्भाग्य से प्रस्तुत सर्वेक्षण अंग्रेजी में उपलब्ध सामग्री पर ही आधारित है। अन्य भारतीय भाषाओं में उपलब्ध सामग्री का अध्ययन नहीं किया गया है। क्योंकि महाराष्ट्र, गुजरात, केरल, कर्नाटक इत्यादि में वैकल्पिक कृषि के क्षेत्र में काफी काम हो रहा है, इसलिए इस सर्वेक्षण का अंग्रेजी भाषा की सामग्री तक सीमित होना एक बड़ी कमी है।

एफएओ, 2007 के अंतर्राष्ट्रीय सम्मेलन की रिपोर्ट के अनुसार "इस बात के मद्देनजर कि 2030 तक कृषि उत्पादकता में 56 प्रतिशत की वृद्धि की जरूरत है, इस सम्मेलन में इस प्रश्न पर विचार किया गया कि क्या जैविक खेती ऐसी वैकल्पिक व्यवस्था हो सकती है..." एक प्रस्तुति तो इस प्रश्न पर ही केंद्रित थी कि "अगर बड़े पैमाने पर विश्व जैविक कृषि अपना ले तो क्या होगा? विश्व बैंक के एक शोध संस्थान द्वारा विकसित मॉडल एवं व्यापक आंकड़ों के आधार पर यह निष्कर्ष निकला कि अगर यूरोप और उत्तरी अमेरिका बड़े पैमाने पर 6.50 प्रतिशत तक जैविक कृषि अपना लें तो भी भोजन की उपलब्धता और कीमतों पर थोड़ा ही प्रभाव पड़ेगा। अफ्रीका के सहारा क्षेत्र में 50 प्रतिशत जैविक कृषि अपनाने पर खाद्यान्न की उपलब्धता बढ़ने और आयात पर निर्भरता घटने की संभावना है। कीमतों पर बहुत

कम प्रभाव पड़ेगा।" इस सम्मेलन में प्रस्तुत एक अन्य शोध, हालवेल 2007 के अनुसार मिशीगन विश्वविद्यालय के वैज्ञानिकों की एक टीम ने इसका अध्ययन किया कि अगर पूरे विश्व के स्तर पर जैविक कृषि अपना ली जाए तो कितने खाद्यान्न का उत्पादन हो पाएगा। उपलब्ध 293 वास्तविक अनुभवों के आंकड़ों के आधार पर पूरी दुनिया की महत्वपूर्ण फसलों की विकसित एवं विकासशील देशों में उत्पादकता का अनुमान लगाया गया है।

हमने 'विकसित' एवं 'विकासशील' दोनों शब्दों को कोष्ठकों में डाला है क्योंकि सामान्य तौर पर इनका प्रयोग क्रमशः इन राष्ट्रों की दशा एवं दिशा का समर्थन दर्शाता है परंतु हम ऐसा नहीं मानते। इन आकलनों के आधार पर दो मॉडल विकसित किए गए। एक में तुलनात्मक रूप से जैविक खेती की उत्पादकता के प्रति अनुदार रुख रखा गया और दूसरे के प्रति उदार रुख रखा गया। पहले अनुमान में जैविक कृषि से प्रतिव्यक्ति प्रतिदिन औसतन 2641 किलो कैलोरी उपलब्ध हो सकती थी जो वर्तमान में उपलब्ध 2788 कैलोरी से थोड़ी सा कम थी, परंतु एक स्वस्थ व्यक्ति की जरूरत 2200-2500 कैलोरी से कहीं अधिक थी। उदार, आशावादी आकलन में उपलब्धता 4381 कैलोरी थी जो वर्तमान उपलब्धता से 75 प्रतिशत अधिक है और जिसके आधार पर भूमि बढ़ाए बगैर वर्तमान से कहीं ज्यादा जनसंख्या का भरण-पोषण हो सकता है, (हालवेल 2007)। तथा अन्य कई अध्ययनों के आधार पर यह निष्कर्ष निकाला गया कि प्रचलित कृषि की तरह ही जैविक कृषि में भी यह क्षमता है कि वह विश्व को अन्न सुरक्षा उपलब्ध करा सके परंतु पर्यावरण को कहीं कम नुकसान पहुंचाए (सीआलाब्बा 2007)। अलग-अलग कृषि जलवायु क्षेत्रों के संदर्भ में उत्पादकता की तुलना के अनेकों अध्ययनों में यह पाया गया कि सभी चारों तरह के कृषि जलवायु क्षेत्रों में अगर परिवर्तन कम रासायनिक प्रयोग की स्थिति से हुआ था तो जैविक कृषि अपनाने पर पहले 2-3 सालों में उत्पादकता में गिरावट आमतौर पर कम ही थी या थी ही नहीं और बदलाव की प्रारंभिक अवस्था के बाद तो जैविक उत्पादकता प्रचलित उत्पादकता से बढ़ भी सकती है। अगर परिवर्तन से पहले रासायनिक खाद इत्यादि का प्रयोग काफी ज्यादा था तो उत्पादकता में गिरावट काफी होती है। बदलाव की प्रारंभिक अवस्था के बाद उत्पादकता पुनः बढ़ जाती है परंतु आम तौर पर प्रचलित कृषि की उत्पादकता से कम ही रह जाती है। (जूंडल एवं किलचर 2007) भारतीय कृषि वैज्ञानिकों के शोध (राम एवं रमेश एवं अन्य 2005) में भी यही स्थिति पाई गई है। रमेश एवं अन्य 2005 के अनुसार जैविक कृषि अपनाने के उत्पादकता पर पड़े प्रभावों को देखा जाए तो पाते हैं कि आमतौर पर–

1. सघन खेती के क्षेत्र में जैविक कृषि अपनाने पर उत्पादकता घट जाती है, गिरावट परिवर्तन से पहले प्रयोग किए जा रहे बाह्य रासायनिक तत्वों की मात्रा पर निर्भर करती है।
2. तथाकथित हरित क्रांति के क्षेत्र सिंचित भूमि में जैविक कृषि में आम तौर पर वही उत्पादकता मिल जाती है।
3. वर्षा आधारित परंपरागत कृषि (जिसमें बाह्य साधनों का सीमित प्रयोग होता हो) में जैविक कृषि अपनाने पर उत्पादकता बढ़ने की संभावना भी है (इसके बावजूद उपरोक्त शोध जैविक कृषि पर प्रश्नचिह्न लगाता है।)

उपरोक्त दोनों दस्तावेजों (एफएफएसी 2007 एवं आईएफएडी 2005) में पूरी दुनिया से कई अध्ययन भी दिए हुए हैं। उदाहरणस्वरूप कुछ की चर्चा हम यहां करेंगे। 1996 में इथोनिया में टिकाऊ भूमि पर एक शोध संस्थान द्वारा प्रयोग शुरू हुआ था। इस प्रयोग के अध्ययन में अपनाई गई कार्य पद्धति एफएओ यूएनओ की मानक पद्धति पर आधारित थी। एडवर्ड्स 2007 में इस शोध के विवरण उपलब्ध हैं; इसमें तीन तरह के किसान शामिल थे—एक जो कोई खाद जैविक या रासायनिक प्रयोग नहीं करते थे (मानक समूह), प्रचलित कृषि व्यवस्था वाले यानी जहां रासायनिक खाद एवं कीटनाशकों के प्रयोग से सघन खेती होती थी एवं कंपोस्ट तथा अन्य परंपरागत खाद एवं पर्यावरणीय दृष्टि से सुरक्षित तौर-तरीके अपनाने वाले किसान। 2001-06 के बीच 14 फसलों के आंकड़े 779 खेतों से एकत्रित किए गए। यह पाया गया कि कंपोस्ट इत्यादि के प्रयोग से सभी फसलों में उत्पादकता ज्यादा थी। उनमें अन्न और भूसा दोनों की ही पैदावार अधिक थी। इस पूरे इलाके में केवल अध्ययन क्षेत्र में ही नहीं 1998 से कंपोस्ट के प्रयोग को बढ़ावा दिया गया था। इसके चलते 1998-2005 के बीच रासायनिक खादों का प्रयोग 137000 टन से घट कर 8200 टन रह गया था परंतु गल्ला उत्पादन 714000 टन से बढ़ कर 13 लाख टन हो गया था (एडवर्डस 2007)।

इसका उदाहरण 22 साल से रोडेले संस्थान में जारी कृषि व्यवस्था प्रयोग का है जो कि अमरीका में प्रचलित एवं जैविक कृषि की तुलना का सबसे लंबा वैज्ञानिक अध्ययन है (आईएनएडी, 2005)। इसमें पाया गया कि मात्र 2 साल के परिवर्तन (और लर्निंग के बाद) बगैर अतिरिक्त विशेष कीमत के भी शुद्ध लाभ एक जैसे थे। (जूडल एवं किलचर 2007) लेडी ईवलिन बारबरा बलफर की "द लिविंग सॉइल" (जीवित मिट्टी) 1943 में इंग्लैंड के एक खेत के जैविक मिश्रित एवं रासायनिक हिस्सों में 32 वर्षों में तुलनात्मक आंकड़े दिए गए थे (बालाचंद्रन 2004)।

भारत एशिया के संदर्भ में (आईएफएडी 2005) में दिए आंकड़े मुख्यतः मई

से जुलाई 2004 के दौरान भारत और चीन में किए गए क्षेत्र-कार्य से प्राप्त हुए थे। फील्डवर्क मुख्यतः छोटे किसानों पर केंद्रित था एवं व्यापक कृषि-जलवायु क्षेत्रों का इसमें प्रतिनिधित्व था। अध्ययन में 14 केस शामिल थे जिनमें से आधे तो पहले से उपलब्ध शोध पर आधारित थे और शेष में प्राथमिक आंकड़े विशेष तौर पर इस अध्ययन के लिए एकत्रित किए गए थे। इसके साथ ही इसमें 100 के लगभग अन्य प्रकाशित शोध आलेखों तथा एफएओ सहित कई अन्य विशेषज्ञों के पास उपलब्ध अप्रकाशित शोध सामग्री का भी प्रयोग किया गया है। इस सारी सामग्री के आधार पर निम्नलिखित निष्कर्ष निकले–

"पहले साल उत्पादन में कमी होती है। तीसरे साल तक उत्पादन आमतौर पर स्थिर हो जाता है। हालांकि कई बार यह स्तर पहले से कम रह जाता है परंतु कई परिष्कृत किसान जैविक तरीके अपना कर उत्पादन पहले से ज्यादा कर लेते हैं। कुल मिला कर ऐसे प्रमाण नहीं मिले हैं कि जैविक तरीके छोटे किसानों के लिए हानिकारक हैं। असल में अधिकांश मामलों में कई फायदे स्पष्टतः उभर कर आए थे जिसके आधार पर यह निष्कर्ष निकालना उचित होगा कि छोटे किसानों के बीच जैविक कृषि को बढ़ावा देना गरीबी नियंत्रण में सहायक होगा और इसकी जरूरत है।"

इसमें दी गई केस स्टडीज में जॉन 2005 भी शामिल है जो महाराष्ट्र के औरंगाबाद जिले के जैविक कृषकों के अध्ययन पर आधारित है। यह ऐसा क्षेत्र था जहां जैविक कृषि अपनाने में किसानों को इस इलाके में 1987 में कार्यरत इंस्टीट्यूट ऑफ इंटिग्रेटेड रूरल डेवलमेंट (आईआईआरडी–समग्र ग्रामीण विकास संस्थान, औरंगाबाद) का सहयोग प्राप्त था। 1992 में 400 किसानों के साथ जैविक कृषि का यह काम प्रारंभ हुआ था और जून, जुलाई 2004 तक यह संख्या 1700 हो गई थी। प्रारंभ में संस्थान का उद्देश्य किसानों की आजीविका सुनिश्चित करना था इसलिए उत्पादन बाजारोन्मुखी न होकर स्व-प्रयोग केंद्रित था। सभी तरह की फसलें जैसे अनाज, दालें, तिलहन, मसाले एवं कपास उगाई जाती है। उत्पादन में कमी आई है परंतु इसकी भरपाई लागत में आई कमी से हो गई है। क्योंकि बाह्य संसाधनों का प्रयोग खत्म हो गया है अधिकतर उत्पादन का या तो स्वयं उपयोग कर लिया जाता है या यह स्थानीय बाजार में सामान्य भाव पर बिकता है। क्योंकि अभी तक यह प्रमाणित रूप से जैविक नहीं है (हालांकि अब सामूहिक प्रमाण-पत्र प्राप्त करने की प्रक्रिया जारी है) इसलिए बहुत छोटा-सा हिस्सा ही जैविक उत्पाद के रूप में उच्च कीमत पर बिक पाता है। यह ध्यान देने योग्य है कि संस्थान (आईआईआरडी) इन किसानों को प्रशिक्षण व सलाह देता है, वह वितरण में सहायता भी करता है परंतु कोई आर्थिक सहायता नहीं देता और न ही आश्वस्त कीमतें सुनिश्चित कर रहा है।

अगर उत्पादन कम होने के बावजूद और बगैर किसी आर्थिक सहायता या उच्चतर कीमतों के भी किसानों की संख्या में इतनी बढ़ोतरी हुई तो यह स्पष्ट तौर पर दिखता है कि जैविक कृषि किसानों के लिए फायदे का सौदा है।

कर्नाटक के सघन रासायनिक क्षेत्र के 30 जैविक किसानों से चार साल तक एकत्रित आंकड़ों से यह पता चलता है कि हालांकि पहले साल में उत्पादकता में काफी कमी आई थी—धान में 21 प्रतिशत, गन्ने में 27 प्रतिशत और केले में 31 प्रतिशत, परंतु तीसरे साल तक आते-आते वापिस उसी स्तर पर आ गई थी और चौथे साल में यह कुछ हद तक बढ़ भी गई थी—धान में 10 प्रतिशत अधिक, गन्ने में 5 प्रतिशत एवं केले में 9 प्रतिशत। इन किसानों का ईको एग्री रिसर्च फाउंडेशन (ईएआरएफ) के साथ उत्पाद को बाजार से 25-30 अधिक भाव देकर खरीदने का करार है। हालांकि इन किसानों को उच्च बाजार भाव मिलता है परंतु परिवर्तन के बाद उत्पादकता वापिस पुराने स्तर पर पहुंच गई और लागत में कम-से-कम 15 प्रतिशत की कमी हुई है। इससे यह स्पष्ट है कि बगैर अधिक उच्च बाजार भाव के भी जैविक कृषि घाटे का सौदा नहीं है (आईएफएडी 2005 एवं रामाकृष्णप्पा तथा मेहता, 2005) इसके अलावा 6 भूमिहीन युवा जो काम की तलाश में गांव छोड़ गए थे, श्रम की बढ़ी हुई मांग के चलते गांव वापिस लौट आए थे। यह भी गौरतलब है कि हालांकि यह अध्ययन एक गांव पर आधारित है परंतु ईएआरएफ नाम की ये कंपनी संस्था बहुत बड़े क्षेत्र में किसानों के साथ मिल कर काम कर रही है।

आईहोरन 2005 शोधकर्ता की पीएचडी एवं 3 साल के एक शोध अध्ययन पर आधारित है। इसमें मध्य प्रदेश के जैविक कपास उत्पादन के अनुभव की समीक्षा हैं। एक विदेशी कंपनी की भारतीय शाखा का इन किसानों से उत्पाद खरीदने का अनुबंध है। 1993 में प्रारंभ इस प्रयोग में किसानों ने कंपनी के साथ अनुबंध किया कि वे रसायनों और जीएम पदार्थों का प्रयोग नहीं करेंगे और इसके स्थान पर प्राकृतिक जैविक प्रक्रियाओं (वामो-डायनेमिक सिद्धांतों) का प्रयोग करेंगे। इसके एवज में कंपनी तकनीकी मार्गदर्शन एवं अन्य सेवाएं उपलब्ध कराएगी तथा सारी कपास को 20 प्रतिशत अधिक भाव देकर खरीद लेगी। आईहोरन 2005 में प्रयोग किए गए आंकड़े सभी फसलों की लागत, उत्पादन इत्यादि पर 2003-04 के पूरे कृषि वर्ष के दौरान 100 जैविक एवं प्रचलित खेती करने वाले किसानों से एकत्रित किए गए थे। किसानों का चयन वैज्ञानिक पद्धति से चुने गए 10 गांवों से वैज्ञानिक पद्धति अपना कर किया गया था। चुने हुए जैविक किसान कम-से-कम तीन साल से जैविक कृषि अपनाए हुए थे।

यह पाया गया कि जैविक कपास का उत्पादन, प्रचलित कृषि के समान या

बेहतर था (औसतन 15 प्रतिशत ज्यादा था)। अगर जैविक कपास के लिए विशेष कीमत न भी मिले तो भी जैविक कपास से प्राप्त आय लगभग 40 प्रतिशत अधिक थी। अगर जैविक कपास को उच्च कीमत मिले तो कपास में आय 80 तक बढ़ जाती है। अगर वर्ष भर की सब फसलों का हिसाब लगाएं और अन्य फसलों को सामान्य कीमतों पर भी बेचना पड़े तो भी आय 65 प्रतिशत अधिक पाई गई। इसके साथ ही यह भी पाया गया कि प्रचलित कृषि के समान उत्पादन हेतु जैविक कृषि में जैविक स्रोतों के प्रयोग से प्रति एकड़ नत्रजन का 40 प्रतिशत कम और फास्फोरस का 60 प्रतिशत कम प्रयोग होता है। भारत के सरकारी कृषि संस्थानों द्वारा इस विषय पर किए गए गिने चुने शोध में से एक केंद्रीय कपास शोध संस्थान नागपुर में जैविक कपास पर किया गया था। कई वर्षों के अध्ययन में यह पाया गया कि बदलाव के प्रारंभ में जैविक पद्धति अपनाने पर कपास का उत्पादन प्रचलित एवं मिश्रित पद्धति (50 प्रतिशत जैविक एवं 50 प्रतिशत रासायनिक पदार्थों के प्रयोग) के तहत होने वाले उत्पादन से कम रहता है। परंतु तीसरे साल से जैविक कपास का उत्पादन बढ़ने लग जाता है। चौथे साल के अंत में तीनों पद्धतियों से क्रमशः 898, 623, एवं 710 किलोग्राम प्रति हेक्टेयर उत्पादन प्राप्त हुआ है। (नारायण, 2005) यानि कि जैविक पद्धति से अधिकतम एवं प्रचलित रासायनिक पद्धति से सबसे कम उत्पादन हुआ। छठा साल आते-आते केवल 20 प्रतिशत अधिक भाव पा कर भी जैविक कपास में शुद्ध लाभ प्रचलित पद्धति से 80 प्रतिशत अधिक हो जाता है।

गोखले इंस्टीट्यूट ऑफ पोलिटिक्स एंड इकोनोमिक्स पुणे से क्षीरसागर (2006) का शोध, महाराष्ट्र के एक जिले से वैज्ञानिक पद्धति से चयनित गन्ने के 30 प्रामाणिक जैविक उत्पादकों एवं 30 प्रचलित गन्ना उत्पादकों से एकत्र आंकड़ों पर आधारित है। इसमें पाया गया कि "जैविक पद्धति से गन्ना उत्पादन में ज्यादा श्रम का प्रयोग होता है परंतु रासायनिक खाद, सिंचाई, बीज एवं कीटनाशकों पर खर्चों में कटौती के चलते इसमें लागत कम आती है। जैविक गन्ने में उत्पादन भी कम पाया गया परंतु इसकी भरपाई अधिक बाजार भाव एवं उत्पादन एवं मुनाफे में अधिक स्थिरता से हो जाती है। इसके अलावा जैविक गन्ना उत्पादन से किसान की आर्थिक स्थिति एवं आजीविका सुरक्षा सुधरी है।" वैद्य एवं प्रताप (2007) भारत के विभिन्न कृषि जलवायु क्षेत्रों में कृषि की उत्पादन लागत का अध्ययन है। 26 गांवों में 199 जैविक एवं 177 प्रचलित अध्ययन में यह पाया गया कि सभी तरह की फसलों में जैविक कृषि बेहतर आर्थिक सुरक्षा प्रदान करती है। उत्पादन भी हमेशा कम नहीं होता। यह पाया गया कि प्रचलित पद्धति में उत्पादन लागत जैविक कृषि की तुलना में 15 से 23 प्रतिशत अधिक होती है और शुद्ध लाभ 4 से 21 प्रतिशत कम होते हैं।

इसमें जैविक उत्पाद के उच्चतर भाव का प्रभाव भी शामिल है। कई बार यह समझा जाता है कि जैविक उत्पाद के भाव सामान्य बाजार से बहुत अधिक 100 से 200 प्रतिशत अधिक होते हैं, परंतु आमतौर पर इतना फर्क नहीं होता। पूरे भारत से संबंधित एक रपट के अनुसार औसतन 60 प्रतिशत उत्पादन 20 से 40 अधिक भाव पर बिकता है (महाले, 2002), (बारयनन, 2005 एवं ई आईहोरन 2005 के अनुसार जैविक उत्पाद का भाव प्रचलित बाजार भाव से 20 प्रतिशत अधिक पाया जाता है।) इस शोध का निष्कर्ष यह था कि दोनों तरह की स्थिति में सिंचित एवं वर्षा पर निर्भर खेती जैविक भूमि अपनाना बेहतर होगा क्योंकि इससे मुनाफा बढ़ने के साथ-साथ आय स्थिरता भी सुधरी है।

जूंडल एवं किचलर 2007 के अनुसार परिवर्तन के 12 वर्ष तक बांग्लादेश में प्रचलित एवं पर्यावरणीय रूप से सुरक्षित कृषि के एक तुलनात्मक अध्ययन में यह पाया गया है कि धान, गेहूं, जूट, आलू, दालों और सरसों की उत्पादकता में कोई अंतर नहीं था।

(भारत तथा पूरी दुनिया से और बहुत ऐसे अध्ययन एफएओ, 2007 एवं आईएफएडी 2005 में उपलब्ध हैं। इसके अलावा नारायणनन, 2005 महाले, 2002 धारीवाल एवं अन्य 1997, बालचंद्रन 2004, प्रसाद 2005; अलवेरज, 1999 में भी भारतीय एवं अंतर्राष्ट्रीय केस स्टडी उपलब्ध हैं। इनमें से कइयों में भारत में वैकल्पिक कृषि के इतिहास पर भी काफी सामग्री है।)

ऐसा नहीं है कि सभी अध्ययनों में यह पाया गया हो कि वैकल्पिक कृषि अपनाना निरापद है। आईएफएडी (2005) में वर्णित एक रपट के अनुसार लगभग 9 प्रतिशत किसानों की आय जैविक कृषि अपनाने के कई वर्षों बाद भी कम थी। ऐसे और भी कई अध्ययन हो सकते हैं। इसके अलावा यहां वर्णित जैविक कृषि के पक्ष में अध्ययनों में अपनाई गई शोध प्रणाली, किसानों एवं फसलों के चुनाव के बारे में भी कई जायज प्रश्न उठाए जा सकते हैं। परंतु यहां वर्णित शोध अध्ययनों के आधार पर इतना तो कहा ही जा सकता है कि वैकल्पिक कृषि को घातक मिथ्या प्रचार कह कर नजरअंदाज नहीं किया जा सकता जैसा कि नारमॅन बॉरलॉग कहते हैं। इसके ठीक उलट नारमान बॉरलॉग सरीखे वैज्ञानिकों को अपनी राय को स्थापित करने की जरूरत है। उदाहरणस्वरूप, हालांकि कई भारतीय कृषि वैज्ञानिक एनएएएस 205 के उन निष्कर्षों को मानते हैं जिसके अनुसार भारत में पर्याप्त मात्रा में जैविक सामग्री ही उपलब्ध नहीं है और इसलिए जैविक कृषि से देश का पेट नहीं भरा जा सकता। परंतु वस्तुस्थिति यह है कि उनके अपने आलेखों में इसके विपरीत तथ्य मौजूद हैं। उदाहरण के लिए भट्टाचार्य एवं चक्रवर्ती (2005) तथा रमेश एवं अन्य

(2005) भी यह मानते हैं कि सबके लिए पर्याप्त भोजन उपलब्ध कराने के लिए भारत में पर्याप्त मात्रा में जैविक सामग्री उपलब्ध ही नहीं है परंतु इस निष्कर्ष के पक्ष में कोई तथ्य या आंकड़े नहीं देते। इन आलेखों में विभिन्न तरह के जैविक पदार्थों की कुल मात्रा संबंधी आंकड़े तो हैं परंतु इनसे मिलने वाले पोषित तत्वों या इस सामग्री से कितने क्षेत्र में खेती हो सकती है, इस संबंध में कोई सामग्री या चर्चा नहीं है। भट्टाचार्य एवं चक्रवर्ती (2005) जैविक पदार्थों की उपलब्धता को अपर्याप्त मानते हैं बावजूद इसके कि वे मानते हैं कि प्रयुक्त रासायनिक खाद का मात्र 50 प्रतिशत पौधों के काम आता है एवं बाकी व्यर्थ चला जाता है।...रासायनिक औद्योगिक प्रक्रियाओं से प्रतिवर्ष 4 करोड़ टन नाईट्रोजन मिलती है जो कि प्रतिवर्ष प्रयोग की जाने वाली नाइट्रोजन का मात्र 15.3 प्रतिशत ही है। दूसरी ओर प्राकृतिक जैविक प्रक्रियाओं से प्रति वर्ष 17.5 करोड़ टन नाइट्रोजन मिलती है जो कि कुल उपलब्ध वार्षिक नाइट्रोजन का 67.3 प्रतिशत है। अगर जैविक प्रक्रियाओं से इतनी बड़ी मात्रा में नाइट्रोजन मिलती है और रासायनिक खाद से इतनी कम मात्रा में, तो इन कृषि वैज्ञानिकों को यह स्पष्ट करना चाहिए कि फिर भी वे किस आधार पर जैविक सामग्री की मात्रा को अपर्याप्त मानते हैं। इसी प्रकार रमेश एवं अन्य (2005) के अनुसार कई शोधों से यह पता चला है कि केंचुआ व अन्य नवीन तकनीकों के प्रयोग से कंपोस्ट की गुणवत्ता सुधारी जा सकती है। ऐसी नई कंपोस्ट से "पौधों की पोषक तत्वों की जरूरत पूरी की जा सकती है और ऐसी खाद से मिट्टी में पौधों के लिए सहायक बड़े एवं सूक्ष्म वनस्पति तत्वों को बढ़ावा भी मिलता है।" इस सबके बावजूद इन वैज्ञानिकों का जैविक सामग्री की उपलब्धता को अपर्याप्त मानना समझ में नहीं आता।

लेख के इस खंड के अंत में आई एफडी 2005 के निष्कर्ष का उल्लेख करना उचित होगा।

"जैविक कृषि कोई ऐसा रामबाण नहीं है जो हर किसान को संतुष्ट करेगा। ...कुछ परिस्थितियों में विशेष तौर पर जहां सघन रासायनिक खेती प्रचलन में है वहां जैविक कृषि से कई अहम समस्याएं खड़ी हो सकती हैं, उत्पादन कम हो सकता है कम-से-कम प्रारंभ में। पंरतु कई सुविचारित तर्क इस पक्ष में हैं कि कम-से-कम छोटे किसानों के लिए जैविक कृश्षि प्रचलित कृषि के मुकाबले परोक्ष एवं अपरोक्ष दोनों रूप से ज्यादा लाभदायक है। वृहत्तर स्तर पर भी यह स्पष्ट है कि जैविक कृषि से कई ऐसे सार्वजनिक लाभ मिलते हैं जिनके चलते यह हर हिसाब से एशिया के नीति निर्धारकों—जिनके लिए स्वास्थ्य, खाद्य सुरक्षा और बेहतर आय उच्च प्राथमिकता के लक्ष्य हैं—एक बहुआयामी औजार साबित हो सकती है।"

खंड-3

अन्य लाभ

पिछले खंड में हमने राय (2005) द्वारा उठाए गए इन प्रश्नों पर विचार किया कि क्या वैकल्पिक कृषि सबके लिए पर्याप्त भोजन का उत्पादन कर सकती है, और अगर यह तकनीकी रूप से संभव भी हो तो क्या इसके लिए आवश्यक जैविक सामग्री उपलब्ध भी है या नहीं एवं क्या यह तुलनात्मक और वहन की जा सकने वाली कीमत पर संभव हो सकता है?

पिछले खंड से यह स्पष्ट है कि काफी ऐसी शोध सामग्री उपलब्ध है, भले ही वह अकाट्य न हो, जो यह दर्शाती है कि वैकल्पिक कृषि काम चला सकती है। उत्पादन तुलनीय है और बेहतर भी हो सकता है और कम भी। यह परिवर्तन से पहले की जा रही प्रचलित खेती की सघनता एवं अवधि पर निर्भर करता है। वैकल्पिक कृषि अपनाने वालों की क्षमता प्रशिक्षण पर भी इसकी उत्पादकता निर्भर करती है। जहां तक कच्चे माल के रूप में जैविक सामग्री की उपलब्धता की बात है, ऐसे क्षेत्रों में जहां बैलों का ट्रैक्टर द्वारा पूरा विस्थापन हो गया और ग्रामीण इलाकों में कृषक परिवार भी पशुपालन के स्थान पर दूध खरीदते हों, वहां इसकी तात्कालिक उपलब्धता पूरी नहीं भी हो सकती। परंतु जब पशुपालन कृषि में समाहित हो जाता है जैसा कि वैकल्पिक कृषि में होता है तो समय के साथ जैसा कि उपरोक्त शोधों में पाया गया है कि जैविक सामग्री की उपलब्धता बंधन नहीं रहेगी। जहां तक कीमत का प्रश्न है, हमने पाया है कि सामान्य बाजार भाव पर भी यह फायदे का सौदा हो सकती है।

(जैसे कि पहले भी रेखांकित किया गया है कि जब जैविक उत्पाद को बेहतर भाव मिलता भी है तो यह 20-40 प्रतिशत ही ज्यादा होता है। यह ध्यान रहे कि हम ग्राहक के स्तर की बात न करके किसान के स्तर पर कीमत में अंतर की चर्चा कर रहे हैं।) इसलिए यह निष्कर्ष निकलता है कि वैकल्पिक कृषि किसान एवं व्यापक समाज दोनों के स्तर पर एक गंभीर विकल्प है और इसे केवल निर्यात या वर्षा पर निर्भर इलाकों या संपन्न तबकों तक सीमित पद्धति के रूप में देखना गलत होगा।

वास्तविक चुनौती यह है कि परंपरागत कृषि ज्ञान के प्रयोग से भूमि की उत्पादकता बढ़ी है, संसाधनों का टिकाऊ ढंग से प्रयोग हुआ है, उसका एवं उन जैविक किसानों का जो, प्रचलित कृषि से बेहतर उत्पादन कर रहे हैं, वैज्ञानिक ढंग से अध्ययन हो (महाले 2002)। परंतु खेद की बात है कि ऐसा नहीं हो रहा। महाले (2002) के अनुसार राष्ट्रीय कृषि अनुसंधान परिषद आईसीएआर जो कि देश के 26 कृषि विश्वविद्यालयों में अनुदान का समन्वय करती है उसकी तरफ से "जैविक कृषि

का एक समग्र कृषि पद्धति के रूप में मूल्यांकन पर एक भी शासकीय शोध संपन्न नहीं हुआ है।" इसलिए वैज्ञानिक शोधकर्ताओं का यह कर्त्तव्य बनता है कि वे वैकल्पिक कृषि प्रक्रियाओं का सत्यापन करें, इनकी जांच करें एवं उपयुक्त पाए जाने पर इनको अन्य कृषि जलवायु क्षेत्रों एवं फसलों के लिए भी विकसित करें। एफएओ 2007 एवं आईएफडी 2005 भी विशेष तौर से 'विकासशील' देशों से ऐसे वैज्ञानिक शोध की जरूरत को रेखांकित करती है। वास्तव में भारत में उपलब्ध शोध सामग्री में क्षेत्रगत एवं फसल संबंधी गहरा असंतुलन है। उदाहरण के लिए उत्तर भारत से बहुत कम सामग्री उपलब्ध है। परंतु वैज्ञानिक शोध सावधानीपूर्वक करना होगा। उदाहरण के लिए सिंह एवं अन्य 2006 में यह बताया गया है कि क्षेत्रविशेष में जैविक धान उत्पादन तो लाभदायक था परंतु जैविक गेहूं लाभदायक नहीं था। ऐसे शोध का विशेष लाभ नहीं है क्योंकि जैविक धान एवं प्रचलित गेहूं उत्पादन एक ही भूमि पर संभव नहीं है। एफएओ 2007 ने ठीक ही कहा है कि–"जैविक कृषि पद्धति का दूसरी खाद्य उत्पादन पद्धतियों के साथ तुलनात्मक अध्ययन में अपनाई जाने वाली उपयुक्त शोध प्रणाली में निम्नलिखित बातें शामिल होनी चाहिए। लंबे समय तक कुल कृषि उत्पादन की तुलना जिसमें मुख्य उत्पाद के साथ-साथ भूसे जैसे अन्य उत्पाद भी शामिल हों, पर्यावरण पर पड़ने वाले प्रभाव जैसे कार्बन उत्सर्जन, पानी की बचत एवं भूमि की उत्पादकता, ऊर्जा की कुल खपत-उत्पादन से लेकर वितरण तक एवं अखाद्य फायदे जैसे बीमारियों में कमी एवं सामाजिक समता।"

ऐसी समग्र दृष्टि जरूरी है क्योंकि विकास एवं पर्यावरण सुरक्षा दोनों की दृष्टि से कृषि दो कारणों से अत्यंत महत्वपूर्ण है। एक तो संभवतः जंगलों को छोड़ कर दूसरे किसी प्रयोग के मुकाबले पृथ्वी के सबसे बड़े भूभाग पर कृषि होती है। इसलिए कृषि का पर्यावरण पर बहुत प्रभाव पड़ता है (बालचंद्रन 2004) और दूसरा कारण यह कि अधिकांश कृषि उत्पाद हमारा अपना भोजन है। (एफएओ 2007 निग्गली एवं अन्य 2007) इसमें जैविक कृषि के कई अन्य लाभों का भी वर्णन है। रासायनिक खाद पेट्रोल आधारित है और एक फसली सघन खेती (मिश्रित फसलों के बनिस्बत) वाली व्यवस्था खेत से रसोई तक पहुंचाने में भी काफी तेल खर्च होता है। इसलिए एफएओ 2007 तेल से स्वतंत्र और स्थानीय खाद्य व्यवस्था पर आधारित उत्पादन प्रणाली की जरूरत को रेखांकित करता है। जैविक कृषि इस जरूरत को पूरा करती है। इसमें कई ऐसे अध्ययनों का जिक्र भी है जिनमें यह पाया गया कि जैविक कृषि में तेल आधारित कच्चे माल का प्रयोग यूरोप में 70 प्रतिशत तक और अमरीका में 29-37 प्रतिशत तक कम हो गया। जैविक कृषि जलवायु परिवर्तन पर भी रोकथाम

में सहायक होती है क्योंकि इसमें प्रचलित कृषि की तुलना में कार्बन सोखने की क्षमता दुगनी होती है, वातावरण का तापमान बढ़ाने वाली गैसों का उत्सर्जन कम हो जाता है। कार्बन डाईआक्साईड का उत्सर्जन 48-60 प्रतिशत कम हो जाता है और मिट्टी के स्थिरीकरण इत्यादि के कारण नाइट्रोजन का नुकसान भी कम हो जाता है। सबसे महत्वपूर्ण बात यह है कि वैकल्पिक कृषि में ज्यादा लोगों को रोजगार मिलता है क्योंकि इसमें औसतन प्रति हेक्टेयर 30 प्रतिशत अधिक श्रम का प्रयोग होता है।

अनेक अध्ययनों की समीक्षा के आधार पर सीआलाब्बा 2007 में जैविक कृषि के फायदों को इस प्रकार रेखांकित किया गया है :

"...जैविक कृषि का सबसे बड़ा पक्ष यह है कि यह स्थानीय उत्पादक परिसम्पत्तियों पर आधारित है और यह कमोबेश तेल की उपलब्धता और बढ़ती लागतों से स्वतंत्र है। प्राकृतिक प्रक्रियाओं के प्रयोग से उत्पादन लागत नियंत्रित रहती है और खाद्य उत्पादन में लचीलापन आता है। समय (फसल चक्र में परिवर्तन करके) और स्थान (एकाधिक फसलों का उत्पादन करके) दोनों तरह से जैव विविधता बढ़ा कर जैविक उत्पादक अपने श्रम (सबसे आसानी से उपलब्ध पूंजी) एवं प्राकृतिक सुविधाओं (उदाहरणस्वरूप अन्य कीटों द्वारा कीट नियंत्रण, परगण और पृथ्वी के पोषक तत्व का पुनः प्रयोग) के उपयोग से उत्पादन को टिकाऊ बना पाते हैं। कम लागत वाले इन तौर-तरीकों के चलते नकदी की जरूरत भी कम पड़ती है और इसलिए कर्ज पर निर्भरता भी कम होती है। हालांकि जैविक पद्धति में श्रम की उत्पादकता बढ़ती है और ग्रामीण क्षेत्रों में रोजगार बढ़ता है परंतु जिन इलाकों में श्रम की कमी हो वहां जैविक पद्धति अपनाने में प्रचलित कृषि की तरह ही दिक्कत आती हैं।"

खंड-चार

अगर वैकल्पिक कृषि इतनी लाभकारी है तो इसका फैलाव क्यों नहीं हुआ?

यह प्रश्न उठना स्वाभाविक है कि अगर वैकल्पिक कृषि इतनी लाभकारी है जैसा हमने पिछले दो खंडों में दिखाया है और विशेष तौर पर अगर यह उस किसान के लिए भी लाभकारी है जिसे जैविक बाजार की उच्च कीमतें न भी उपलब्ध हों, तो यह फैल क्यों नहीं रही? पड़ोसी किसान को जैविक कृषि अपना कर फायदा पहुंचता देख दूसरे किसान बड़े पैमाने पर इसे अपना क्यों नहीं रहे? यह सवाल महत्वपूर्ण है।

दक्षिण अमेरिका के संदर्भ में होल्ट जीमेंट ने इस प्रश्न की पड़ताल की है। सघन जैविक कृषि क्षेत्र से 1000 जैविक खेती न करने वाले किसानों के अध्ययन के आधार पर जैविक खेती न अपनाने के निम्नलिखित कारण पाए गए। भूमि की उपलब्धता असुरक्षित (आईएफएडी 2005 ने भी पाया कि भारत और चीन के छोटे

किसानों के जैविक कृषि न अपनाने में बड़ी बाधा यह है कि उनमें से अधिकांश के पास जमीन का पट्टा नहीं है; और इसलिए औपचारिक संस्थानों से उन्हें कोई सहायता नहीं मिल पाती।) जमीन काफी है। (इसलिए भूमि की गुणवत्ता की परवाह नहीं।) रासायनिक बाह्य संसाधन खरीदने के लिए कर्ज उपलब्ध है, समय, श्रमिकों की कमी (दूसरे धंधे में लगे हैं)। अज्ञानता, उदासीनता, सफल उदाहरणों का दस्तावेजीकरण न होना इत्यादि। अमरीका में जैविक कृषि के एक अन्य अध्ययन में यह पाया गया कि हालांकि जैविक कृषि अर्थव्यवस्था में प्रचलित कृषि के मुकाबले में जोखिम कम हैं फिर भी कुछ खतरे ऐसे हैं जो प्रचलित खेती में नहीं पाए जाते परंतु जैविक कृषि में वे महत्वूपर्ण हैं। इनमें से कुछ निम्नलिखित हैं :

1. जैविक उपज का जीएमओ (परिवर्तित आनुवंशिक जीव प्रणाली) की उपज से सम्मिश्रण।
2. विशिष्ट कच्चे पदार्थों यानी प्रामाणिक जैविक बीज एवं जैविक कीटनाशक की कमी।
3. कर्ज की उपलब्धता क्योंकि कई बार बैंक जैविक उत्पादन व्यवस्था से अपरिचित होते हैं।
4. जैविक उत्पादक की कीमत में अस्थिरता।
5. जैविक उत्पादन चक्र में प्रयोग होने वाली कई फसलों को अमरीकी कृषि विभाग से सहायता नहीं मिलती।

इसके अलावा इस लेख में एक और कारण को भी रेखांकित किया गया है। अमरीका में अधिकांश कृषि दो तरह के खेतों में होती है। एक ओर बहुत बड़े फार्म हैं और दूसरे सिरे पर अत्यंत छोटे और अंशकालिक किसान हैं। ये दोनों तरह के कृषक एक दो फसलों या पशुपालन को ही अपनाते हैं और पूंजी श्रम सघन पद्धति के स्थान पर पूंजी सघन पद्धतियां अपनाते हैं। ऐसे किसानों के लिए वैकल्पिक कृषि जो सघन श्रम एवं मिश्रित कृषि आधारित होती है उपयुक्त नहीं होती।

1. परिवर्तन के प्रारंभिक 2 सालों में ऊंची उत्पादन लागत एवं उत्पादन में काफी गिरावट।
2. उपलब्ध जैविक तरीकों से कुछ महत्वपूर्ण कीटों एवं बीमारियों जैसे गन्ना तना छेदक एवं धान ब्लास्ट पर पर्याप्त नियंत्रण नहीं हो पाया।
3. प्रारंभ के दो सालों में अतिरिक्त सघन श्रम की जरूरत विशेष तौर से उस स्थिति में जब पूरा परिवार कृषि में संलग्न नहीं है।

वैकल्पिक कृषि को अपनाने की राह में कुछ अन्च अड़चनें शामिल हैं : स्थानीय बीजों, पशु धन एवं ज्ञान का नष्ट होना, कृषि और पशुपालन का विच्छेद

इत्यादि। एक और कारण यह है कि वैकल्पिक कृषि में अपनाई जाने वाली प्रक्रियाएं फसल एवं स्थान विशेष के लिए उपयुक्त होती हैं। इसलिए हर फसल एवं स्थान विशेष के लिए वे प्रक्रियाएं अलग से वहीं पर विकसित करनी होंगी और इनको जस का तस नहीं अपनाया जा सकता।

आमतौर पर जब यह प्रश्न उठाया जाता है कि इसका फैलाव क्यों नहीं हुआ तो परोक्ष रूप से वैकल्पिक कृषि की क्षमता पर प्रश्नचिह्न लगाया जाता है। उपरोक्त चर्चा से स्पष्ट है कि वैकल्पिक कृषि के न फैलने के पीछे कुछ महत्वपूर्ण कारक हैं और यह इसकी अव्यावहारिकता के कारण नहीं है। उपरोक्त कारणों के अलावा यह भी महत्वपूर्ण है कि "...अब तक जैविक कृषि, सूचनाओं और ढांचागत सुविधाओं के बगैर विकसित हुई है। यह किसानों के स्तर पर उनमें स्वःनिर्धारित उत्पादन लक्ष्यों--बाह्य संसाधनों पर न्यूनतम निर्भरता एवं पर्यावरण सुरक्षा एवं समता जैसे ग़ैर आर्थिक लक्ष्यों से प्रेरित होकर विकसित हुई है। जैविक कृषि मूलतः नागरिक समाज का उपक्रम रही है जो औपचारिक सार्वजनिक ढांचों से बाहर और अक्सर उनके विरोध के बावजूद पनपी है। परंतु इसके फायदों के समरूप वितरण के लिए ऐसे छोटे प्रयास और बाजार का आकर्षण पर्याप्त नहीं है। सार्वजनिक क्षेत्र की प्रतिभागिता आवश्यक है।" (सीआलब्बा, 2007)

उपरोक्त अध्ययन में यह भी रेखांकित किया गया है कि "जिन देशों में महत्वपूर्ण स्तर पर जैव ईंधन क्षेत्र विकसित हुआ है वहां आमतौर पर कई तरह के वित्तीय उपाय कर-छूट, आर्थिक सहायता, न्यूनतम समर्थन मूल्य एवं प्रयोग के वैधानिक लक्ष्य कम-से-कम प्रारंभिक अवस्था में अपनाए गए थे।" ऐसा ही नीतिगत समर्थन वैकल्पिक कृषि को भी मिलना चाहिए तभी वैकल्पिक कृषि को अपनाने में आने वाली अड़चनों से पार पाया जा सकता है। डॉबास 2006 इसके समर्थन में निम्नलिखित तर्क देते हैं :

"जैविक कृषि पर आधारित नई हरित क्रांति में...भौतिक पूंजी के स्थान पर प्राकृतिक एवं मानवीय पूंजी का महत्व अधिक होगा। इसकी कम संभावना है कि बाजार के लिए प्राकृतिक एवं मानवीय पूंजी उपलब्ध कराना लाभदायक होगा। जैविक कृषि के बहुआयामी स्वरूप में यह निहित है कि किसानों के अलावा भी समाज के कई हिस्सों को इसका लाभ मिलता है और इनमें से कई लाभ बाजार व्यवस्था द्वारा नियंत्रित न हो पाएं...यूरोप और अमेरिका में 'प्रचलित कृषि' के पर्यावरण पर बाजार से बाहर के दुष्प्रभावी (Negativenvironmental externatiters) के दस्तावेजी सबूत बढ़ रहे हैं... शोध एवं प्रकाशित साहित्य से यह भी पता चला है कि, प्रचलित खेती के मुकाबले जैविक कृषि कई पर्यावरणीय संदर्भों एवं ऊर्जा

प्रयोग के मामले में बेहतर है...(इन सब कारणों के चलते) ऐसी नीतियों की सार्वजनिक आवश्यकता है जो जैविक कृषि का समर्थन करें।

अगले खंड में हम देखेंगे कि भारत में वैकल्पिक कृषि को नीतिगत समर्थन नहीं मिला है। यह भी वैकल्पिक कृषि के भारत में सीमित फैलाव का एक महत्वपूर्ण कारण हो सकता है।

भारत में वैकल्पिक कृषि के प्रति नीति

वैकल्पिक कृषि को नीतिगत समर्थन की जरूरत के संदर्भ में, इस खंड में हम भारत सरकार की नीति की समीक्षा करेंगे। राष्ट्रीय किसान आयोग की सिफारिशों पर आधारित राष्ट्रीय किसान नीति 2007 (भारत सरकार, 2007) में जैविक खेती को एक सीमित विशिष्ट क्षेत्र के लिए ही उपयुक्त माना गया है। (यह भी ध्यान देने योग्य है कि इसमें जैविक कृषि की ही चर्चा है व इस बात का अहसास ही नहीं है कि देश में विभिन्न प्रकार के विकल्प अपनाये जा रहे हैं) इसके अनुसार "कुछ चुने हुए वर्षा पर निर्भर क्षेत्रों में उपयोगी साबित हो सकते हैं। यानी इस नई नीति में भी कृषि के विकास पथ पर विशेष तौर पर हरित क्रांति क्षेत्रों के संदर्भ में भी कोई प्रश्न नहीं उठाए गए हैं और जैविक कृषि को चुनिंदा क्षेत्रों तक ही सीमित रखा गया है।

कृषि को इस नीति में इस हद तक नजरअंदाज किया गया है कि 'पाठ्यक्रम सुधार' वाले हिस्से में यह तो कहा गया है कि हर शोधकर्ता/छात्र को उद्यमी के तौर पर तैयार किया जाए परंतु वैकल्पिक कृषि को पाठ्यक्रम का अभिन्न हिस्सा बनाने की चर्चा कहीं नहीं है। हालांकि इस नीति में यह कहा गया है भारत में जैविक कृषि आंदोलन को शोध, फैलाव, प्रमाणीकरण एवं ब्रिक्री के क्षेत्रों में पर्याप्त संस्थागत सहयोग नहीं मिला है और इसे प्रचलित कृषि के मुकाबले अतिरिक्त वैज्ञानिक सहयोग चाहिए" परंतु इसके बावजूद मौजूदा सरकार द्वारा उठाए गए 20 नए कदमों की सूची में जैविक या वैकल्पिक कृषि शामिल नहीं है। तथापि इसमें कई स्थानों पर जैविक कृषि के पक्ष में टिप्पणियां और वायदे हैं जिनका प्रयोग करके कोई अफसर कहीं पर वैकल्पिक खेती को बढ़ावा दे भी सकता है। उदाहरणस्वरूप यह कहा गया है कि 'फसल पशुपालन मिश्रित कृषि को प्रोत्साहन दिया जाएगा।' ऐसा निर्धारित लक्ष्यों में ग्रामीण भारत में "समुदाय केंदित भोजन, पानी एवं ऊर्जा सुरक्षा व्यवस्था को बढ़ावा देना और हर बच्चे, महिला और पुरुष के स्तर पर पोषण सुरक्षा सुनिश्चित करना भी शामिल है।"

हम आर्थिक सर्वेक्षण में वैकल्पिक कृषि के नजरअंदाज होने की चर्चा पहले ही कर चुके हैं। यही तस्वीर योजना आयोग की 11वीं योजना के कृषि संबंधी

दस्तावेजों में परिलक्षित होती है (भारत सरकार/601, 2007 क)। इनमें कृषि के लिए वैकल्पिक रास्ता अपनाने की कोई चर्चा नहीं है। यह इसके बावजूद है कि इस दस्तावेज के अनुसार "भूमि कटाव, लवणीकरण, क्षरीयता एवं रासायनीकरण के चलते भूमि का ह्रास हो रहा है। पोषक तत्वों की लगातार निकासी, पोषक तत्वों के प्रयोग में असंतुलन, सूक्ष्म पोषक तत्वों की अनदेखी एवं जैविक खाद के अपर्याप्त प्रयोग के चलते भूमि की उत्पादकता लगातार कम हो रही है।" इसमें यह भी बताया गया है कि इन सब कारणों के चलते सरकारी आंकड़ों के अनुसार "हमारी भूमि का लगभग 2/3 हिस्सा कुछ अंश में विकृत हो चुका है और केवल 1/2 हिस्सा ही पूरी तरह स्वरूप है।" परंतु इन सब बातों को रेखांकित करने के बावजूद इस रपट के 'भविष्य की राह' नामक हिस्से में भूमि और पानी की चर्चा के बावजूद वैकल्पिक कृषि की कोई चर्चा नहीं है। केवल वर्षा सिंचित क्षेत्रों, कंपोस्ट आदि के संदर्भ में इसकी चर्चा है। यह मानने के बावजूद कि "आधुनिक कृषि प्रक्रियाओं के चलते बड़े भूभाग पर, जो दूसरे देशों तक फैला है, एक ही तरह की फसल उगाई जा रही है जिससे जैविक एकरूपता बढ़ रही है...जिससे कृषि पर अप्रत्याशित मौसम एवं कीटों के हमले की संभावना बढ़ जाती है।" और यह कि 1980 के बाद से 264 जिलों में पानी का स्तर 4 मीटर कम हो गया है, '27 बिंदुओं की कार्यसूची' से वैकल्पिक कृषि गायब है। जो अभी भी रासायनिक खाद के प्रयोग को बढ़ाते एवं 'हरित क्रांति' की तकनीकी के फैलाव पर है।

वैकल्पिक कृषि के प्रति योजना आयोग का ऐसा रुख इसके बावजूद है कि इसके एक कार्यबल (भारत सरकार, 2007 ब) ने 'राष्ट्रीय जैविक कृषि मिशन' स्थापित करने का सुझाव दिया था। इससे पहले 2001 में भी एक कार्यबल (भारत सरकार, 2001 क) ने भी 'राष्ट्रीय स्तर पर देश में जैविक कृषि को बढ़ावा देने के लिए स्थायी बोर्ड' बनाने का सुझाव दिया। डॉ. कुंवर जी भाई यादव के नेतृत्व में स्थापित इस कमेटी की रपट हमें नहीं मिल पाई। प्रयुक्त सामग्री भारत सरकार, 2001(क) से ली गई है। इस कमेटी ने यह भी सुझाव दिया था कि "सरकार के नेताओं को जैविक कृषि को एक टिकाऊ और बेहतर विकल्प के तौर पर बढ़ावा देना चाहिए ताकि इसके पक्ष में बेहतर माहौल बनाया जा सके।" यह भी सुझाया गया था कि "सभी राज्य सरकारों को यह सलाह दी जाए कि वे सरकारी .कृषि फार्मों पर जैविक और अन्य कृषि पद्धतियों का 50:50 के अनुपात में प्रयोग करके शोध एवं प्रदर्शन का कार्य करें।"

इसी तरह योजना आयोग की एक और कमेटी (भारत सरकार, 2001) ने प्रचलित कृषि को 'शोधक कृषि' कहा था जिसके चलते "...पर्यावरण, मानव एवं

पशु स्वास्थ्य, मिट्टी और पानी पर बुरा प्रभाव पड़ा है। यह जगजाहिर है कि रासायनिक कीटनाशकों का प्रयोग वास्तव में दुरुपयोग एवं रासायनिक खाद के प्रयोग से मिट्टी, एवं पर्यावरण और जल के दूषित होने की एक शृंखला बन गई है।" हरित क्रांति की सफलता के बाद पनपी सघन रासायनिक कृषि ने हमारे भोजन, पीने के पानी और हवा को प्रदूषित कर दिया है। औसत आयु बड़ी है परंतु जीवन की गुणवत्ता काफी गिरी है। कृषि बीज, खाद, कीटनाशक...इत्यादि बाह्य संसाधानों पर आश्रित होने के कारण ग्रामीण अर्थव्यवस्था नष्ट हो गई।

प्रचलित कृषि के इन दुष्परिणामों की जानकारी होने के बावजूद वैकल्पिक कृषि पद्धतियों को नजरअंदाज किया जा रहा है। 10वीं पंचवर्षीय योजना में जैविक कृषि के लिए मात्र 57 करोड़ रुपए का प्रावधान किया गया था। इस तुच्छ आबंटन में से भी मात्र 35.12 करोड़ रुपए प्रयोग किए जा सके क्योंकि "काम 2005-06 में ही शुरू हो पाया" यानी कि 10वीं योजना के अंत में ही काम शुरू हुआ। (भारत सरकार, 2007 ब की रपट में 10वीं पंचवषीय योजना में जैविक कृषि क्यों विकसित नहीं हो पाई इसकी विस्तृत चर्चा है परंतु इस कार्यसमिति–कृषि समिति की रपट (भारत सरकार 2007, अ) में इसकी कोई चर्चा नहीं है। स्पष्टतः भारत सरकार का वैकल्पिक कृषि को औपचारिक समर्थन भी समर्पित दस्तावेजों तक ही सीमित है। यह कृषि नीति तक में भी शामिल नहीं हो पाता। संभवतः जैविक कृषि में भारत की रुचि इसके निर्यात की संभावनाओं के चलते ज्यादा है और कृषि नीति के विकल्प के रूप में कम है। सबसे पहले मार्च 2000 में घोषित 'जैविक उत्पादन का राष्ट्रीय कार्यक्रम' जिसमें 'जैविक उत्पादकों के लिए मानक' भी समाहित थे, वाणिज्य मंत्रालय की ओर से जारी हुआ था न कि कृषि या ग्रामीण विकास मंत्रालय की ओर से (भारत सरकार, 2001)।

राज्य सरकारों की बात करें तो 9 राज्य सरकारों ने जैविक कृषि पर विशेष नीति या कार्यक्रम बना रखे हैं। उत्तराखंड ने पर्वतीय क्षेत्रों में कृषि आधारित अर्थव्यवस्था एवं आजीविका को सुधारने के लिए जैविक कृषि को प्राथमिकता दी है। मिजोरम एवं सिक्किम ने अपने आपको जैविक कृषि राज्य बनाने का लक्ष्य रखा है। महाराष्ट्र, तमिलनाडु और केरल में जैविक कृषि को बढ़ावा देने के लिए सार्वजनिक नीति सहयोग को अपनाया है।

परंतु नीतिगत स्तर पर कर्नाटक सबसे आगे है। कर्नाटक सरकार, 2004 में राज्य सरकार द्वारा अपनाई गई औपचारिक जैविक कृषि नीति उपलब्ध है। इसमें कृषि के सब उपखंडों को सम्मिलित किया गया है। इसके अनुसार "राज्य सरकार को जैविक कृषि को बढ़ावा देने के लिए इस तरह हस्तक्षेप करना चाहिए कि (1)

अपनाने एवं सीखने के दौरान किसानों की आय स्थिर रहे, (2) जैविक उत्पादन को समर्पित संगठनों को व्यावसायिक रूप अख्तियार करने के लिए सहायता मिले, (3) स्थानीय स्तर पर उपलब्ध, सस्ते एवं पर्यावरण के लिए सुरक्षित संसाधनों बीज सहित अन्य के प्रयोग को बढ़ावा मिले, (4) परिवार के स्तर पर खास सुरक्षा को बढ़ावा देने के लिए मिश्रित कृषि को बढ़ावा देना चाहिए, (5) निर्यात के लिए आंतरिक नियंत्रण के माध्यम से सामूहिक प्रमाणीकरण एवं स्थानीय बाजार हेतु कृषक समूहों के माध्यम से बढ़ावा मिले, (6) किसानों को प्रतियोगी बाजार के लिए तैयार करना एवं उपभोक्ताओं में सुरक्षित भोजन एवं प्राकृतिक कृषि के लिए जागरूकता पैदा करना है।" (रामकृष्णप्पा एवं महत, 2003) यह वैकल्पिक कृषि के प्रति उपभोक्ता केवल सरकार तक ही सीमित नहीं है, जो संगठन सरकार की आर्थिक नीतियों के आलोचक हैं उनके नीतिगत दृष्टिकोण में भी इसके लिए कोई स्थान नहीं है। उदाहरणस्वरूप मार्क्सवादी कम्युनिस्ट पार्टी की 'वैकल्पिक कृषिनीति, (ए.आई.के.एस. एवं ए आई ए डब्ल्यू यू., 2007) के केंद्र में भी सुरक्षित एवं विकसित बीज, खाद कीटनाशक, नकली खाद एवं कीटनाशकों पर नियंत्रण इत्यादि ही है। हालांकि इस दस्तावेज में जैविक कृषि को बढ़ावा देने का जिक्र है परंतु पार्टी के 19वें सम्मलेन में पारित राजनैतिक प्रस्ताव में वैकल्पिक कृषि का जिक्र भी नहीं है (सी.पी.एम., 2008) वैकल्पिक आर्थिक सर्वेक्षण भी हाल तक इसके प्रति उदासीन रहा है।

निष्कर्ष

जैविक कृषि के प्रति संशय रखने वाले आमतौर पर कहते हैं, यह सही है कि जैविक कृषि में और अनुसंधान की जरूरत है, परंतु अगर हम इसका इंतजार करते रहे तो हम जैविक कृषि संबंधी जो अनुभव उपलब्ध है उसे नजरअंदाज कर रहे होंगे (बिल्लर एवं यूस्फी, 2006)। यह बिल्कुल सटीक टिप्पणी है। इस लेख में हमने पाया है कि वैकल्पिक कृषि भारत ही नहीं पूरी दुनिया का पेट भर सकती है। यह आर्थिक रूप से भी व्यवहार्य है। अगर यह सामान्य बाजार मूल्य पर भी बिक सके तो भी किसान के लिए लाभकारी है। यह अमीरों के चोंचले न हो कर व्यापक समाज के लिए भी गुणकारी है। इसलिए इसके प्रति उदासीन होना उचित नहीं है। इसमें व्यापक क्रांतिकारी संभावनाएं हैं।

इसके साथ ही यह भी रेखांकित करना महत्वपूर्ण है कि कृषि में कई विकल्प अपनाए जा रहे हैं। इसलिए किसी एक तरह की वैकल्पिक कृषि को सब क्षेत्रों, सब फसलों एवं सब परिस्थितियों के लिए रामबाण समझना उचित नहीं है। जैसे हमने

पहले भी कहा है कि चुनौती यह है कि "जिस परंपरागत कृषि ज्ञान के प्रयोग से उत्पादकता बढ़ी है, संसाधनों का टिकाऊ ढंग से प्रयोग हुआ है, उसका एवं उन जैविक किसानों का जो प्रचलित कृषि से बेहतर उत्पादन कर रहे हैं वैज्ञानिक ढंग से अध्ययन हो।" (महाले, 2002) 'वैज्ञानिक' शोधकर्ताओं को आगे बढ़कर इन प्रक्रियाओं का पुनः निरीक्षण कर इनकी जांच पड़ताल करनी चाहिए और उपयुक्त पाए जाने पर उन्हें विकसित करना चाहिए। दुर्भाग्य से कृषि वैज्ञानिकों एवं वैकल्पिक कृषि अपनाने वालों के बीच बहुत कम संवाद है। बालाचंद्रन (2004) के अनुसार, "केरल कृषि विश्वविद्यालय के शोधकेंद्रों, कृषि विभाग के कई बहुचर्चित अधिकारियों और समाचार पत्रों में कृषि पर नियमित कॉलम लिखने वालों को जैविक प्रश्न पत्र में से एक का भी जवाब नहीं मिला।" दूसरी ओर वैकल्पिक कृषि अपनाने की संस्तुति करने वाले भी आंकड़े एकत्र करने एवं तुलनात्मक अध्ययन को महत्व नहीं देते। एक ऐसे जैविक कृषि समर्थक के अनुसार, "दोनों (जैविक एवं प्रचलित कृषि) की तुलना बेमानी है। एक का उत्पाद जीवन अमृत है और दूसरे का जहर" (व्यक्तिगत संवाद, हिसार)। इसी प्रकार जब बगैर किसी सहयोगी सामग्री के दावा किया जाता है कि "एक गाय की सहायता से 30 एकड़ भूमि में खेती की जा सकती है" (बाबू, प्रकाशन तिथि उपलब्ध नहीं से उद्धृत) तो विश्वास करना मुश्किल हो जाता है और वैकल्पिक कृषि का विचार ही संशय के घेरे में आ जाता है।

कुछ लोग ऐसा कह सकते हैं कि वैकल्पिक कृषि पर लौटना मुश्किल होगा। देश के मशीनीकरण, ट्रेक्ट्रीकरण हो जाने के बाद श्रम सघन वैकल्पिक कृषि पर लौटना मुश्किल होगा। देश के कुछ हिस्सों विशेष तौर से 'हरित क्रांति' के क्षेत्र में यह कार्य चुनौतीपूर्ण को सकता है परंतु यह बात तो हर तरह के सामाजिक परिवर्तन पर लागू होती है। संभवतः जितना बड़ा क्रांतिकारी कदम उतनी ही गहन यथास्थिति से लड़ाई। इसलिए वैकल्पिक कृषि की क्रांतिकारी संभावनाओं को देखते हुए कम-से-कम परिवर्तनकारी, क्रांतिकारी ताकत इस संघर्ष से पीछे नहीं हट सकती। जहां तक सरकार का सवाल है उससे तो अपेक्षा काफी सीमित है। उससे तो इतनी भर अपेक्षा है कि वह वैकल्पिक कृषि पद्धतियों एवं रसायन आधारित प्रचलित कृषि पद्धति को समान नजर से देखे, आमतौर पर समान आर्थिक सहायता दे, परंतु यह सहायता जैविक खाद निर्माता कंपनियों को नहीं दी जानी चाहिए। कई खाद निर्माता कंपनियां 'जैविक खाद' बनाने को भी तत्पर हैं (आईएफएडी 2005)। असल में बड़ा खतरा, जिसकी तरफ एफएओ 2007 ने भी ध्यान आकर्षित किया है, वैकल्पिक जैविक कृषि के भी कंपनीकरण का है "जिसमें बड़ी-बड़ी कंपनियां रासायनिक तत्वों के स्थान पर जैविक नियंत्रकों एवं मशीनों का प्रयोग करके बड़ी और एकांगी कृषि

को बनाए रख सकती हैं।" केवल परिवर्तन की प्रारंभिक अवस्था में कुछ अतिरिक्त सहायता की जरूरत होगी। इसके साथ ही सरकार को इस क्षेत्र में शोध के लिए संसाधन उपलब्ध करवाने होंगे एवं प्रमाणित वैकल्पिक कृषि क्रियाओं को कृषि विस्तार कार्यक्रम में स्थान देना होगा। यह कोई बड़ी मांग नहीं है। मूलतः जरूरत यह है कि न तो सरकार ही और न ही समाज, वैकल्पिक कृषि को नजरअंदाज करें या इसे हाशिए पर रखें।

समापन से पहले विश्व बैंक के कृषि एवं ग्रामीण विकास निदेशक को उद्धृत करना उचित होगा। जिनके अनुसार "पिछले दो सालों में जैविक कृषि के प्रति विश्व बैंक का नजरिया तिरस्कार से बदल कर इस प्रश्न पर केंद्रित हो गया है कि जैविक कृषि को अपने कार्यक्रमों में कैसे सफलतापूर्वक समाहित किया जाए।" (आईएफएडी 2005, पृ. 184)। आशा है विश्व बैंक का यह सम्मेलन वैकल्पिक कृषि के कंपनीकरण की पूर्व सूचना नहीं साबित होगा।

(लेखक महर्षि दयानंद विश्वविद्यालय रोहतक में अर्थशास्त्र के प्रोफेसर और वैकल्पिक आर्थिक समूह के सदस्य हैं।)

मालामाल सभ्यता के सजे-धजे
चूतड़ों पर चाबुक के तीखे/निशान-सी पड़ी
उजाड़ जंगलों से/शहरी जंगलों में फैलती
बर्बर आदिवासी भूख को/तुमने कभी देखा है।

भूखी चिड़िया की कहानी
भूखी थी चिड़िया/इसलिए गुनहगार थी
मारी गई चिड़िया/जो भूखी थी।

जो अनाज उगाते हैं
उन्हें दो जून अन्न जरूर मिलना चाहिए।
उगाने वाले भूखों रहते हैं
और अनाज पचा जाते हैं
चूहे और बिस्तरों पर
पड़े रहने वाले लोग।

—गोरख पांडे

खाद्यान्न आंदोलन से राशन विद्रोह तक

–डॉ. कृपाशंकर चौबे

आजादी के 62 वर्षों बाद भी यदि एक बड़ी आबादी भूखी है तो यह आजादी झूठी नहीं है? स्वाधीन भारत में केंद्र व राज्यों की सरकारें हर पेट को अन्न उपलब्ध कराने में विफल रही हैं। स्वातंत्र्योतर भारत में कई बार खाद्य संकट गंभीर रूप में सामने आया था। सरकारें उसे हल करने के बजाय, उसे दबाने में लगी रहती रही हैं और उसे दबाने के लिए बर्बर हथकंडे भी अपनाती रही हैं। बंगाल में 1959 के शुरू में ही खाद्य संकट उभरा तो डॉ. विधानचंद्र राय सरकार ने उसे निर्मम तरीके से दबा दिया था। 26 फरवरी 1959 को अन्न की मांग को लेकर कोलकाता के मैदान में एक विशाल सम्मेलन हुआ। सभा के बाद अन्न-संकट से जूझ रहे अनेकानेक भूखों ने जुलूस निकाला। भूखा जुलूस जब राज्य सचिवालय (राइटर्स बिल्डिंग) की ओर जाने लगा तो पुलिस ने जुलूस में शामिल लोगों को पीटना शुरू किया। गोया विधानचंद राय सरकार यह संदेश देना चाहती हो–'खाना है तो मार खाओ।' इस घटना का वर्णन मणि कुंतला सेन ने 'से दिनेर कथा' पुस्तक में इस प्रकार किया है कि, "जुलूस में हिस्सा ले रहे भूखे लोग बंगाल के गाँवों से कलकत्ता आए थे। पुलिस ने जब बर्बर तरीके से लाठी चार्ज किया तो वे भाग भी नहीं पाए क्योंकि कोलकाता के रास्तों के बारे में अनभिज्ञ थे। पुलिस उन्हें तब तक पीटती रही जब तक वे ढेर नहीं हो गए। उस लाठी चार्ज में स्त्री-पुरुष मिला कर कुल 80 लोग मारे गए। कांग्रेस सरकार की पुलिसवाहिनी ने उनकी हत्या बंदूक की गोली से नहीं, सिर्फ लाठी चला कर की।"

बंगाल में 1959 में राज्य सरकार द्वारा निश्चित की गई दर से काफी ऊंची कीमत पर चावल बाजार में बेचे जाने के कारण गरीब लोगों के लिए खरीद पाना कठिन हो गया था। उस संकट को दूर करने में महीनों लग गए थे।

उसके बाद 1966 में तो पूरे देश में अन्न संकट ने गंभीर रूप धारण कर लिया। यहां तक कि तत्कालीन खाद्य मंत्री सी सुब्रह्मण्यम को संसद में 10 फरवरी

1966 को बयान देना पड़ा : "व्यापक अनावृष्टि के कारण एक करोड़ टन से ज्यादा अन्न उत्पादन कम हुआ है। इससे उत्पन्न खाद्यान्न संकट का एक मात्र निदान है–राशन वितरण में नियंत्रण व संयम रखा जाना।"

उस वर्ष शुरू में ही अन्न संकट तीव्रतर हो उठा था। गांवों के लोगों को राशन का चावल नियमित रूप से नहीं मिल रहा था और कभी मिलता भी था तो कम मात्रा में तब खुले बाजार से एक रुपए 75 पैसे प्रति किलो की दर से चावल खरीदना पड़ रहा था। गांवों की गरीब जनता के लिए यह खरीद पाना संभव नहीं था। इसलिए मुर्शिदाबाद के लालगोला के लोग आधा किलो चावल के साथ चार किलो बैंगन उबाल कर खाते थे। कई बार तो वे सिर्फ बैंगन ही उबाल कर खाने को अभिशप्त थे। इस तरह के अनेक विवरणों से तत्कालीन अखबार भरे पड़े हैं। 'दैनिक बसुमती' के 24 जनवरी 1966 के अंक के पन्ने पलटते हुए इन पंक्तियों के लेखक की नजर 'खाद्यान्न के अभाव में आत्महत्या की चेष्टा' शीर्षक खबर पर ठहर गई। इस खबर में कहा गया है कि कृष्णनगर पोस्ट ऑफिस में कार्यरत एक शिक्षित व्यक्ति ने अन्न के अभाव में आत्महत्या करने की कोशिश की किंतु ऐन मौके पर उसके सहकर्मी ने देख लिया और एक जान बच गई।

नागरिक मंच द्वारा प्रकाशित देवांशु दासगुप्त की पुस्तक 'खाद्य आंदोलनो' में 1966 के खाद्यान्न संकट के दौरान पुलिस अत्याचार का मार्मिक विवरण दिया गया है। विवरण के मुताबिक मुर्शिदाबाद जिले के लालगोला थाना क्षेत्र के गोपालपुर गाँव की एक वयस्क महिला एक छोटी बच्ची के साथ जियागंज स्टेशन से 361 अप लालगोला पैसेंजर में चढ़ी। महिला के पास तीन-चार किलो धान था। ट्रेन के भगवान गोला स्टेशन छोड़ने के बाद एक सिपाही उस महिला के पास पहुंचा। उसने महिला पर धान की तस्करी का आरोप मढ़ते हुए रिश्वत मांगी। महिला के पास एक पैसा भी नहीं था। तब कांस्टेबल ने धान की गठरी ट्रेन के बाहर फेंकने की धमकी दी। महिला के साथ मौजूद छोटी बच्ची ने इस गठरी को छाती से चिपका लिया और नहीं फेंकने की आर्त-प्रार्थना की। पुलिस ने लड़की से उस गठरी को जबरन छीनने की कोशिश की पर लड़की ने उसे नहीं छोड़ा। इस छीनाझपटी में गठरी समेत लड़की चलती ट्रेन के बाहर गिर पड़ी और तत्क्षण उसकी मौत हो गई।

कोलकाता से प्रकाशित दैनिक बसुमती के 10 फरवरी 1968 के अंक में एक समाचार का शीर्षक है–'भूखे लोगों के अन्न को लेकर खेल।' इसमें विस्तार से बताया गया है कि 24 परगना के सोनारपुर में राशन की दुकानों में टनों चावल, गेहूं आबंटित किए जाने के बावजूद उसका वितरण नहीं किया जा रहा है। राज्य के प्रायः सभी जिलों में खाद्यान्न संकट के गंभीर होने का वर्णन भी अखबार में किया गया

है। तब तक केरल में खाद्यान्न की मांग को लेकर आंदोलन शुरू में हो गया था। केरल के भूखे लोगों ने कलातोर जिले में मालगाड़ी ही लूट ली थी। दस हजार लोगों की भीड़ ने मालगाड़ी में लदे चावल, गेहूं को लूट लिया और उसे आपस में बराबर बांट लिया। यह खबर पाते ही पुलिस वहां पहुंची और उसने गोली चलाई। उसमें दस लोग घायल हुए। उस घटना के विरोध में उसी दिन जनता ने स्वतःस्फूर्त बंद का आह्वान किया। उसी दिन शाम को बालियापट्टनम में पुलिस ने बंद समर्थकों पर दो चक्र फायरिंग की जिसमें तीन छात्र व एक सरकारी कर्मचारी घायल हुए। बंद के दौरान हिंसा फैलने की खबर पाते ही केरल के तत्कालीन राज्यपाल ए.पी. जैन सपत्नीक त्रिवेंद्रम में खुली जीप में शहर परिक्रमा को निकले और नाराज लोगों से शांति बनाए रखने की अपील की। उसका असर भी हुआ। राज्यपाल ने सभी को पर्याप्त राशन उपलब्ध कराने का आश्वासन दिया। तत्कालीन प्रधानमंत्री इंदिरा गांधी ने उत्तर प्रदेश के मुख्यमंत्री को फोन कर 5 हजार टन चावल केरल भेजने को कहा। उन्होंने भेजा भी। केरल के खाद्यान्न आंदोलन के समर्थन में तत्कालीन सोशलिस्ट पार्टी के सांसद इंद्र कुमार गुजराल ने एक कमेटी का गठन किया और केरल के लोगों के लिए प्रतिदिन दिल्ली में चावल संग्रह शुरू किया। उन्होंने ऐलान किया था कि केरल में खाद्यान्न संकट दूर होने तक वे चावल नहीं खाएंगे।

केरल के खाद्यान्न आंदोलन से प्रेरणा ग्रहण कर ही पश्चिम बंगाल में भी खाद्यान्न आंदोलन आरंभ हो गया। 16 फरवरी 1966 को विष्णुपुर में लोगों ने खाद्यान्न संकट को लेकर आंदोलन आरंभ किया तो पुलिस ने आंदोलनकारियों को तितर-बितर करने के लिए लाठी चार्ज किया और आंसू गैस के गोले फोड़े। उसी दिन बशीरहाट में छात्रों ने अन्न की मांग को लेकर जुलूस निकाला। निहत्थे छात्रों पर पुलिस ने पहले लाठी चार्ज किया और उसके बाद तीन राउंड फायरिंग की जिसमें दस छात्र घायल हुए। उसके विरोध में 17 फरवरी को बशीरहाट बंद की अपील की गई। बशीरहाट में उचित मूल्य पर राशन की मांग कर रहे छात्रों पर फायरिंग किए जाने के विरोध में दूसरे अंचलों में भी लोगों का आक्रोश उबल पड़ा। स्वरूपनगर के मालांगापाड़ा के स्कूली छात्रों ने हड़ताल कर दी। हड़ताली छात्रों ने बाद में जुलूस निकाला और जुलूस जब स्वरूपनगर थाने के सामने से गुजर रहा था तो पुलिस ने अचानक आठ राउंड फायरिंग की। उसमें छठवीं कक्षा के छात्र नुरुल इस्लाम की मौत हो गई, जबकि पांचवीं कक्षा के छात्र मणींद्र विश्वास और दसवीं के छात्र कार्तिक गंभीर रूप से आहत हो गए।

पुलिस गोली से मरने के दिन ही सुबह नुरुल इस्लाम दो रुपए किलो की दर से तीन किलो चावल खरीद कर मां को देते हुए बोला था, "इतने दिनों से घर में

चूल्हा नहीं जला। मैं जानता हूँ हमारे परिवार की क्षमता इतना महंगा चावल खरीदने की नहीं है। मैं चावल की कीमत घटाने के लिए जुलूस में भाग लेने जा रहा हूं। इस चावल से भाई-बहन की भूख मिटाओ मां। यदि चावल का दाम नहीं घटा पाया तो वापस नहीं लौटूंगा।"

चावल का दाम तो नुरुल नहीं घटा पाया, वापस भी नहीं लौटा। वापस लौटी उसकी लाश।

उसके दो दिन बाद 19 फरवरी 1966 को कहीं भी राशन का खुले बाजार में चावल नहीं मिलने के विरोध में हजारों विक्षुब्ध लोगों ने बादुड़िया थाने का घेराव किया तो थानेदार ने 20 फरवरी को राशन वितरित कराने का आश्वासन दिया। 20 फरवरी को सब हाट में इकट्ठे हुए पर वहां पर चावल नहीं था। नाराज होकर फिर थाने की ओर रवाना हुए तो पुलिस ने 50 चक्र गोलियां चलाईं। घटनास्थल पर ही दो छात्रों—अब्दुल हमीद और दरबक्श मंडल की मौत हो गई। कई लोग घायल हुए। कई लोग लापता हो गए। अगले दिन कोलकाता के सभी अखबारों की यह बड़ी खबर थी। शीर्षक था—रक्तस्नान।

बशीरहाट, बादुड़िया, स्वरूपनगर की तरह राज्य के कोने-कोने में राशन की कीमत के विरोध में लोग सड़कों पर उतरने लगे पर हर कहीं वे पुलिस के शिकार हुए। दैनिक बसुमती के 1966 के फरवरी आखिर के अंकों की खबरों से पता चलता है कि बंगाल के गांवों में जब अन्न की बिल्कुल कमी पड़ गई तो गांवों के लोग कोलकाता आकर भीख मांगने लगे। हावड़ा, हुगली, नदिया से लेकर 24 परगना तक के गरीब ग्रामीण, किसान, खेत मजदूर, कोलकाता के एक-एक घर में जाकर बासी भात या रोटी भीख में मांगने लगे, पर तत्कालीन अखबार लिखते हैं—'अनेक घरों में भीख मांगने वालों को 'माफ करो' कह कर टरका दिया जाता।' इस खबर ने पूरे बंगाल को हिला कर रख दिया।

खाद्यान्न संकट दिन-प्रतिदिन गहराने लगा और उसी के साथ क्रमशः खाद्यान्न की मांग को लेकर 24 परगना, हुगली, नदिया, मेदिनीपुर से लेकर जलपाईगुड़ी और दार्जिलिंग तक में आंदोलन फैल गया। स्कूल-कॉलेज बंद रहने के बावजूद हालतू, बनगांव, बेहला, श्रीरामपुर, चूंचुड़ा, हावड़ा, रानाघाट और कैंनिग में छात्रों ने बड़े-बड़े जुलूस निकाले। कई जगह मुख्यमंत्री प्रफुलचंद्र सेन के पुतले भी जलाए गए। 22 फरवरी 1966 को कोलकाता के कॉलेज स्क्वायर से छात्रों ने विशाल जुलूस निकाला जो राजभवन तक गया। छात्र नारे लगा रहे थे—'लाठी नहीं, गोली नहीं, अन्न चाहिए।' 'छात्रों की हत्या का जवाब चाहिए।' 'खाद्यान्न आंदोलन के दौरान गिरफ्तार लोगों की रिहाई चाहिए।'

उसी दिन कोलकाता मैदान में वाम दलों ने एक विशाल जनसभा का आयोजन किया जिसमें रिकार्ड संख्या में लोग जुटे। उसमें उपस्थित लोगों ने शपथ ली कि जब तक बंगाल की कांग्रेस सरकार हर जगह यथोचित मूल्य पर राशन के वितरण का प्रबंध नहीं करती, स्वरूपनगर, बादुड़िया व बशीरहाट में पुलिस फायरिंग की निष्पक्ष जांच नहीं करती और आंदोलन के दौरान गिरफ्तार लोगों को रिहा नहीं करती, तब तक लोकतांत्रिक ढंग से खाद्यान्न आंदोलन चलता रहेगा। जनंता को यह शपथ निखिल दास ने दिलाई।

उस खाद्यान्न आंदोलन में आज की बंगाल माकपा के सचिव विमान बसु ने भी बढ़ चढ़ कर भाग लिया था। तब वे माकपा की छात्र युवा शाखा में थे। आंदोलन में भाग लेने के दौरान पुलिस कार्रवाई में विमान दा भी गंभीर रूप से घायल हो गए। पूरा ट्राउजर खून में सन गया। उन्होंने एक परिचित के यहां शरण ली।

बहरहाल खाद्यान्न संकट के विरोध में 23 फरवरी 1966 को बारासात में जनता ने विशाल प्रदर्शन किया। पुलिस ने लाठी चार्ज किया तो जनता ने भी जवाबी आक्रमण किया, बाध्य होकर पुलिस को पीछे हटना पड़ा। 23 फरवरी को ही सिलीगुड़ी और हावड़ा में हड़ताल हुई। तीन मार्च को कृष्णनगर में आंदोलनकारियों पर पुलिस ने कई चक्र फायरिंग की। चार मार्च को कोलकाता में छात्रों ने विशाल जुलूस निकाला। खाद्यान्न आंदोलन को दबाने के लिए कृष्णनगर, रानाघाट और शांतिपुर में फौज भेजी गई। 6 मार्च को तत्कालीन प्रधानमंत्री इंदिरा गांधी को कोलकाता आकर उच्च स्तरीय बैठक कर स्थिति की समीक्षा करनी पड़ी।

खाद्यान्न आंदोलनकारियों पर अनवरत पुलिस कार्रवाई के विरोध में 10 मार्च 1966 को बंगाल बंद की अपील की गई। बंद समर्थकों पर उस दिन भी पुलिस ने फायरिंग की। उसमें दस लोग मारे गए। उसके अगले दिन 11 मार्च को भी पुलिस ने हावड़ा के शिवपुरा, कोलकाता के बेहला, गड़ियां, कामारहाटी, बलघरिया, बरानगर और बनगाँव में फायरिंग की जिसमें 13 आंदोलनकारी मारे गए। उसके विरोध में नाराज लोगों ने ट्रेनों की आवाजाही पूरी तरह बंद कर दी।

11 मार्च 1966 तक खाद्यान्न संकट का आंकड़ा इस प्रकार था–मारे गए–50, गम्भीर रूप से आहत 300 और गिरफ्तार सात हजार। 13 मार्च को ही पुलिस अत्याचार के विरोध में कोलकाता समेत पुलिस ने 108 आंदोलनकारियों को गिरफ्तार किया। 15 मार्च को तत्कालीन गृहमन्त्री गुलजारी लाल नंदा को एक ज्ञापन देकर बंगाल में राष्ट्रपति शासन लगाने की मांग की गई। अंततः सरकार को स्वीकार करना पड़ा कि देश में खाद्यान्न संकट है। इस खाद्यान्न आंदोलन के परिणामस्वरूप बंगाल कांग्रेस से बंगवासियों का पूरी तरह मोहभंग हो गया था।

1966 के खाद्यान्न आंदोलन जैसी ही स्थिति 2007 के राशन विद्रोह में दिखी। बंगाल में राशन विद्रोह शुरू हुआ। 16 सितम्बर 2007 को बांकुड़ा के दो ब्लॉकों--सोनामुखी और बड़पोड़ा के बांशिदों ने गेहूँ के वितरण में राशन डीलरों द्वारा धांधली किये जाने के विरोध में सोनामुखी के राधामोहनपुर के पंचायत प्रधान व माकपा नेता पवित्र मंडल से शिकायत की तो उन्होंने शिकायत पर कान नहीं दिया। इससे नाराज लोगों ने राशन डीलरों के घर व दुकानों पर धावा बोला। पुलिस ने राशन आंदोलनकारियों पर पहले लाठी चार्ज किया, बाद में फायरिंग की। गोली लगने से एक छात्र समेत तीन लोग बांकुड़ा मेडिकल कॉलेज अस्पताल में भर्ती किए गए।

बांकुड़ा के बड़पोड़ा कोटालपुकुर के स्थानीय डीलर नारायण दत्त जब राशन की सामग्री नहीं दे रहे थे तो स्थानीय लोगों ने उनका घर घेर लिया। तो राशन डीलर ने अपनी लाइसेंसी बंदूक से गोली चलाई जिसमें पाँच लोग घायल हुए। बाद में पुलिस वहाँ पहुँची और आंदोलनकारियों पर दनादन लाठी चार्ज किया। बांकुड़ा में जगह-जगह सस्ते मूल्य वाली राशन दुकानों से राशन नहीं मिलने के विरोध में आंदोलन शुरू हो गया। इसी तरह का विद्रोह वीरभूम में शुरू हुआ और लोगों ने राशन की दुकानों के मालिकों का घेराव किया। वीरभूम में राशन कार्ड होते हुए भी राशन सामग्री नहीं पाने के विरोध में 20 सितम्बर 2007 को वीरभूम के विभिन्न खाद्यान्न दफ्तरों व राशन डीलरों को उनके कक्षों-घरों में बंदी बना लिया। बंदी बनाए गए शिकारपुर के डीलर काजी अबू हुसैन ने राशन नहीं देने के हर्जाना स्वरूप हर राशनकार्डधारी को ढाई सौ रुपए देने का ऐलान किया। राशन डीलरों की मदद कर रही पुलिस की कई गाड़ियां भी क्रुद्ध लोगों ने फूंक दी। एक अक्तूबर 2007 को तो वीरभूम जिला रणक्षेत्र में तब्दील हो गया। लाभपुर पुलिस ने गोली चलाई जिसमें लांगलहाटा गाँव के 55 वर्षीय प्रौढ़ अयूब शेख क़ी मौत हो गई। दो दिन बाद राशन विद्रोह बर्दवान पहुंच गया। बर्दवान के केतुग्राम में राशन की मांग कर रहे लोगों पर पुलिस ने फायरिंग की जिसमें 36 वर्षीय खेत मजदूर धातुपद दास की मौत हो गई। जल्द ही राशन विद्रोह जनपद दर जनपद फैलता गया। बर्दवान से पुरुलिया, उसके बाद पश्चिमी मेदिनीपुर, उत्तर 24 परगना, हुगली और मुर्शिदाबाद में विद्रोह फैलता गया। लोगों ने राशन डीलरों के घर व दुकान में लूटपाट की और आग लगाना भी शुरू किया। बांकुड़ा, पुरुलिया, मेदिनीपुर, वीरभूम, बर्दवान और मुर्शिदाबाद जिलों में राशनडीलरों के खिलाफ लोगों ने इसलिए सीधी कार्रवाई की क्योंकि राशन की दुकानों से उन्हें खाद्य सामग्री नहीं मिल रही थी। आज भी राशन कार्ड धारियों का आरोप है कि उन्हें जन वितरण प्रणाली के तहत राशन की दुकान से सस्ते में मिलनेवाला गेहूं, चावल, चीनी, दाल और किरासन नहीं दिया जाता और उन्हें खुले बाजार में ऊँची कीमत में बेच दिया जाता है।

गरीबी रेखा से नीचे रहने वाले (बीपीएल) परिवारों के लिए भारत सरकार ने अभीष्ट जन वितरण प्रणाली (टीपीडीएस) शुरू कर रखी है। इसके तहत बंगाल में निर्धारित हर व्यक्ति को सात किलो चावल/गेहूं दिया जाना चाहिए। चावल छह रुपए 15 पैसे प्रति किलो की दर से और गेहूं चार रुपए 65 पैसे की दर से। इसके अलावा अंत्योदय अन्न योजना के तहत तीन रुपए किलो चावल और दो रुपए किलो गेहूं (अधिकतम 7 किलो) मिलना चाहिए, पर नहीं मिलता।

अन्नपूर्णा योजना के तहत बिना मूल्य दस किलो चावल भी नहीं मिल पा रहा। अंत्योदय और अन्नपूर्णा योजनाओं के तहत आने वाली सामग्री भी खुले बाजार में बेचे जाने की शिकायत आम है।

राशनकार्ड धारियों को यदि खाद्य सामग्री उचित मूल्य पर मिलती रहती तो 2004 में बंगाल में जनपद-दर-जनपद विद्रोह नहीं भड़का होता और राशन डीलर जन रोष की चपेट में नहीं आए होते। यही नहीं, यदि सार्वजनिक वितरण प्रणाली नहीं चरमराई होती तो आमलासोल से लेकर उत्तर बंगाल में भुखमरी की घटनाएँ भी नहीं हुई होतीं। पश्चिमी मेदिनीपुर के आमलासोल गांव में 2004 में पाँच शबर आदिवासी भूखों से मर गए। आमलासोल ग्राम पंचायत के सदस्य और स्थानीय माकपा नेता कैलाश मुंडा ने नौ जून 2004 को संवाददाताओं से बातचीत में खुलासा किया कि आमलासोल गांव के पांच शबर आदिवासी गत तीन महीनों के भीतर खाद्यान्न के अभाव में मरे हैं। 10 जून 2004 के अंक में कोलकाता के दैनिकों में जब यह खबर छपी! तो मुख्यमन्त्री बुद्धदेव भट्टाचार्य ने भुखमरी की जांच कराने के आदेश दिये। राज्य के एक मन्त्री जांच करने गए। मन्त्री और स्थानीय बीडीओ ने मरने वाले आदिवासियों के परिजनों से भेंट किए बगैर ही बयान दिया कि आमलासोल में भूख से कोई मौत नहीं हुई है। पांचों आदिवासी कुपोषण या बीमारी से मरे हैं। लेकिन सरकारी झूठ की पोल उसी समय खुल गई जब दुर्बार महिला समिति जैसी संस्थाओं और विजय उपाध्याय जैसे सामाजिक कार्यकर्ताओं ने आमलासोल में भण्डारे का आयोजन किया। लोग खिचड़ी खाने, अन्न, या वस्त्र लेने के लिए टूट पड़े।

वाम राज में भूखों मरने की एक नहीं, अनेक घटनाएँ, उत्तर बंगाल के चाय बागानों में हुई हैं। राज्य के विभिन्न चाय बागान, दुआर्स के इलाके मृत्यु उपत्यका में तब्दील होते देखे गए हैं। दिल्ली की संस्था सीईसी और यूटीयूसी की संयुक्त जांच रिपोर्ट के मुताबिक सिर्फ चार चाय बागानों—ढेकलापाड़ा, कांठालगुड़ी, मुजनाई और रामझोरा में 2002 से फरवरी 2003 के बीच 240 लोग भूखों मर गए। उत्तर बंगाल में बंद चाय बागानों में काम करने वाले बेकार हो गए थे। उनके परिजन भूखों मरने को अभिशप्त हुए। 2001 से 2004 के बीच दुआर्स के 30 चाय बागान बंद हो

गए। इसके फलस्वरूप सैकड़ों श्रमिकों के सिर पर भुखमरी की समस्या आ खडी हुई। पश्चिम बंगाल सरकार के एक घटक फारवर्ड ब्लाक ने पुस्तिका जारी कर उत्तरी बंगाल में बंद चाय बागानों में भुखमरी की घटनाओं को स्वीकार किया है। राज्यपाल गोपाल कृष्ण गाँधी ने भी उत्तर बंगाल में भुखमरी की घटनाओं पर चिंता जाहिर की। इसके बावजूद वहाँ भुखमरी की रोकथाम के लिए कोई समन्वित कार्यक्रम नहीं शुरू किया गया। कुल मिलाकर खाद्यान्न संकट आज बंगाल की भी बड़ी हकीकत है।

(लेखक प्रसिद्ध पत्रकार व महात्मा गांधी अंतर्राष्ट्रीय विश्वविद्यालय बर्धा में एसोसिएट प्रोफेसर हैं।)

लिखना/भूखों को रोटी की जगह कौन थमा रहा है इंद्रजाल/
लिखना/कब भूखे बच्चों ने छोड़ दिया रोना और मांगना।
लिखना/सच लिखना/शब्दों को झूठ की सलीब पर मत टांगना।

खलिहान के दाने/सोमालिया नहीं/मण्डी जाते हैं
रात के सन्नाटे में/गोदाम से आवाज आती है—सोमालिया-सोमालिया।

—मदन कश्यप

ताल दे रहा है अदहन/डमक-डमक नाच रहे हैं चावल
कल से कुछ नहीं खाया बच्चों ने—कटोरा बजा रहे हैं
खाली कटोरा—खाली हाथ बड़े-बड़े कौर उठा रहे हैं
बच्चे गा रहे हैं भात पकने का गीत।

—निलय उपाध्याय

पुरुलिया : भूख की बाढ़

(10 नवंबर 1974 के 'दिनमान' (हिंदी की तत्कालीन प्रतिष्ठित पत्रिका) में प्रकाशित यह रपट 35 साल पहले की बंगाल की स्थितियों की झलक प्रस्तुत करती है और आज की समस्या के लिए एक दृष्टि देती है।)

—नेत्रसिंह रावत

पुरुलिया, बांकुड़ा, मिदिनापुर जलपाईगुड़ी और कूचविहार—पश्चिम बंगाल के इन दुर्भिक्ष पीड़ित जिलों का दौरा आरंभ करने से पूर्व मुझे कलकत्ते को एक सरसरी निगाह से परखने का मौका मिला, यह जरूरी भी था, इसलिए कि कलकत्ते को पहचाने बगैर उसके और बंगाल के कस्बाई तथा ग्रामीण क्षेत्रों के रिश्ते और परिवेश को समझना मुमकिन नहीं है और इसलिए भी कि राज्य का प्रशासनिक केंद्र होने के नाते दुर्भिक्ष पीड़ित जिलों की देखरेख और आपातकालीन स्तर पर व्यवस्था का अधिकांश दायित्व उसे ही संभालना है। महानगरीय जिंदगी से लंबे अर्से से परिचित आंखों के लिए जल्द ही यह देख लेना मुश्किल नहीं है कि जितना बेहाल, बदहवास और पस्त कलकत्ता है, उतना इस देश का और कोई महानगर शायद ही होगा। मकानों पर जाने कब से काई जमी हुई है। उनके पलस्तर उखड़ रहे हैं, दीवारें खस्ताहाल हैं। सड़कें गड्ढों और कीचड़ से पटी हुई हैं। बंद और हड़तालों की निरंतर पुनरावृत्ति से उद्योग-धंधों की कमर टूट रही है। फुटपाथों पर पड़े कम-से-कम 12 लाख आदमी बरसात झेल चुके हैं और अब सर्दी झेलेंगे। राज भवन और सचिवालय (राइटर्स बिल्डिंग) के निकट उस इलाके में भी कचरे का अंबार जमा रहता है, जो नगर का केंद्रस्थल है और जहां लगभग हर रोज हजारों प्रदर्शनकारी एकत्र होते हैं। उनमें इतना विकट धैर्य है कि बेहिचक बदबू सूंघते हुए या नाक पर रूमाल रखे घंटों तरह-तरह के भाषण सुन सकते हैं। एक सिनेमाघर में 'बॉबी' फिल्म दो हफ्ते और चल कर साल पूरा कर लेगी। दिल्ली की तुलना में कलकत्ते में शराब सस्ती

है। मैंने कलकत्ता में ही पहली बार यह नजारा देखा कि एक देसी शराबखाने में लगभग 200 व्यक्ति एक साथ बैठे शराब पी रहे हैं। मेरे एक अल्प...परिचित साथी ने मुझे यह नजारा दिखाते हुए टिप्पणी की : इससे थोड़ा छोटा देसी शराबखाना एक और है–आप कहें तो वहाँ भी ले चलूं।...इन्हें (शराबियों को) अच्छी तरह देख लीजिए–तस्वीरें खींचिए इनकी। यह महफिल रात देर तक आबाद रहेगी। इनमें मजदूर भी हैं, सफेदपोश भी, लेखक, कलाकार और क्रांतिकारी भी...'

24 घंटे में कलकत्ता मेरी नजरों के सामने इतना खुल चुका था कि हावड़ा से रात की गाड़ी से पुरुलिया के लिए रवाना होने के बाद वह दुःस्वप्न की तरह मेरे दिमाग पर छा गया। यह सवाल मेरी चेतना को लगातार कौंचता रहा है कि जो स्वयं डूब रहा है वह उन संकटग्रस्त जिलों को कैसे संभाल सकेगा, जिनके प्रशासन की लगाम उसे ही सौंपी गई है? यह सवाल इसलिए भी देर तक करवटें लेता रहा कि गाड़ी सोशलिस्ट यूनिटी सेंटर द्वारा संकटग्रस्त इलाकों से लाये गए प्रदर्शनकारियों से खचाखच भरी हुई थी। वे दिन भर सचिवालय के निकट प्रदर्शन करके घर लौट रहे थे। उनसे घिरे रहने के अहसास को परे खिसकाना मुमकिन नहीं था। भीड़ से घबरा कर तृतीय श्रेणी (अब द्वितीय कहना चाहिए) का टिकर रद्द करवाने के बाद प्रथम श्रेणी के कक्ष में आए एक बंगाली युवक से मैंने पूछा : क्या आपको मालूम है कि इन्हें (प्रदर्शनकारियों को) क्या आश्वासन मिला है?

पता नहीं–युवक ने उपेक्षापूर्ण स्वर में कहा– ये जानें और इनके लीडर जानें। इनके लिए यही काफी नहीं है कि कलकत्ता देख लिया–बेटिकट आए और लौट गए। जो छूट गए हैं, वे कुछ दिन यहाँ-वहाँ पड़े रहेंगे, फिर भीख मांगेंगे, चोरी करेंगे, इन बेटिकट आने वालों की वजह से ही कलकत्ता में भिखमंगों की तादाद इतनी बढ़ गई है।

आप कहां जा रहे हैं?–बांकुड़ा जा रहा हूँ–युवक ने कहा–मैं फुटबाल की एक टीम का मैनेजर हूं। मेरे साथी दूसरे कंपार्टमेंट में हैं। बांकुड़ा के अलावा हम दूसरे शहरों में भी खेलेंगे।

बातचीत का सिलसिला औपचारिकता की तरफ मुड़ कर टूट गया। सोते समय उस युवक ने मुझे सलाह दी–खिड़की बंद कर लीजिए। इस लाइन पर रात का सफर खतरनाक है–इन दिनों अपराधों की संख्या और बढ़ रही है।

सुबह किसी स्टेशन पर उतरे प्रदर्शनकारियों और सौदासुलफ बेचने वालों का शोर सुन कर नींद खुल गई। बाहर निकल कर देखा कि अधिसंख्य प्रदर्शनकारी उतर चुके थे और शेष को बांकुड़ा और पुरुलिया में उतरना था। बांकुड़ा का जो अंचल रेल की खिड़की से दिखाई दे रहा था उसमें खड़ी धान की फसल और हरियाली यकीन

नहीं दिला रही थी कि वह खेत्र वाकई सूखा पीड़ित है। अधिकांश खेतों में धान के पौधों में उतनी जान थी, जितनी उत्पादन की दृष्टि से द्वितीय या तृतीय श्रेणी की और पथरीली भूमि में भरपूर खाद न मिलने के बावजूद होती है। खड़ी फसल यह जतला रही थी कि वह अब पानी के लिए नहीं तरस रही थी। उपजाऊ भूमि, खाद और अच्छा बीज ऐसी नियामतें नहीं हैं, जिनके लिए वह केवल इसी साल तरस रही है। बांकुड़ा की सीमा पार करके पुरुलिया की सीमा में प्रवेश करने पर जगह-जगह पटरी के दोनों तरफ इंजन से गिरा कोयला खोजती औरतें और बच्चे दिखाई दिये। औरतों के पर शरीर पर मात्र एक साड़ी लिपटी हुई थी। बच्चे नग्न या अर्द्धनग्न थे। मैंने इस अष्टावक्र गणित से उलझने का प्रयास किया कि इस पटरी से हर रोज आखिर कितनी रेलें गुजरती होंगी, उनके इंजन से आखिर कितना कोयला गिरता होगा और इतनी औरतें और बच्चे हर रोज कितना कोयला एकत्र कर पाते होंगे। साफ दिख रहा था कि दूर-दूर तक जंगलों का नामोनिशान नहीं है हालांकि केवल जंगल ही ईंधन के स्रोत नहीं हैं। यह इलाका केवल अन्न की कमी का ही नहीं ईंधन की कमी का घोर संकट भी झेल रहा है। अन्न की कमी के इस हंगामे में ही नहीं, शायद भविष्य में भी यह समस्या यों ही दबी रह जाएगी। घंटों भटक कर कोयला एकत्र करती औरतें और बच्चे यह तसल्ली जरूर दे रहे थे कि फिलहाल उनके पास चूल्हा जलाने लायक अन्न है; जिनके पास नहीं है, वे या तो दम तोड़ रहे हैं या लंगरखानों की तरफ चले जाएंगे।

पुरुलिया नगर की एक झलक ही यह जतला रही थी कि जैसे वह एक उपनिवेश है, जहां समाज के एग वर्ग और दूसरे वर्ग या वर्गों में शासक और शासित के संबंध से बेहतर संबंध नहीं है। वर्गों में विभाजित समाज में रहने का आजन्म आदी होने के बावजूद एक ओर पस्त कद, अर्धनग्न मजदूरों को, जिनकी त्वचा धूप से झुलस कर भैंस की चमड़ी जैसी हो गई थी–भारी बोझ से लदे हुए या सांड की तरह ठेला खींचते देख कर, दूसरी ओर गावतकिये से पीठ टिकाये, बहीखातों, टेलीफोन और भारी सामान तोलने के लिए दुकानों की छत से लटके तराजू से घिरे व्यापारियों की तरफ निगाह दौड़ाते हुए मैंने यह महसूस किया कि पुरुलिया में दलित वर्ग की ओर सीधा संकेत करना जितना आसान है उतना शायद इस देश के किसी अन्य नगर में नहीं। तथ्यों की छान-बीन के बाद ज्ञात हुआ कि जो लोग पहली झलक में गुलाम से बेहतर नहीं दिखाई देते, वे आदिवासी और अनुसूचित जातियों के हैं। पुरुलिया के मूल निवासी ये ही हैं; शोषण के हजारों प्रत्यक्ष और परोक्ष तौर तरीकों से घिर कर अब ये अपनी जमीन से बेदखल हो गए हैं; सभ्य (?) और ताकतवर वर्ग इनके कंधों पर सवार है; भूख से भी ये ही बड़ी तादाद में मर रहे हैं।

पुरुलिया में सरकारी राहत व्यवस्था की जानकारी हासिल करने के इरादे से मैं सबसे पहले, जिले के सर्वोच्च अधिकारी उपायुक्त आर. जखुमा से उनके कार्यालय पर मिला। श्री जखुमा अपने एक सहयोगी से विचार-विमर्श कर रहे थे इसलिए उन्होंने मुझसे थोड़ी देर बाद बातचीत करने का इरादा जाहिर किया। संयोगवश वह अपने सहयोगी से राहत व्यवस्था और खाद्यान्न पूर्ति संबंधी कागजातों पर ही विचार-विमर्श कर रहे थे। श्री जखुमा की बातें और उनका गंभीर चेहरा जतला रहा था कि मिजोरम का यह युवा अधिकारी एक चुस्त और कर्मठ व्यक्ति है, जो मौजूदा व्यवस्था की परिधि में घिरे रहने के बावजूद अपनी क्षमता का यथासंभव उपयोग कर रहा है। उनके संवाद से यह आभास भी मिला कि कलकत्ते से उच्च स्तर पर कई बार पुरुलिया में खाद्यान्नपूर्ति की स्थिति के संबंध में पूछताछ की गई है और फिलहाल इतना अन्न उपलब्ध है कि हाहाकार की नौबत टल सकती है। मुझसे मुखातिब होने पर श्री जखुमा ने कहा भी कि जिले के बांशिदों को राहत देने के लिए खाद्यान्नपूर्ति की स्थिति फिलहाल संतोषजनक है। संकट टलने तक कितना अन्न मिल सकेगा यह राज्य स्तर पर उपलब्ध खाद्यान्न के भंडार पर निर्भर है। मैंने पूछाः भुखमरी की गिरफ्त में यहां कितने गांव हैं? कमोवेश सभी गाँव प्रभावित हैं—श्री जखुमा ने कहा—अनावृष्टि के परिणामस्वरूप खड़ी फसल को लगातार दो साल तक जबरदस्त नुकसान पहुंचा है इसलिए वे गांव भी प्रभावित हैं, जहां इस साल देर से वर्षा होने के बावजूद फसल खराब नहीं होगी। खड़ी फसल को देख कर तो ऐसा नहीं लगता कि दुर्भिक्ष केवल सूखे का परिणाम है? इस साल धान रोपते वक्त वर्षा नहीं हुई इसलिए खेतिहर मजदूरों को काम नहीं मिला। वे बहुत घबरा गए। मई में मोटे अनाज की फसल भी वर्षा के अभाव में मारी गई इसलिए खेत मजदूरों और छोटे किसानों की 'रक्षा की दूसरी पंक्ति' भी टूट गई। मसले का सबसे गंभीर पक्ष यह है कि यहां जनता की क्रय शक्ति अत्यंत न्यून है—वे सस्ते भोजनालयों से रोटी-सब्जी खरीदने के लिए चार आने भी नहीं जुटा सकते। इस संकट का एक पक्ष यह भी है कि हाल ही में एक बीड़ी उद्योग के बंद हो जाने से छः हजार मजदूर बेकार हो गए हैं। यह इलाका ऐसा नहीं है कि उन्हें शीघ्र ही दूसरा काम मिल सके। पूरे जिले में कुल कितने राहत केंद्र हैं और उन्हें कौन चला रहे हैं? कुल राहत केंद्रों की संख्या 127 है, जिनमें से 71 लंगरखाने हैं। इनकी व्यवस्था प्रखंड विकास अधिकारी और कलक्टरी के कर्मचारी संभाल रहे हैं। देशी-विदेशी सामाजिक संस्थाओं को भी हम सहयोग दे रहे हैं। पीड़ितों को यथासंभव राहत देने के लिए तीन प्रकार की व्यवस्था की गई है— लंगरखाना, सस्ते भोजनालय और काम के बदले अन्न और नकद भुगतान। लंगरखानों में जिनकी स्थिति सर्वाधिक दयनीय है, उन्हें मुफ्त भोजन दिया

जाता है। सस्ते भोजनालयों में एक खुराक की कीमत चार आना है। जो राहत कार्यक्रम के अंतर्गत मजदूरी कर रहा है उसे सात सौ पचास ग्राम गेहूं और एक रुपया पचास पैसा प्रतिदिन दिया जाता है। इस जिले में अब तक भूख से कितने व्यक्तियों की मृत्यु हुई है? इस प्रश्न का उत्तर देते समय श्री जखुमा थोड़ा सकपकाये और फिर संयत स्वर में उन्होंने कहा : 'स्टेट्समैन' में यह खबर छपी है कि इस जिले में भूख से नौ व्यक्ति मर गए है। मैंने इन सभी मामलों की जांच की। मृत्यु का 'प्रत्यक्ष कारण' भूख नहीं, पौष्टिक आहार की कमी है।

उपायुक्त के कार्यालय से मैं सीधे लोक सेवक संघ के कार्यालय पर गया। लोक सेवक संघ पुरुलिया में सक्रिय एक महत्त्वपूर्ण राजनैतिक संगठन है। यहाँ वह सत्तारूढ़ कांग्रेस का प्रबल प्रतिद्वन्द्वी है; पिछले चुनाव से पहले कांग्रेसी उम्मीदवारों को शिकस्त भी देता आया है और 'जुक्ति फ्रंट' (संयुक्त मोर्चा सरकार) में भागीदार भी रहा। इस संगठन के सचिव अरुण घोष ने मुझे बताया कि उनका संगठन पुरुलिया के अलावा अंशतः बिहार में भी सक्रिय है।

उपायुक्त से हासिल कई आशाजनक सूचनाओं का खंडन और परीक्षण करते हुए श्री घोष ने कहा कि यहां सरकार द्वारा राहत की पहल बहुत देर में शुरू हुई। संकट आरंभ हुआ चैत में, आषाढ़ में वह चर्मोत्कर्ष पर था, लेकिन राहत की व्यवस्था की गई भादों में। शासक दल ने भावी चुनाव पर इस संकट के कुप्रभाव का अनुमान लगाने के बाद ही राहत की पहल की। पहले सत्तारूढ़ दल की यह मंशा थी कि वह अगले चुनाव को स्थगित कर देगा, फिर उसने यह निर्णय लिया कि प्रतिपक्ष कमजोर और विभाजित है अतः चुनाव स्थगित नहीं किया जाना चाहिए। सत्तारूढ़ दल इस निष्कर्ष तक देर में पहुंचा इसलिए राहत कार्य भी देर से आरंभ किया गया। यहां अब तक कुल कितने व्यक्ति भूख से मरे होंगे? श्री घोष ने कुछ क्षणों तक मौन रह कर कहा—कोई हिसाब नहीं है। सूखे से फसल को नुकसान न पहुंचे तो भी बेरोजगार लोग भूख से मरते रहते हैं। मृतकों की सही संख्या बताना इसलिए भी संभव नहीं कि जैसे ही एक क्षेत्र के विधायक को यह सूचना मिलती है कि दूसरे क्षेत्र को अधिक राहत सामग्री मिल रही है, वह मृतकों की संख्या बढ़ा-चढ़ा कर बतलाने लगता है, जिससे कि उसे अयोग्य सिद्ध न किया जाए। आदमी की जिंदगी की यहां क्या कीमत है?

लंगरखानों और सस्ते भोजनालयों में दोपहर के बाद ही भोजन बंटता है। इसलिए मैंने तय किया कि नगर की बजाय आसपास के गांवों में जाकर उनका मुआयना किया जाए। संयोग से मैं एक जीप की व्यवस्था कर सका। एक बंगाली सज्जन एम.एन.गुह ने भी अपने दो कारिंदों को मेरे साथ भेजने का इरादा जाहिर

किया। श्री गुह डीजल चालित पंपसेट के निर्माता और वितरक हैं। उन्होंने मुझे बताया कि पुरुलिया जिले में वह तीन सौ पंपसेट बेच चुके हैं। पुरुलिया नगर के निकट जयपुर और झालदा–इन दो कस्बों में मैंने मारवाड़ी समाज द्वारा संचालित लंगरखानों का मुआयना किया, स्थानीय व्यक्तियों ने मुझे बताया कि सरकारी राहत केंद्रों की बजाय रामकृष्ण मिशन, मारवाड़ी राहत केंद्र आदि 'बेसरकारी' संस्थाओं द्वारा संचालित लंगरखानों में भोजन के बंटवारे की बेहतर व्यवस्था है। हाथ में जस्ते का बर्तन घेरे सैकड़ों फटेहाल स्त्री-पुरुष और बच्चों में से मैंने जिससे भी बातचीत की पहल की उसने यही महसूस कराया कि अपनी व्यथा को वाणी देने का कौशल उनमें कतई नहीं है। 24 घंटे में सिर्फ एक बार खिचड़ी मिलने से भूख शांत हो जाती है? मेरे इस सवाल का जवाह एक फटेहाल अधेड़ व्यक्ति ने दिया : '24 घंटे में एक बार भी भरपेट भोजन मिल जाए तो वही बहुत है। सूखा हो या न हो, हमें तो पेट भर भोजन लगातार कभी नहीं मिलता।' लंगरखानों में किसी से बातचीत की पहल करते ही लोग मुझे घेर कर यही आग्रह करते थे कि मैं उन्हें कार्ड दिलवा दूं। यह कार्ड क्या बला है? यह पूछने पर भोजन बांटने वाले एक स्वयंसेवक ने मुझे बताया कि मुफ्त खुराक पाने वालों को उनकी 'आर्थिक स्थिति' की जांच करके कार्ड दिया जाता है। ये कार्ड दिखा कर ही वे अपनी खुराक ले सकते हैं। यदि कार्ड वालों के लिए ही भोजन पर्याप्त हो, बाकी न बचे, तो जिनके पास कार्ड नहीं है, उन्हें खाली पेट लौटना पड़ता है। कार्ड बांटने की व्यवस्था कितनी लचर और क्रूर है, यह जानने के लिए मुझे ज्यादा पूछताछ की जरूरत महसूस नहीं हुई। कार्ड दिलाने के लिए मुझसे आग्रह करने वालों के पिचके हुए पेट, सूखे चेहरे और उभरी हुई पसलियां यह जतला रही थीं कि उन्हें भुखमरी के दायरे से बाहर रखने का कोई तार्किक आधार नहीं है।

झालदा से पुरुलिया लौटते समय मैंने ड्राइवर से कहा वह जीप का रुख पास के गांव की ओर मोड़ दे। मोटर की सड़क से गांव लगभग दो फर्लांग दूर था। सहसा यह देख कर मैं दंग रह गया कि जीप को अपनी ओर बढ़ते देख कर बूढ़ी और जवान औरतें धान के खेतों की ओर भागने लगीं। क्षण भर को मैंने महसूस किया कि जैसे हम में से कोई नादिरशाह है, जो जीप में बैठ कर गांव पर हमला कर रहा है और भयाक्रांत औरतें भाग रही हैं। शोर सुन कर एक कच्चे मकान से कुछ किसान बाहर आ गए। उनमें से एक ने श्री गुह के कारिंदे को पहचान कर बंगला में जो कहा, उसका आशय था–आइए 'भटभटिया साहब' कैसे आना हुआ? श्री गुह के कारिंदे ने मुस्कुराते हुए मुझे बताया कि पिछली बार वह पंपसेट देने मोटरसाइकिल में बैठ कर आया था। इसीलिए यहां लोग उसे 'भटभटिया साहब' के नाम से ही जानते हैं।

औपचारिक बातचीत के बाद मैंने पंपसेट चला कर दिखलाने की इच्छा प्रकट की। तुरंत कई किसान युवक पंपसेट को उठा कर पास के कुएं पर ले गए। श्री गुह के कारिंदे के सहयोग से उन्होंने कुएं से पानी खींचना आरंभ किया और मैं देर तक वर्षा पर निर्भर और पानी को तरसते पुरुलिया के एक गांव में पानी उगलती मशीन का चमत्कार देखता रहा। कुछ देर पहले जो औरतें धान के खेतों की तरफ खड़ी हो गईं थीं वे भी नजदीक आकर एक तरफ खड़ी हो गईं। आप क्यों भागी थीं? मेरे प्रश्न का उत्तर उनकी बजाय एक किसान ने दिया : 'ये आप की जीप को पुलिस की जीप समझ कर भागे थे।' इस लोकतंत्र में पुलिस ने खास तौर से पिछड़ी जाति के ग्रामीणों से क्या ऐसा ही संबंध स्थापित नहीं किया है?

(लेखक हिंदी के प्रतिष्ठित पत्रकार रहे हैं।)

अरे चाटते देखा जूठे पत्ते जिस दिन मैंने नर को
उस दिन सोचा : क्यों न लगा दूं आग इस दुनिया भर को

—बालकृष्ण शर्मा नवीन

कहते हैं धान कटोरा इसे

('दिनमान' के 14 नवंबर 1974 के अंक में प्रकाशित यह रपट सूखे की उन स्मृतियों को ताजा करती है जो छत्तीसगढ़ के आदिवासियों पर गुजरी है और जिसके चलते वहां नक्सली आंदोलन पनपा।)

—जवाहरलाल कौल

छत्तीसगढ़ में इतिहास बन रहा है—गरीब, बेसहारा, भूमिहीन, छोटे किसान और मजदूर का इतिहास। इस विशाल क्षेत्र के सातों जिलों में रोज लोग मर रहे हैं। इस शताब्दी के भयानकतम अकाल (उनकी भाषा में दुष्काल) ने दस में से आठ गांव को अपने पंजों में कस लिया है मगर कहीं किसी प्रकार के विद्रोह की आवाज नहीं है—केवल दयनीय लाचारी में लोग मौत का इंतजार कर रहे हैं और जो नहीं कर पा रहे हैं वे दीवानों की तरह भाग रहे हैं शहरों की ओर, फिर शहरों से वापस निराश गांव की तरफ—तब तक टांगें जवाब दे जाती हैं। खेतों में धान के पौधे पीले पड़ गए हैं मगर उनमें बालियां नहीं। जमीन चाक-चाक हो गई है। कहीं-कहीं तो खेती ऐसी सूखी है कि एक दियासलाई दिखाने भर से सारा खेत आग पकड़ जाए। बड़े बाजारों में चावल 3 रुपये किलो (तीन मास पूर्व रु. 1.50), कनकी (चावल का टुकड़ा) 2 रुपए किलो बिकता है। जिन्हें परिवार भर के लिए एक आध किलो मिल जाता है वे उससे कुछ खाने और कुछ खाने का भ्रम पैदा करने की कोशिश करते हैं, बासी के द्वारा—छटांक भर चावल को किलो भर पानी में भिगोने से जो नशीला पेय बनता है उनकी नींद और उदासीनता द्वारा भूख को भूल जाने की कोशिश, जिन्हें यह नहीं मिलता वे भूसी खाते हैं या तरह-तरह की घास-मछरिया बाजी खा लेते हैं। एक किलो चावल के लिए छत्तीसगढ़ का किसान मजदूर हर वस्तु बेचने के लिए तैयार है; जेवर, बर्तन, औजार, हल, बच्चा और नारी तन, क़स्बों में इन सबका व्यापार होता है और व्यापारी मुस्कुराते हुए इसकी चर्चा करते हैं—'आप दिनमान के

प्रतिनिधि' हैं? अरे साहब इस बारे में कुछ कीजिये। छत्तीसगढ़ की आबरू लुट रही है बारह आने रुपये में। वह 'अलग-अलग मॉडल की कीमत' बता रहे हैं, मजा लेते हुए। अभी गांव में दो-दो चार-चार की मौत हो रही है। मगर अभी विकटतम समय तो आयेगा। सभी जानकार लोगों को डर है कि छत्तीसगढ़ के आधुनिक इतिहास में जनवरी 1975 से आगे के तीन चार मास में अधिकतम स्याही का इस्तेमाल होगा, तब मध्य प्रदेश का 'धान का कटोरा' खुली कब्रों से भर जाए। फिलहाल मौत से लड़ते हुए लोगों को हर जगह देखा जा सकता है।

बिलासपुर के रेलवे स्टेशन पर वे हमारे चारों ओर घिर आए क्योंकि उन्होंने हमें ठेकेदार समझ लिया था। मेरे साथी एक स्थानीय पत्रकार ने उन्हें कुछ समय तक इस भ्रम में रहने दिया। कहां से आए हो? फसल का क्या हाल है? चावल के क्या हाल हैं? चावल कब से नहीं मिला? आज कुछ खाया? कल? परसों? फिर कब खाया है? मगर जब लोग समझ गए कि हम ठेकेदार नहीं हैं और उन्हें काम नहीं दे सकते तो धीरे-धीरे अपने स्थान पर जाकर बैठने लगे। सब तरह के लोग थे वे—बच्चे, बूढ़े, जवान, औरतें। मेरे पत्रकार साथी मुझसे कह रहे थे कि ये लोग काम की तलाश में जा रहे हैं। कहां जाएंगे। यह उन्हें भी मालूम नहीं। शायद पश्चिम की ओर नागपुर और बंबई तक अथवा पूर्व दिशा में धनबाद और कलकत्ते तक। मगर इनमें से शायद सैकड़ों लोग इसी स्टेशन से निराश लौटते हुए लोगों के साथ घर लौट जाएंगे। बहुत से बेबस दयनीय चेहरों को देख कर मुझे लगा कि अनेक लोग तो कहीं भी नहीं जाएंगे, न घर, न बाहर क्योंकि उन्हें इस बात का एहसास हो गया है कि उनका सफर किसी भी समय समाप्त होने वाला है...स्टेशन से दूर एक 8-10 वर्ष की लड़की भीख मांग रही थी। उसने बताया कि मां तो भूख से मर गई मगर पिता 'कारखाने में काम करने लगे हैं।'

कहां, कोर्बा?

नहीं

भिलाई?

नहीं।

कलकत्ते।

मालूम नहीं।

घरों में कोई घुसने नहीं देता। चौकीदार पंजाबी बाबू के पास ले गया था मगर उसने कहा तुम अभी छोटी हो। लड़की का बाप अब शायद नहीं आएगा और यह लड़की किसी तरह ठोकरें खाती जवान हो जाएगी। मगर बिलासपुर के शंकर के लड़के को जवान होने का मौका ही न मिल पाए। और शायद उसी अस्पताल में मर

जाए जहां वह भर्ती किया गया।

कुद्दुदंड, बिलासपुर के भूमिहीन किसान शंकर के घर, लड़का, महंगाई, बेरोजगारी और भुखमरी ने करीब-करीब एक साथ आक्रमण किया। भूख से उसकी पत्नी मर गई। रिश्ते की किसी औरत ने बच्चे की देखभाल संभाली। मगर कुछ दिन बाद पेट की आग ने उसे भी भस्म कर दिया। शंकर की समझ में यह नहीं आ पा रहा था कि वह बच्चे का क्या करे। देवभोग ग्राम के उस किसान की बात उसने शायद नहीं सुनी थी जिसने खुलेआम बाजार में अपने अबोध बच्चे को नीलामी पर चढ़ाया ताकि उससे प्राप्त कुछ रुपयों से परिवार के और बच्चों को कुछ दिन जिंदा रखा जा सके। शंकर अखबार नहीं पढ़ता। इसलिए उसे यह मालूम नहीं था। मध्य प्रदेश के एक मंत्री के अनुसार बच्चों को बेचने की प्रथा छत्तीसगढ़ में कोई नई बात नहीं। हैरानी की बात तो यह थी कि शंकर को ऐसी प्रथा का ज्ञान भी नहीं था। इसलिए मजबूरी में अपने अधमरे बच्चे को लेकर बिलासपुर की पुलिस चौकी में आया और पुलिस अधिकारी के सामने बच्चे को डालते हुए उसकी जान बचाने की प्रार्थना की।

इसे आप संभालिए, मुझसे नहीं संभलता।

अभी शुरुआत है : छत्तीसगढ़ में 1889 में भयानक सूखा पड़ा था जिससे लाखों लोग प्रभावित हुए थे। शायद उस वर्ष भी इसी प्रकार वर्षा कम हुई थी या गलत समय पर हुई थी और धान की फसल नष्ट होने के कारण लोग अपने घर छोड़ कर दूर-दूर के शहरों में काम की तलाश में चले गए थे और सैकड़ों लोगों की मृत्यु हुई। मगर छत्तीसगढ़ के बड़े बूढ़ों का निश्चित मत तो है ही आंकड़ेबाज अधिकारियों का भी मत है कि 75 वर्ष पूर्व के उस भयानक दुर्भिक्ष को 1947 के 'दुष्काल' की तुलना में नगण्य माना जाएगा। बिलासपुर जिले के नौजवान और उत्साही कलक्टर कुंवरजी सिंह भाटिया के शब्दों में 'यदि इस वर्ष की फसल इस तरह तबाह न भी हुई होती और वर्ष उपज के लिहाज से सामान्य वर्ष ही रहा होता तब भी यह भीषण भुखमरी आ ही जाती, क्योंकि अनाज के अभाव के साथ-साथ असहनीय महंगाई और गरीब किसान की नगण्य क्रयशक्ति का मिलाजुला रूप ही तो यह अकाल है। गरीब किसान के आज के कष्टों का कारण यह है कि उसके पास कोई काम नहीं, कोई आमदनी नहीं और इसलिए तीन रुपए किलो चावल खरीद सकने की क्षमता नहीं। थोड़ी बहुत मात्रा में अब भी बाजारों में अनाज तो है मगर पैसे न होने के कारण छोटे किसान और भूमिहीन मजदूरों के लिए उसका होना न होना बराबर है। इस वर्ष के सूखे का प्रभाव फसल कटने के तीन मास बाद 1975 से शुरू होगा। अभी यह पिछले वर्ष की फसल का असर है। मगर पिछले वर्षों में भूमिहीन किसान काम के अभाव में किस प्रकार गुजारा चलाते थे?

'बाढ़ी'

बाढ़ी पद्धति के अनुसार संपन्न किसान अपने गरीब पड़ोसी किसानों या भूमिहीन मजदूरों को धान का ऋण देते रहे हैं जिसे आमतौर पर ड्योढ़ा करके अमली फसल के समय लौटाना तय होता है। यह धंधा न केवल पेशेवर साहूकार या बनिया करता रहा है बल्कि प्रायः हर किसान बाढ़ी देता है जो अपने खर्च से अतिरिक्त उगा सकता है। पर इस वर्ष आने वाली फसल के आशंकित विनाश के कारण संपन्न किसानों ने बाड़ी देना बंद कर दिया, न केवल इसलिए कि उसके वापिस आने की कोई उम्मीद नहीं, बल्कि इसलिए भी कि अगले वर्ष अपने खर्चे के लिए भी उन्हें इसी वर्ष धान बचाना पड़ेगा और यदि किसी किसान को अपने खेतों में मजदूर लगवाने हैं तो उन्हें मजदूरी देने के लिए भी पर्याप्त धान की जरूरत होगी। छत्तीसगढ़ में प्रायः खेती पर हर मजदूर को नकद के बदले अन्न के रूप में मजदूरी चुकाई जाती है। बाढ़ी नहीं मिली, मरती हुई फसल के कारण गांव में मजदूरी नहीं मिली। महंगाई और व्यापारिक मंदी के कारण शहरों मे न काम मिला, न अनाज, इसका परिणाम यह है कि छत्तीसगढ की सवा करोड़ आबादी का 80 प्रतिशत भूख का शिकार हो रहा है। गांव उजड़ रहे हैं। कलेक्टर भाटिया के अनुसार इस वर्ष के सूखे का असर नवंबर के बाद महसूस हो जाना चाहिए था। अर्थात् जब नवंबर के बाद फसल कट जाएगी। और अपेक्षाकृत संपन्न किसानों के पास भी अपने लिए पर्याप्त अनाज न रहने के कारण अगले कुछ मास के भीतर जो स्थिति पैदा होने वाली है वह इतनी विकराल हो सकती है कि अपनी क्रूरता के ही कारण वह अविस्मरणीय इतिहास बन जाए।

जिला रायपुर, तहसील महासमुद, ग्राम नानगांव में पंचायत घर का बरामदा—गांव के अधिसंख्य मर्द पत्थर के फर्श और बाहर सड़क पर जमा हो गए हैं। क्षेत्र के विधायक पुरुषोत्तम कौशिक पूछताछ कर रहे हैं। कितने लोग मर गए हैं?

15 दिन में आठ।

पिछले 2-3 दिन में लगातार कितने लोगों को भूखा रहना पड़ा?

एक साथ कई आवाजें।

हाल ही में किसी की मौत हुई?

रनतीबाई की।

मट्ठा बेच कर रतनी गुजारा कर लेती थी। मरने से पहले रतनी सारे गांव में मट्ठा बेचने की कोशिश करती रही। मगर बिका नहीं। सामने एक 70 साल का बूढ़ा पड़ा कराह रहा है। बूढ़े अधीन की एक आंख फूट गई है। खाना कई रोज से नहीं मिला है। इलाज का तो प्रश्न ही नहीं। उसका लड़का चूहालाल, पिता अधीन

को पैदल महासमुद के अस्पताल में ले आया, जहां आंखों के इलाज की कोई व्यवस्था नहीं। डॉ. ने रायपुर जाने की सलाह दी मगर शाम को जब इस संवाददाता ने गांव की सभा में उसे पाया तो चूहालाल ने कहा, 'साहब, रायपुर कैसे ले जाऊं, सारा दिन महासमुद में बटलोही बेचने के लिए घूमता रहा मगर बिकी नहीं और तो बेचने के लिए बचा नहीं है।' गांव के अधिसंख्य लोगों ने गहने और बर्तन बेच डाले हैं। कस्बों और शहरों में बर्तन खरीदने का बड़े पैमाने पर व्यापार शुरू हो गया है। 40 रुपए किलो का पीतल पांच से आठ रुपए किलो बिक जाता है। प्रत्यक्षवादियों के अनुसार अनेक ट्रक प्रतिदिन बर्तनों से भरे हुए उड़ीसा और महाराष्ट्र जाते हैं। बर्तन तो बिक रहे हैं, नानगांव में किवाड़ भी बिके हैं। बाहर से दिखने में खूबसूरत एक बढ़ई के घर के अंदर का दरवाजा किवाड़ों से रहित है। पास के एक गांव में उसे चौथाई मूल्य पर बेच दिया गया है। मगर एक फर्लांग आगे दो घरों के छप्पर भी बिक गए हैं। छप्पर खरीदने वाले एक व्यक्ति ने मुझे बताया कि 'मैंने तो 55 रुपए में इसे गिरवी रखा, खरीदा थोड़े ही है।'

नानगांव छत्तीसगढ़ की व्यथा का मूर्त रूप है। 1700 की आबादी के इस गांव का संपूर्ण अर्थतंत्र खेती और संगतराशी पर आधारित है। ये लोग पत्थर तराशने के अच्छे कलाकार नहीं हैं। खाली मजदूर हैं। फिर भी एक नजर में अनायास ही यह अहसास होता है कि पत्थर के बने खूबसूरत मकानों का यह गांव आसपास के इलाके में संपन्न होगा। मगर महीने भर से कोई भी ठेकेदार मजदूरों के लिए नहीं आया है। सरकार ने सार्वजनिक निर्माण के लिए पत्थर खरीदने की कोई कोशिश नहीं की। खेती तो नष्ट हो ही गई। गांव के शिक्षित ब्राह्मण महावीर प्रसाद तिवारी के अनुसार प्रायः 700 लोग गांव छोड़ कर मजदूरी की तलाश में चले गए हैं। अनेक बूढ़ों को गांव में छोड़ दिया गया है। कुछ इसलिए कि ढोर डंगर की देखभाल करें, कुछ इसलिए कि बाहर जा कर उनकी आर्थिक उपयोगिता नहीं है। चिंता तो यह है कि यदि काम मिल भी जाए तो करेंगे किससे। लोगों ने अपने औजार तक बेच डाले।

महानदी के किनारे पर स्थित बेलटुकरी गांव में टूटे हुए परिवारों की एक झलक दिखाई देती है। जहां कई बूढ़े मां-बाप गली-गली भीख मांग रहे हैं क्योंकि उनके जवान बेटे-बेटियां उन्हें छोड़ कर चले गए। कहां? किसी को पता नहीं। एक बुढ़िया का पति सोई हुई पत्नी को छोड़ कर कहीं चला गया। बुढ़िया भूख के कारण अधमरी अपनी कोठरी में पड़ी हुई है। मगर सबसे दर्दनाक कहानी गांव के हनुमान की है। हनुमान उसका नाम नहीं है केवल अपने हृष्ट-पुष्ट शरीर और निर्भीक स्वभाव के कारण उसे यह नाम दिया गया है। हनुमान के पास 20 एकड़ जमीन है मगर बोने के लिए बीज नहीं था, खा गया था। काम नहीं मिला तो पत्नी पवनबाई को

लेकर देवघर (उड़ीसा) चला गया। वहां से भी निराश लौट कर आया तो उसका शरीर केवल हड्डियों का विशाल ढांचा रह गया था और पत्नी पवन को वह केवल गोद में ही अपने घर ले आ सका। पवन कई दिनों तक मछरिया बाजी खाती रही। मगर जब मैं गांव के कुछ बूढ़ों और स्थानीय विधायक के साथ उसकी झोंपड़ी में गया तो पवनबाई जीवन की अंतिम घड़ियां गिन रही थी। हनुमान के घर में बेचने लायक कुछ भी नहीं है। खाट खटोले खरीदने वाला गांव में कोई नहीं।

राहतहीन : महासमुद के पास रावणभाठा गांव में एक गाड़ीवान के लड़के आठ साला जगतपाल का पिता खाद्य निगम के गोदाम से अनाज की बोरियां रेल के बैंगनों तक ले जाने का काम करता है। इस समय भारतीय खाद्य निगम का अनाज रेलों में भरने वालों के पास काम तो है मगर उस का पारिश्रमिक भी उन्हें भुखमरी से नहीं बचा पा रहा है। लड़के के शब्दों में तीन दिन के बाद भात खाया था। मां कहीं से एक किलो चावल ले आई थी। आधा किलो आठ जनों ने कल खाया। आज सुबह बासी पिया। आज शाम को बाकी आधा खाएंगे और कल सुबह बासी।

किसी भी सरकारी अधिकारी से पूछिए तो मालूम होगा कि भुखमरी से किसी की मृत्यु नहीं हुई है और यदि किसी मरे हुए व्यक्ति का उदाहरण दें तो उत्तर मिलेगा कि उसकी मृत्यु भूख से नहीं पेट के रोग से हुई है। पूरे छत्तीसगढ़ में सरकारी चिकित्सक यह प्रमाणपत्र देने के लिए तैयार नहीं हैं कि अमुक व्यक्ति की मृत्यु भुखमरी के कारण हुई। यहां तक कि कुछ पंचायतों के अध्यक्ष भी यह स्वीकार करते हैं कि उनके गांव में भूख से कोई नहीं मरा क्योंकि सरकार की ओर से एक आदेश जारी किया गया है जिसके अनुसार गांव में भूख से किसी के मरने का उत्तरदायित्व सरपंच पर है। मतलब यह कि सरपंच उसे मरने नहीं दे। मगर कैसे? राहत कार्यों में काम दिला कर। नागपुर से कोर्बा तक अथवा अन्य प्रमुख मार्गों पर जगह-जगह किसी भी यात्री को राहत कार्य के संकेत पट्ट मिलेंगे। अधिकारी वर्ग भी इन राहत कार्यों की व्यापक रूप से चर्चा करते हैं। उदाहरण के लिए बिलासपुर के कलक्टर का अनुमान है कि दुष्काल से 13 लाख व्यक्ति प्रभावित हैं जबकि पूरे जिले की कुल आबादी 26 लाख है। मगर परंपरागत रूप से बाहर जाने वाले लोग, 20 एकड़ से ऊपर जमीन वाले किसानों को छोड़ कर भी कई लाख बचते हैं। इनके लिए 490 राहत कार्य तय किए गए हैं, जिनमें से 200 शुरू हो गए हैं। भाटिया के आंकड़ों के हिसाब से तो सभी प्रभावित व्यक्तियों को काम मिल सकता है। मगर यदि सही गणना भी हुई तब भी सहायता की व्यवस्था केवल अकाल के बहुत छोटे अंश तक ही सीमित रहेगी क्योंकि अभी भी जो राहत कार्य शुरू हुए हैं उनसे केवल नाममात्र को राहत मिलती है। उदाहरण के लिए पामगढ़ में स्थानीय तालाब को चौड़ा करने

का काम शुरू किया गया है। यह काम अधिक-से-अधिक 10 दिन चलेगा। दस दिन के बाद क्या होगा इसकी कोई योजना नहीं। अनेक ऐसे गांव हैं जहां राहत कार्य एक सप्ताह से कम अवधि के लिए चलेगा। नानगांव में तो एक राहत कार्य के लिए एक हजार की राशि स्वीकृत हुई थी। और वह केवल एक दिन में ही पूरा हो गया। इसके अंतर्गत अनेक राहत कार्य केवल कागजों में दर्ज हैं या बीच में आकर लटक गए हैं। महासमुद तहसील में एक सड़क बनाने की योजना बनाई गई। आधी सड़क बनने के बाद सार्वजनिक कार्य विभाग ने काम रोक दिया क्योंकि उसके आगे वर्षों पहले एक सड़क सिंचाई विभाग ने अपने उपयोग के लिए निर्माण की थी। बरसों से इस सड़क का उपयोग नहीं हो रहा है क्योंकि सिंचाई विभाग की वह परियोजना कब की समाप्त हो गई है। मगर लोक कार्य विभाग तब तक काम आगे नहीं बढ़ाएगा जब तक कि सिंचाई विभाग के अधिकारियों से यह न कहलवाया जाए कि उस सड़क के नए सिरे से बनने में उनको कोई आपत्ति नहीं है। महासमुद के ही एक उद्योगपति द्वारा बनाए गए एक तालाब का माजरा ही अलग है। यह तालाब ऐसी स्थिति में बनाया गया है कि इसमें वर्षा का पानी जाता ही नहीं और जब से बना है तब से तालाब सूखा पड़ा है।

राहत कार्य में एक मजदूर को दो रुपए पच्चीस पैसे मजदूरी और मजदूरिनी को एक रुपया 70 पैसे प्रतिदिन मिलता है। मगर प्रायः गांव में इस तरह नहीं होता। पामगढ़ में तालाब पर काम करते हुए मजदूरों से बातचीत करने पर पता चला कि मजदूरी एक निश्चित कार्य के अनुसार दी जाती है। 10 × 10 × 1 फुट पर चार रु. देहि कथे। (तीन रुपए 95 पैसे) मजदूरों के शरीर में दम है तो एक दिन में दो व्यक्ति यह काम कर पाते हैं मगर भुखमरी से पीड़ित और बुढ़ापे के मारे हुए मजदूरों के लिए दो व्यक्तियों के लिए एक दिन में एक गोदी खोदना मुश्किल हो जाता है। पामगढ़ में राहत कार्य के मेट हायर सेंकेडरी शिक्षित ओंकार प्रसाद दुबे ने बताया कि कितनी ही ऐसी जोड़ियां होती हैं जिनकी दैनिक मजदूरी एक रुपया तक रह जाती है। स्वयं मेट दुबे की स्थिति ऐसी है कि मामूली कुरेदने से उसकी आंखें छलछला जाती हैं। पिता की पेंशन 48 रुपए है, एक सरकारी मुलाजिम उनके मकान में 40 रुपए किराये पर रहता है। और इसी पर 8 व्यक्तियों का गुजारा चलता है।

कफन की व्यवस्था–गैरसरकारी संस्थाओं द्वारा भी राहत कार्य हो रहा है। बिलासपुर में गुरुद्वारा प्रबंधक समिति की ओर से शहर में आए हुए बहुत से ग्रामीणों को भोजन दिया जाता है। अकलतरा में चैंबर ऑफ कॉमर्स की ओर से एक समय का भोजन करीब 1300 व्यक्तियों को दिया जाता रहा है। मगर इस संस्था के अधिकारियों का कहना है कि बहुत कोशिश करने पर भी सरकार से मूल्य देकर

अनाज प्राप्त नहीं होता। इसलिए शायद उन्हें 10-15 दिन के अंदर-अंदर यह राहत कार्य बंद करना पड़े। मगर सबसे महत्त्वपूर्ण काम महासमुद तहसील में रामकृष्ण आश्रम के प्रभावशाली संन्यासी, स्वामी संतोष का है, जिन्होंने एक पुराने टूटे हुए सरकारी मकान में अपना शिविर स्थापित किया है जहां रोज निराश्रितों को खाना दिया जाता है। स्वामी संतोष के अनुसार "मैं यह काम इसलिए कर रहा हूँ कि संन्यासी होने के बावजूद सामाजिक दायित्व से भागना मेरे बस की बात नहीं। मैं केवल संचालक हूं, मांग कर लाने वाले या अपने घर का देने वाले लोग तो इसी क्षेत्र के लोग हैं, जो न तो संन्यासी हैं और न ही अधिकार संपन्न व्यक्ति।" सरकारी रवैये के सिलसिले में अधिक प्रतिक्रिया व्यक्त करने की असमर्थता बताते हुए भी स्वामी संतोष ने कहा कि, "सरकारी व्यवस्था को ऐसे व्यक्त किया जा सकता है कि जिंदा रह के तो नहीं, मर कर शायद कफन की व्यवस्था हो जाए।"

भिलाई के संपन्न औद्योगिक कस्बे से राजनंदगांव के मार्ग पर एक नौजवान औरत पेड़ के नीचे बैठी मिली। एक छोटा बच्चा अपनी मां के सूखे हुए स्तनों से दूध पीने की कोशिश कर रहा है। औरत कहती है कि उसने कई दिन से कुछ नहीं खाया। हो सके तो कुछ दे दो।

बच्चा क्या खा रहा है?

मुझे?...वह भी नहीं कर सकता, मरे के अभी दांत भी नहीं निकले।

बच्चा जोर-जोर से सूखे स्तनों को चूसने लगा जैसे यह सिद्ध करना चाह रहा हो कि कम-से-कम यह तो वह कर ही सकता है।

(लेखक हिंदी के प्रतिष्ठित पत्रकार और लेखक हैं।)

कंडे बीन रही है झुनिया
देखो सूखे ताल में
बात-बात पर चित हो जाती
पांच रुपल्ली में सो जाती
जैसे इसकी मां सोती थी।
कभी पाव-भर दाल में।

—कैलाश गौतम

भूख के दृश्य और भूख के स्वर

–डॉ. योगेंद्र

महान शायर साहिर लुधियानवी की एक रचना 'वो सुबह कभी तो आएगी' की कुछ पंक्तियां हैं–'बीतेंगे कभी तो दिन आखिर, ये भूख और बेकारी के। टूटेंगे कभी तो बुत आखिर, दौलत की इजारेदारी के/ जब एक अनोखी दुनिया की बुनियाद उठाई जाएगी/ वो सुबह कभी तो आएगी।'[1] शायर एक ऐसी दुनिया और ऐसी सुबह की बुनियाद रखना चाहता है, जहां 'फांदों की चिताओं पर इंसा न जलाए जाएंगे' और तब 'दुख के बादल पिघलेंगे और सुख का सागर छलकेगा।'[2] भूख आदमी की दुनिया को बदसूरत करती रही है। हिंदी के पहले भक्त कवि कबीर ने लिखा–'साईं इतना दीजिए, जामे कुटुम समाय।/ मैं भी भूखा न रहूं, साधु न भूखा जाए।' कबीर अभावग्रस्त तो रहे ही होंगे, इसलिए 'साईं' से इतना ही मांगते हैं कि खुद भूखे न रहें और दरवाजे पर आने वाले साधु भी भूखे न जाएं। एक अन्य पद में वे लिखते हैं 'दुह सेर मांगों चूना। पाव घीउ संग लूना। आध सेर मांगों दाल। मोदो दोनों बखत जिवाले।'[3] दो सेर आटा, पाव-भर घी और आधा सेर दाल–बस इतनी सी ख्वाहिश थी, मगर यह भी नहीं मिलती थी। उनकी पत्नी को यह बात खलती थी कि अपने बच्चे घर पर भूखे रहें और साधु लोगों की दखल होती रहे–'इन मुंडिया सगलो द्रव खोई। आवत जात कसर ना होई।/लरिका-लरिकन खैवो नाहि। मुंडिया अनदिन धाये जाहि।'[4] बावजूद इसके कबीर ने अपनी कविता के केंद्र में भूख नहीं, सामाजिक-सांस्कृतिक विषमता को ही रखा है। कबीर अंततः राम का 'कुता' बने रहे और समाज के समक्ष चुनौती पेश करते रहे–'तू बाह्मण, मैं कासी का जुलाहा, चीन्हि न मोर गियाना।'[5] महाकवि तुलसीदास भक्तिकाल के अंतिम कवि हैं। उनके आराध्य राम हैं और उन्होंने अपने राम से भूख से पीड़ित जन की मुक्ति के लिए प्रार्थना की है। 'कवितावली' में एक अद्भुत कविता है जो अपने समय के सच को बहुत संवेदनशीलता के साथ व्यक्त करती है। वे लिखते हैं, 'किसबी, किसान-कुल,

बनिक, भिखारी, भांट/चाकर, चपल, नट, चोर चार, चेटकी। पेट को पढ़त, गुन गढ़त, चढत गिरि/अटत गहन बन अहन अखेटकी।'[6] सभी वर्गों के लोग--चाहे श्रमजीवी हो या किसान, व्यापारी हो या भिखारी, चोर हो या बाजीगर, पेट की भूख मिटाने के लिए शिकार की तलाश में दुर्गम जंगलों में घूमते हैं। विडबना यह है कि पेट की भूख तब भी नहीं मिटती और वे अपने-अपने बेटा-बेटी बेचते हैं--'ऊंचे-नीचे काम धरम अधरम करि/पेट ही को पचत बेटा-बेवी।[7] समाज की इतनी भयावह दशा है। पेट की भूख मिटाने के लिए सारे वैसे कर्म-कुकर्म कर रहे हैं जो मानव को शोभा नहीं देते। आखिर जब किसान का खेती से पेट न भरे, भिखारी को भीख न मिले, व्यापारी व्यापार न करें, नौकर को कोई काम न मिले, तब जीविकाविहीन लोग 'सीद्यमान, सोय बस, कहें एक एकन सों कहां जाई, का करी?'[8]

16 फरवरी 1874 को भारतेंदु हरिशचंद्र ने' कविवचन सुधा' में लिखा--'बंगाल में दुर्भिक्ष क्या है, केवल अनीति के बीज का फल है। क्या कारण है कि दिन-दिन महंगाई बढ़ती जाती है और अन्न गत वर्ष में 12 सेर का बिकता था सो इस वर्ष में 8 सेर बिकने लगा। विचार करो कि बीस वर्ष के पूर्व अन्न 40 सेर का बिकता था। अब उसका पंचमांश क्यों हो गया?' भारतेंदु भले दुर्भिक्ष का कारण अनीति को मानते हैं, लेकिन सच्चाई यह है कि इस काल में खाद्यान्नों की बेहद कमी थी। डब्ल्यू डिगवी ने अपनी पुस्तक 'प्रासपरस ब्रिटिश इंडिया' (1901) में लिखा है, 'मोटे तौर पर कहा जाय तो 19 वीं सदी के अंतिम तीस वर्षों में अकेले खाद्यान्नों की जितनी कमी हुई, वह सौ वर्ष पहले की तुलना में चार गुना अधिक और चार गुना ज्यादा व्यापक थी।'[10] डब्ल्यू. एस लिलि ने अपनी पुस्तक 'इंडिया एंड इट्स प्रॉबलम्ब्स' में अकाल से होने वाली मौतों की संख्या सन 1850-75 के बीच 50 लाख तथा 1875-1900 के बीच डेढ करोड़ बताई है।[11] 'भारत जननी' नामक नाटक में एक कारुणिक दृश्य इस तथ्य को उजागर करता है, जब 'भारतमाता' से उसका 'पहिला', 'दूसरा' और 'तीसरा' पुत्र कुछ खाने को मांगता है तो भारत माता उन्हें खाना नहीं दे पाती और वह कहती है--'बेटा। तुम लोग क्या कर रहे हो? हाय मैं ऐसी वज्रहृदया हूं कि यह सब सुन कर भी सुखपूर्वक अपना प्राण धारण किए हूं। अब तो यह दुसह दुख सहा नहीं जाता।'[12] 'भारत-दुर्दशा' एवं अन्य कविताओं में भी प्रत्यक्ष-अप्रत्यक्ष रूप से अन्नाभाव और भूख की चर्चा है। गद्यकार बालकृष्ण भट्ट, भारतेंदु युग के एक समर्थ आलोचक हैं। उन्होंने 1891 में एक लेख लिखा--'दुर्भिक्ष दलित भारत।' इस लेख में वे लिखते हैं--'अन्न के कष्ट से बढ़ कर और दूसरा कष्ट क्या होगा? यह जठरानल की ज्वाला नहीं जिसे हम किसी दूसरी तरह से बुझा सकें। बुद्धिमानों ने

पुत्रशोक महाकष्ट से भी क्षुधा का कष्ट असह्य माना है।'[13] दुर्भिक्ष के कारण गरीब किसानों को अन्न ढूंढे नहीं मिलता। साग-पात, आम की गुठली इत्यादि खा कर अपना दुःख जीवन काटते हैं। कितने दो-दो दिन तक भूखे पड़े रह जाते हैं।[14] दुर्भिक्ष पहले दस-बीस वर्ष में एकाध बार आती थी, मगर लोभरूपी क्रूर ग्रह ग्रस्त गवर्नमेंट के दोष से यह दुर्भिक्ष यहां सदा के लिए टिक गया है जिसकी पीड़ा नहीं नज़र जाती और न प्राण ही सहसा निकल भागते हैं।[15] अकाल के समय इस राक्षसी भूख के दांत कितने पैने होते हैं, इसका अनुभव सहज ही किया जा सकता है। यदि एक-एक मनुष्य की भूख का हिसाब लगाया जाय तो वह इतनी भयंकर दिखाई नहीं देती, परंतु जब सैकड़ों, हजारों, लाखों बुभुक्षित लोगों की भूख एकत्रित देखी जाती है तब उसका उग्र, असह्म और भयंकर स्वरूप प्रत्यक्ष दैत्य अथवा दानव के समान दिखाई पड़ने लगता है।[16] साहित्यकार प्रताप नारायण मिश्र लिखते हैं—'भूखे मरत किसान तहूं पर कर हित डपट न थोरी है/गारी देत दुष्ट चपरासी तकति बेचारी छोरी है।'[18] भारतेंदु काल में किसान और उनके बच्चे भूख से मर रहे थे। बालमुकुंद गुप्त ने लिखा है—'जिनके कारण सब सुख पावें जिनका बोया सब जन खाएं/हाय-हाय उनके बालक नित भूखों के मारे चिल्लाएं।[19]

हिंदी में पहली दलित कविता लिखी श्रीधर पाठक ने। 'मनुजी, तुमने यह क्या किया'? उसकी कुछ पंक्तियां हैं—मनुजी तुमने यह क्या किया?/ और अधिक क्या कहें बाप जी। कहते दुखत हिया/ जटिल जाति का, अटल पात्र का/जाल है किसका सिया।'[20] श्रीधर पाठक ने 'मनु' और 'स्मृति' के प्रतिकार में जो स्फुलिंग बिखेरे थे, उसका हिंदी-उर्दू कविता पर अपेक्षित प्रभाव पड़ा। दलित कविता का आंतरिक संबंध जाति-उत्पीड़न से तो होता ही है, साथ ही भूख और अन्न उसका अभिन्न हिस्सा होता है। इसी दौर में हरिहर प्रसाद ने एक कव्वाली लिखी—'मनुस्मृति से जलन।' इसमें जाति को लेकर कटाक्ष तो है ही, साथ ही 'भूख' की गहरी अनुभूति भी है—लेते बेगार खाना तक पेट भर न देते। बच्चे तड़पते भूखों क्या जुल्म ढा रही है। हे हिंदू कौम सुन ले तेरा भला न होगा। हम बेकसों को हरिहर गर तू रुला रही है।'[21] छायावाद पर आरोप लगता रहा है कि इस दौर के कवि समाज से कट कर रहे। वे कल्पनाओं में खोये रहे। छायावाद की प्रारंभिक कविताएं पढ़ कर ऐसा महसूस भी होता है, मगर महाकवि निराला इसके अपवाद रहे। उनकी 'भिक्षुक' कविता बार-बार याद आती है जो पहली बार कलकत्ता से निकलने वाली पत्रिका 'मतवाला' में 17 नवम्बर 1923 को छपी। 'भिक्षुक' का कारुणिक चित्र निराला यों खींचते हैं—'पेट-पीठ दोनों मिल कर हैं एक/ चल रहा लकुटिया टेक/मुट्ठी भर दाने को—भूख मिटाने को।

मुंह फटी पुरानी झोली का फैलाता/दो टूक कलेजे के करता पछताता पथ पर आता।[22] हालत यह है कि पेट की ज्वाला मिटाने के लिए वे कुत्ते के समकक्ष खड़े हैं—'चाट रहे वे जूठी पत्तल सभी सड़क पर खड़े हुए/और झपट लेने को उनसे कुत्ते भी हैं अड़े हुए।' निराला की एक दूसरी कविता है—'भीख मांगता है अब राह पर।' उसकी पंक्तियां हैं—'भीख मांगता है अब राह पर/मुट्ठी-भर हड्डी का यह नर।'[23]

प्रेमचंद ने 'रंगभूमि', 'प्रेमाश्रम' और 'गोदान' जैसा उपन्यास तथा 'सवा सेर गेहूं', 'कफन', 'बूढ़ी काकी' जैसी अनेक कहानियां लिखीं। इन रचनाओं के पीछे प्रत्यक्ष एवं अप्रत्यक्ष रूप से अन्नाभाव एवं भूख ही है। वे 'विविध प्रसंग' में लिखते हैं : "राष्ट्र के हाथ में जो कुछ विभूति है, वह इन्हीं किसानों और मजदूरों की मेहनत का सदका है। हमारे स्कूल और विद्यालय, हमारी पुलिस और फौज, हमारी अदालतें और कचहरियां सब उन्हीं की कमाई के बल पर चलती हैं, लेकिन वही जो राष्ट्र के अन्न और वस्त्र दाता हैं, भरपेट अन्न को तरसते हैं, जाड़े-पाले में ठिठुरते हैं और मक्खियों की तरह मरते हैं।"[24] कवि सुमित्रानंदन पंत 'भारत माता' नामक कविता में 'दैन्य जड़ित' भारतीयों के लिए यों शब्द रचते हैं—'तीस कोटि संतान नग्न तन/अर्ध क्षुधित, शोषित निरस्य जन/मूढ़, असभ्य, अशिक्षित, निर्धन/नत मस्तक/तरुतल निवासिनी।'[25] 'ग्राम्या' नामक कविता संग्रह में पंत जी बार-बार ग्राम की करुण कथा कहते हैं। वे कभी 'गांव के लड़के' को केंद्र में रख कर कविता लिखते हैं और कभी 'वह बुड्डा' को केंद्र में रख कर, कभी 'गोपियों के नृत्य' का वर्णन करते हैं तो कभी 'कहारों का रुद्र नृत्य'। जब पंत लिखते हैं—'खड़ा द्वार पर लाठी टेके, वह जीवन का बूढ़ा पंजर/चिमटी उसकी सिकुड़ी चमड़ी हिलते हड्डी के ढांचे पर'[26] तब इसके पीछे भूख की ज्वाला ही छिपी हुई है। इसी तरह से पंत के कविता संग्रह 'युगांत', 'युगवाणी' आदि में भूख की गहरी अनुभूति व्यक्त हुई है—'यहां धारा का मुख कुरूप है, कुत्सित गर्हित जन का जीवन/सुंदरता का मूल्य वहां क्या जहां उदर है क्षुब्ध नग्न तन?'[27]

महाकवि हरिवंश राय बच्च ने 'बंगाल का काल' नामक एक लंबी कविता लिखी। 1943 में बंगाल में भीषण अकाल पड़ा। पंडित जवाहर लाल नेहरू 'हिंदुस्तान की कहानी' में इस अकाल का वर्णन यों करते हैं—"अकाल पड़ा—भीषण, दहलाने वाला, ऐसा घोर कि बयान से बाहर। मालाबार, बीजापुर में, उड़ीसा में और सबसे बढ़ कर बंगाल के हरे-भरे और उपजाऊ सूबे में, औरत, आदमी, नन्हें बच्चे, हजारों की तादाद में, रोज खाना न मिलने के कारण मरने लगे। कलकत्ते के महलों के सामने लोग मर कर गिर पड़ते। उनकी लाशें बंगाल के अनगिनत गांवों की मिट्टी की झोंपड़ियों

में और देहातों में सड़कों पर और खेतों में पड़ी थीं।"[28] बंगाल के अकाल का हिंदी कवियों पर गहरा असर पड़ा। श्री उदयशंकर भट्ट ने 'बंगाल के अकाल' पर मुक्तछंद में कविता लिखी तो महादेवी ने इस अकाल पर लिखी हिंदी कविताओं का एक संकलन प्रकाशित करवाया। डॉ. बच्चन 'बंगाल का अकाल' नामक कविता की भूमिका में लिखते हैं—'सन 1943 के प्रारंभ में बंगाल के अकाल का रोमांचकारी विवरण समाचार-पत्रों में आने लगा। स्वाभाविक था कि इस विषय पर भाव-प्रवण कवियों की लेखनी उठती।'[29] दुर्भाग्य की बात थी कि यह अकाल प्राकृतिक कारण से नहीं हुआ था, बल्कि यह अकाल 'मैन मेड फेमीन' था जिसमें बंगाल के लगभग आधे करोड़ नर-नारी और निरीह बच्चे महाकाल के गाल में समा गए। लखनऊ विश्वविद्यालय के प्रोफेसर डी.पी. मुखर्जी ने हरिवंश राय बच्चन को एक चिट्ठी लिखी जिसमें उन्होंने लिखा—'बंगाल के इस अकाल का अनुभव अपनी हड्डियों में किया, रक्त और नसों में किया।' कवि बच्चन ने अपनी अंतश्चेतना में अकाल की भयावहता को महसूस किया—'बंग भूमि अब/शस्यहीन है/दीन क्षीण है/चिर मलीन है/भरणी आज हो गई हरणी/ जल दे, फल दे और अन्न दे/जो करती थी जीवनदान/ मरघट-सा अब रूप बना कर/अजगर-सा अब मुंह फैला कर/खा लेती अपनी संतान!/बच्चे और बच्चियां खाती/लड़के और लड़कियां खाती/खाती युवक, युवतियां खाती/खाती बूढ़े और जवान/निर्ममता से एक समान/बंग भूमि बन गई राक्षसी/कहते ही लो कटी जबान।'[30] बंगाल के अकाल में भूख 'दीर्घाकार' होती गई और सुजला-सुफला, मलय गंधिता, शस्य श्यामला, फुल्ल कुसुमिता, द्रम सुसज्जिता धरती कंकालों और कंगालों की धरती बन गई। भूखे लोग बच्चों की रोटी छीनते और उन्हें हाटों-बाजारों में बेचते—'और सुना जब मैंने यह भी/भूखे देखे गए छीन कर/बच्चों से निज रोटी खाते/ या कि बेचते उनको हाटों/में कुछ तांबे के टुकड़ों पर।'[31] भूख सबल है, भूख प्रबल है। यहां तक कि कवि भूख की भवानी से तुलना करते हुए कहते हैं—'अगणित पद, मुख कर वाली है। बड़े विशाल उदर वाली है।'

कवि नागार्जुन ने 1952 में एक कविता लिखी—'अकाल और उसके बाद'। इस कविता की पंक्तियां हैं—'कई दिनों तक चूल्हा रोया, चक्की रही उदास/कई दिनों तक कानी कुतिया सोई उनके पास/कई दिनों तक लगी भीत पर छिपकलियों की गश्त/कई दिनों तक चूहों की भी हालत रही शिकस्त।'[32] नागार्जुन के आंचलिक उपन्यासों में भी भूख और अन्न की वजह से पीड़ित मानवता का वर्णन हुआ है। कविताएं तो इसकी साक्षी हैं ही। 'मैला आंचल' और 'परती परिकथा' के उपन्यासकार फणीश्वरनाथ रेणु लिखते हैं—'उपज अच्छी होने के बावजूद इस बार अप्रैल-मई में

ही सारे बिहार से 'अन्नपूर्णा' अंतर्धान हो गई। कहीं एक चुटकी न चावल है, न गेहूं। लू की लपट में सारे प्रदेश की हरियाली झुलस रही है। भूख की ज्वाला में लाखों लोग जल रहे हैं। जिन जिलों को धान चावल का भंडार कहा जाता था, वहां के गांवों में कई सप्ताह से चूल्हे नहीं सुलग रहे हैं। कच्चे आम, कटहल, जंगली कंद और करमी का साग भी अब मयस्सर नहीं। भूखों की बिलबिलाती टोलियां कस्बों और शहरों की ओर बढ़ रही हैं।'[33] 'मैला आंचल' और 'परती परिकथा' के ज्यादातर पात्र अभावग्रस्त तो हैं ही। आखिर जिस उपन्यास में धूसर, वीरान, अंतहीन, प्रांतर, वंध्या धरती और उस धरती पर हुई कोसी मैया की महाविनाश-लीला का वर्णन हो, वहां भूख का साम्राज्य होना कोई अनहोनी बात नहीं है। वहां के लोग कादो-पानी हिड़ कर मछली पकड़ते हैं, धरती खरोंच कर और चूहों के मांदों को कोड़ कर धान जमा करते हैं और कोठी के जंगल से खमरआलू उखाड़ते हैं—वे सब निश्चित तौर से अन्नाभाव से ग्रसित हैं।

'तार सप्तक' में रामविलास शर्मा की एक कविता संकलित है—'हड्डियों का ताप।' इस कविता की कुछ पंक्तियां हैं—'बढ़ते हैं नर-कंकाल, नवयुवक/खड़ी जहां सेना परतंत्रता की, मृत्यु की, भूख की, दुःसह, अपमान, अत्याचार की।'[34] केदारनाथ अग्रवाल ने भी एक भूखे किसान के बेटे को केंद्रित करते हुए एक कविता लिखी—'पैतृक संपत्ति।' पिता के मरने के बाद उसे मिला—घर का मलबा, टूटी खटिया, कुछ हाथ भूमि, चमरौधे जूते का तल्ला, टूटी हुई बोरसी, टूटा हुक्का, न चुकाया जाने वाला कर्ज—यही नहीं, पिता से सौ गुनी अधिक भूख मिली—'अब पेट खलाए फिरता है/चौड़ा मुंह बाए फिरता है।'[35] कैलाश गौतम ने अभावग्रस्त नारी का जो वर्णन किया है, वह दंश पैदा करता है—'कंडे बीन रही है झुनिया/देखो सूखे ताल में/बात-बात पर चित हो जाती/पांच रुपल्ली में सो जाती/जैसे इसकी मां सोती थी।/कभी पाव-भर दाल में।'[36] कवि निलय उपाध्याय ने 'भात पकने का गीत' नामक कविता में लिखा है—ताल दे रहा है अदहन/डमक-डमक नाच रहे हैं चावल/कल से कुछ नहीं खाया बच्चों ने—कटोरा बजा रहे हैं/खाली कटोरा—खाली हाथ बड़े-बड़े कौर उठा रहे हैं/बच्चे गा रहे हैं भात पकने का गीत।'[37]

व्यंग्यकार हरिशंकर परसाई ने भूख और अन्न को केंद्रित करते हुए सात व्यंग्य रचनाएं लिखी हैं—'अकाल उत्सव', 'भूख के स्वर', 'रोटी', 'गेहूं का सुख', 'भूख मारने की जड़ी', 'हरिजनों का ब्राह्मण भोजन' और 'पर राजा भूखा था'। 'अकाल उत्सव' की पंक्तियां हैं—'अकाल पड़ा है। पास ही एक गाय अकाल के समाचार वाले

अखबार को खाकर पेट भर रही है। कोई सर्वेवाला अफसर छोड़ गया होगा। आदमी इस मामले में गाय-बैल से भी गया-बीता है। गाय तो इस अखबार को भी खा लेती है, मगर आदमी उस अखबार को भी नहीं खा सकता जिसमें छपा है कि अमेरिका से अनाज के जहाज चल चुके हैं। एक बार मैं खा गया था। एक कॉलम का 6 पंक्तियों का समाचार था। मैंने उसे काटा और पानी के साथ निगल गया। दिन-भर भूख नहीं लगी। आजकल अखबारों में आधे पृष्ठों पर सिर्फ अकाल और भुखमरी के समाचार छपते हैं। अगर अकालग्रस्त आदमी सड़क पर पड़ा अखबार उठा कर पन्ने खा ले, तो महीने-भर भूख नहीं लगे। पर इस देश का आदमी मूर्ख है। अन्न खाना चाहता है। भुखमरी के समाचार नहीं खाना चाहता।[38] हरिशंकर परसाई अद्भुत व्यंग्यकार थे। उन्होंने 'भूख मारने की जड़ी' निकाली। लिखा, 'साधो, आखिर हमारी खाद्य समस्या का हल निकल ही गया। हम समझते थे कि हमारी समस्या यह है कि हमारे यहां अन्न की कमी है, पर वास्तव में हमारी समस्या यह है कि इस देश के लोगों को भूख लगती है। इसलिए अन्न ज्यादा पैदा करने या कीमतें घटाने की अपेक्षा हमें भूख को मारने या दबाने की कोशिश करनी चाहिए। साधो, अब इस समस्या का हल निकल गया है। गुजरात में एक जड़ी खोजी गई है, जिसे खाने से हफ्तों भूख नहीं लगती।'[39] हरिशंकर परसाई एक सचेत, संवेदनशील और प्रबुद्ध साहित्यकार थे, इसलिए परिस्थिति को गहराई से जांचा-परखा।

रघुवीर सहाय नवभारत टाइम्स में 'राजधानी की चिट्ठी' कॉलम लिखते थे। 9 मई 1966 को इसी कॉलम में 'अनाज की राजनीति' पर एक लेख लिखा। उन दिनों उड़ीसा के नंगे-भूखे नागरिकों की तस्वीरें अखबार में छप रही थीं। अक्सर सरकार भूख से हुई मौत को बीमारी से हुई मौत में तब्दील कर देती है। उड़ीसा में भुखमरी से हो रही मौतों का भी यही हश्र हो रहा था। पहले तो रघुवीर सहाय ने इसकी कटु आलोचना की और लिखा—'भुखमरी पर जो बहसें पहले कभी संसद में हुई हैं उनसे तथा गत सप्ताह के विचार-विमर्श से एक और बात पता चलती है। उड़ीसा में या और जगह जहां अनाज की कमी होती है, पहले तो अनाज का दाम बढ़ता है, फिर जब वह छोटी हैसियत वाले लोगों की पहुंच से बाहर हो जाता है, तब समस्या दोहरी हो जाती है—अन्नाभाव की और गरीबी की। एक स्थिति ऐसी आती है कि इन दोनों का एक कुचक्र बन जाता है और दोनों एक-दूसरे का कारण तथा परिणाम बन कर गरीब आदमी को लपेट लेते हैं।'[40] इन्हीं दिनों रघुवीर सहाय ने 'अधिनायक' नामक कविता लिखी जिसमें उन्होंने सवाल किया कि 'राष्ट्रगीत में भला कौन वह भारत-भाग्य-विधाता है। फटा सुथन्ना पहने जिसका गुन हरचरना गाता है।'[41] यही

हरचरना जो भारत का आम नागरिक है, वह 'नंगे-बूचे नरकंकाल' बना हुआ है और बेमन से बाजा रोज बजाता है। यही हरचरना कहीं 'कटोरे के पेंदे में भात/गोद में लेकर बैठा बाप/फर्श पर रख कर अपना पुत्र/खा रहा है उसको चुपचाप।' जैसी स्थिति के शिकार हैं। रघुवीर सहाय की एक कविता है—'दुर्भिक्ष'। इस कविता में देवीदत्त घोषाल की कारुणिक तस्वीर उकेरी गई है और अंत में 'मैं बैठक में लौटा/दो रोटी लाया था, भीतर बुला कर परस दिया/ उसने उठाया वह परोसा और रख लिया बूढ़े बाप के लिए/ और वह चला गया आदर से झुक प्रणाम करके जो हाल में सीखा था/जाते वक्त हमको धकेल कर छोड़ गया जहां हम पहले थे।'[42]

मदन कश्यप ने पलामू के अकाल पर एक कविता लिखी—'लिखना'। इसी कविता में उन्होंने लिखा है—'लिखना/भूखों को रोटी की जगह कौन थमा रहा है इंद्रजाल/लिखना/कब भूखे बच्चों ने छोड़ दिया रोना और मांगना। लिखना/सच लिखना/ शब्दों को झूठ की सलीब पर मत टांगना।'[43] युवा कवियों के मन में भूख और अकाल से पीड़ित मनुष्य के प्रति गहरी संवेदना तो है ही, उन पूंजीवादी शोषक ताकतों के प्रति सर्जनात्मक गुस्सा भी है जो कविता में बैचेनी के रूप में अभिव्यक्त होता है—'खलिहान के दाने/सोमालिया नहीं/मण्डी जाते हैं/रात के सन्नाटे में/गोदाम से आवाज आती है—सोमालिया-सोमालिया।' (एक तीली बची रहेगी/प्रताप राव कदम)[44] स्वप्निल श्रीवास्तव, कुमार अम्बुज, बद्रीनारायण, एकांत श्रीवास्तव, संजय चतुर्वेदी आदि नये कवियों की कविताओं में गांव में व्याप्त उदासी और अभाव और भूख से तड़पते लोगों का शिद्दत के साथ वर्णन किया गया है। नक्सलवादी आंदोलन से प्रभावित कहानीकार सुरेश कांटक, विजेंद्र अनिल, मधुकर सिंह आदि की रचनाओं में भूख से संबंधित समस्याओं को गहराई से उठाया गया है। गोरख पांडे की एक कविता है—'भूख आदिवासी।' इस कविता में वे लिखते हैं—'मालामाल सभ्यता के सजे-धजे/चूतड़ों पर चाबुक के तीखे/निशान-सी पड़ी/उजाड़ जंगलों से/शहरी जंगलों में फैलती/बर्बर आदिवासी भूख को/तुमने कभी देखा है।'[45] उनकी एक दूसरी कविता है 'भूखी चिड़िया की कहानी।' इस कविता में भूखी चिड़िया दाने की खोज में उड़ती है और अंततः मारी जाती है—'भूखी थी चिड़िया/इसलिए गुनहगार थी/मारी गई चिड़िया/जो भूखी थी।'[46] कवि की ख्वाहिश है—'जो अनाज उगाते हैं/उन्हें दो जून अन्न जरूर मिलना चाहिए।' लेकिन दूसरी कड़ुवी सच्चाई है कि 'उगाने वाले भूखों रहते हैं/और अनाज पचा जाते हैं/चूहे और बिस्तरों पर/पड़े रहने वाले लोग।'[47] गोरख पांडेय की एक लंबी कविता 'उठो मेरे देश' में भी 'भूख और पूंजी' पर गहरे सवाल उठाये गए हैं।

कभी बालकृष्ण शर्मा नवीन ने आक्रोश में लिखा था—'अरे चाटते देखा जूठे पत्ते जिस दिन मैंने नर को/उस दिन सोचा : क्यों न लगा दूं आग इस दुनिया भर को?' इसी तरह भगवती चरण वर्मा की प्रसिद्ध कविता 'भैंसागाड़ी' में 'चरर-चरर चूं चरर-मरर जा रही चली भैंसागाड़ी' का पूरा बिम्ब जहाज और वायुयान के विपरीत में चित्रित किया गया है ताकि 'भूखे अधखाए किसान' उनके 'नंगे बच्चे चिथड़े पहने' और 'माताएं जर्जर' की दीन-हीन दशा को उजागार किया जा सके। बावजूद आज इक्कीसवीं शताब्दी के इस नौवें वर्ष में भी भूख से लोग मर रहे हैं। किसान आत्महत्याएं कर रहे हैं। जमीन और जंगल से बेदखल किये गए आदिवासी अन्नाभाव व भूख के शिकार हैं। गैर-बराबरी, अन्याय एवं शोषण पर आधारित इस समाज की एक बड़ी आबादी भूख से पीड़ित है। एक बेहतर, सुखद, सृजनशील, समतावादी समाज की स्थापना के लिए अत्यावश्यक है कि भूख पर विजय पाएं। भूख से तिल-तिल कर लोग भी मरेंगे और लोकतंत्र की दुदुंभि भी बजेगी, यह असंभव है। नजीर अकबराबादी ने लिखा है—

रोटी न पेट में हो तो फिर कुछ जतन न हो
मेले की सैर, ख्वाहिशे-बागो चमन न हो
भूखे गरीब दिल की खुदा से लगन न हो
सच है कहा किसी ने कि, 'भूखे भजन न हो'।

● *तिलकामांझी भागलपुर विश्वविद्यालय में हिंदी के प्राध्यापक*
सम्पर्क : 6ए टी.एन.बी. कॉलेज कैंपस, भागलपुर-7
फोन-0641-2501352, मो. 09430425835

सन्दर्भ

1. पृ. 28. समर शेष है, सं. सत्यम वर्मा/कात्यायनी
2. पृ. 168, कबीर समग्र, सं. डॉ. युगेश्वर
3. पृ. 156, कबीर ग्रंथावली, सं. श्यामसुंदर दास
4. पृ. 109, उपर्युक्त
5. पृ. 173, उपर्युक्त
6. पृ. 151, कवितावली, सं. सुधाकर पांडेय
7. पृ. 151, उपर्युक्त
8. पृ. 151, उपर्युक्त

9. पृ. 109, भारतेंदु ग्रंथावली
10. पृ. 14, उपर्युक्त
11. पृ. 14, उपर्युक्त
12. पृ. 473, उपर्युक्त
13. पृ. 62, प्रतिनिधि संकलन, बालकृष्ण भट्ट
14. पृ. 64, उपर्युक्त
15. पृ. 62, उपर्युक्त
16. पृ. 168, उपर्युक्त
18. पृ. 31, हिंदी साहित्य का वैज्ञानिक इतिहास, डॉ. गणपतिचंद गुप्त
19. पृ. 35, उपर्युक्त
20. पृ. 48, वर्तमान साहित्य, मई-जून 2000
21. पृ. 50, उपर्युक्त
22. पृ. 76, निराला रचनावली, भाग-1
23. पृ. 131, निराला रचनावली, भाग-2
24. पृ. 486, विविध प्रसंग, भाग-2, प्रेमचंद
25. पृ. 148, सुमित्रानंदन पंत ग्रंथावली, भाग-2
26. पृ. 138, उपर्युक्त
27. पृ. 131, उपर्युक्त
28. पृ. 18, हिंदुस्तान की कहानी, जवाहर लाल नेहरू
29. पृ. 407, बच्चन रचनावली, भाग-1
30. पृ. 420, बच्चन रचनावली, भाग-1
31. पृ. 428, उपर्युक्त
32. पृ. 94, प्रतिनिधि कविताएं
33. पृ. 323, रेणु रचनावली, भाग-2
34. पृ. 206, तार सप्तक
35. पृ. 115, वर्तमान साहित्य, वर्ष 2000
36. पृ. 575, उपर्युक्त
37. पृ. 37, अकेला घर हुसैन का, निलय उपाध्याय
38. पृ. 68, परसाई रचनावली, भाग-5
39. पृ. 173, परसाई रचनावली, भाग-5
40. पृ. 177, रघुवीर सहाय रचनावली, भाग-4
41. पृ. 111, उपर्युक्त, भाग-1

42. पृ. 252, उपर्युक्त
43. पृ. 87-87, वसुधा, दिसम्बर 94
44. पृ. 160, उपर्युक्त
45. पृ. 97, जागते रहो सोने वालो, गोरख पांडेय
46. पृ. 25, उपर्युक्त
47. पृ. 67, उपर्युक्त

रोटी न पेट में हो तो फिर कुछ जतन न हो
मेले की सैर, ख्वाहिशे-बागो चमन न हो
भूखे गरीब दिल की खुदा से लगन न हो
सच है कहा किसी ने कि, 'भूखे भजन न हो'।

—नजीर अकबराबादी

नून-निमक

—महाश्वेता देवी

'हाथ से नहीं, रोटी से भी नहीं, निमक से मारूंगा—' उत्तमचंद्र ने घोषणा की। यह बात सवा सोलह आने सच थी कि वही बनिया था, वही महाजन भी और पिछली कई पीढ़ियों से उसी के पूर्वज, झुझार इलाके पर राज कर रहे थे। स्थानीय ओदांव और कोल कबीले के आदिवासी, उसके सामने 'ना' करेंगे, यह बात उसकी कल्पना में भी नहीं थी।

लेकिन, एक दिन वही अकल्पनीय घटना, आखिर घट ही गई। वह भी इस सरकार के राज में। आज से पहले भी सरकार आती रही, जाती रही, ऐसी घटना पहले कभी नहीं हुई।

पलामू अभयारण्य में कोल आदिवासियों का गांव—झुझार! गांव के आदिवासी जंगल में गाय-बकरी, भैंस चराते थे, ईंधन के लिए टूट कर गिरी हुई लकड़ियां बटोरते थे, झोंपड़ी-कुटिया की छाजन के लिए पत्ते भी संग्रह करते थे। इसके अलावा वे लोग बांस की कोंपलें, कंदे और इमली की पत्तियां भी चुरा लाते थे। वन-विभाग आंखें मूंदे रहता था। वे लोग शजारू, खरगोश, पंछी-पखेरू का भी शिकार करते थे। वैसे इन सब अरण्य-प्राणियों और जंगली पाखियों की गणना बिल्कुल सटीक और निर्मूल भी नहीं थी। फलस्वरूप यहां का जंगल-विभाग आंखें मूंदे रहता था। लेकिन जानवरों का खुद शिकार किया हुआ गोश्त इन लोगों को कम ही मिलता था क्योंकि जंगल के जीव-जंतु भी अब, सतर्क हो गए थे, बिछाए हुए जाल में जल्दी नहीं फंसते थे।

अभयारण्य का कोले गांव! कोयल नदी के किनारे-किनारे, थोड़ी सी-जमीन। लेकिन वहां की समूची जमीन उत्तमचंद की थी। सन् 1831 में कोल-विद्रोह के बाद, इस इलाके में जो सब हिंदू बनिये नए सिरे से घुस आए थे, उत्तमचंद के पुरखे भी उनमें से एक थे। उसके पुरखों ने आदिवासियों के वन-जंगल, आबादी, दोनों हाथों

से खरीद लिये। उस जमाने में जमीन खरीद कर, वहां के आदिवासियों को उजाड़ देना बेहद आसान था, आजकल की तरह। उस जमाने के आदिवासी भी हिसाब-किताब, कागजात-वसीयत, पट्टा और नियम-कानून से डरते थे; आजकल के आदिवासियों की तरह ही। फलस्वरूप आज के झुझार गांव के आदिवासियों को इसकी जानकारी ही नहीं थी कि कब उन लोगों के पास निजी जमीन थी; कब वे लोग भू-मालिक थे; कब वे लोग अपनी मेहनत की फसल, अपने घर ले जाते थे।

उस गांव के सभी निवासी उत्तमचंद के यहां बेगार-मजूरी के डंडा-बेड़ी में बंधे थे। पिछली कई-कई पीढ़ियों से यह सिलसिला जारी था। अपने पुरखों के अलिखित कर्ज चुकाने के लिए ये ग्रामवासी, फसलों की बुवाई-कटाई के समय, बारह मील दूर, उत्तमचंद के गांव टेहाड़ में पहुंच जाते थे और पेट-खुराकी और थोड़े-से अनाज के बदले में, बेगार-श्रम करते थे। उन लोगों को जो फसल मिलती थी, वह भी कर्ज के रूप में दर्ज हो जाती थी। उन लोगों को तो यह भी नहीं मालूम था कि बेगार-मजूरी, कानून के खिलाफ है। वैसे आदिवासी कार्यालय के इन्सपेक्टर के सौजन्य से, बाद में उन लोगों को इस बारे में पता चल गया था। लेकिन, इसके बावजूद उन लोगों ने बेगार-मजूरी बंद नहीं की, क्योंकि वे लोग जानते थे कि बेगार वसूल करने वाले, उत्तमचंद जैसे महाजनों के विरुद्ध, कचहरी में मामला-मुकद्दमा दायर करना, उनके बूते की बात नहीं है। मुकद्दमा करने के लिए डालटेनगंज जाना, क्या संभव था? मुकद्दमा लड़ने के लिए, उनके पास वकील कहां से आता? ऐसे लोग कहां थे, जो उन लोगों को सलाह-मशविरा देते। आदिवासी कल्याण दफ्तर तक, उनकी पहुंच कहां थी? दफ्तर, शहर में स्थित था और उन लोगों का रैन-बसेरा गांव में! बस या रेल से जाते हुए, राह में उनके गांव का नामोनिशान तक नहीं था। कुल्लमकुल सतरह परिवार के छिअत्तर लोगों का गांव। आजादी के बाद, शुरू के तीन चुनाव तक, सरकार को तो उनके अस्तित्व की खबर ही नहीं थी। हां, चौथे चुनाव से वे लोग वोट देने लगे। वोट देने का वह दौर बेहद सुखद था। उत्तमचंद सबसे कहता था—'सुन, रे, जंगल से पैदल चल कर यहां हाजिर रहना। सबको एक-एक रुपइय्या नकद मिलेगा। तुम लोगों का वोट, न हो, मैं खुद ही डाल दूंगा।'

चौथे निर्वाचन के समय से यही इंतजाम चालू था। लेकिन सन् सतहत्तर में सब कुछ बदल गया। नजदीकी गांव के एक प्राइमरी स्कूल टीचर ने झुझार गांव में आना-जाना शुरू किया। नाम था—बालकिशन सिंह। गांववालों को समझा-बुझा कर उसने गांव के तीन लड़कों को अपने स्कूल में दाखिल कर लिया। उसी ने बताया कि छठा निर्वाचन बेहद महत्त्वपूर्ण मामला है। अपना-अपना वोट वे लोग खुद दे आए

थे। हर आदिवासी को रुपइय्या? इससे कहीं ज्यादा रुपयों का कारोबार, उसके प्रयास से संपन्न हुआ। झुझार गांव में पंचायती कुआं था। काफी गहरा और बड़ा-सा कुआं। उसमें ढेरों पानी था। इतने दिनों नदी से पानी लाना पड़ता था और गर्मी के मौसम में पानी का जुगाड़ करने में आदिवासियों की जान निकल जाती थी।

उत्तमचंद पहले तो वोट के मामले में भड़क गया। वोट के बाद, नया मंत्रिमंडल बना। पुराने दफ्तर और पुराने अफसरों का नई भूमिका में अवतरण हुआ। झुझार गांव तक आने-जाने के लिए, पैदल-पगडंडी के अलावा और कोई राह नहीं थी। उसी पगडंडी पर चल कर, संगठित नौजवानों का एक दल, गांव में आया। झुझार गांव का कौन-सा परिवार, कर्ज के भुगतानस्वरूप, कितनी बेगार-मजूरी करता है यह लिख कर ले गया।

पूर्ति मुंडा, गांव का सबसे तेजतर्रार व्यक्ति और व्यक्तित्व था। गांव भर में एकमात्र वही शख्स था, जिसने रांची और डाल्टेनगंज देखा था और धनबाद में कुलीगीरी का काम भी कर आया था। लेकिन, हर जगह उसकी माली हालत जस की तस रही, इसलिए वह उन जगहों पर थूक कर, वापस अपने झुझार गांव लौट आया।

उसने साफ सुना दिया, 'हम लोगन से पूछ कर का फायदा, साहेब? उत्तमचंद के खाते में सब लिखा भया है। तू लोग उनसे ही जाकर पूछ-पाछ लो।'

'बेगारी करना गैर कानूनी है, जानते हो?'

'जान कर हम लोगन को का लाभ? बेगार न करें, अगर कर्जा न चुकायें, तो महाजन उधार नहीं देवेगा।'

'इस बार, महाजन का मुंह बंद हो जाएगा। उसे सबक मिलेगा।'

'ई सब तुम ही लोगन देखौ।'

'तुम चलो हमारे साथ।'

'चलो!'

पूर्ति मुंडा के सामने ही, शहर के लड़कों ने उत्तमचंद को साफ चुनौती दी, 'इस साल से, इलाके का एक भी आदिवासी बेगारगीरी नहीं करेगा, एक भी पैसा अदा नहीं करेगा। अगर किसी से जोर-जबर्दस्ती की गई या उसे लाचार किया गया, तो उसे कानून के जरिये न्याय मिले, यह हम देख लेंगे।'

ठीक है, ऐसा ही होगा—' उत्तमचंद ने मान लिया और कार्यरूप में भी यह नियम मानने को लाचार हो गया। उसकी जमीन पर, झुझारवासियों को खेती करने से भी मना नहीं किया जा सका।

'जिन आदिवासियों ने, बारह वर्षों से अधिक खेती की है, फसल में आधा हिस्सा पाना, उनका हक है।' नौजवान टीम ने कहा।

'आधा हिस्सा ही मेरा होगा?'

'हां, फसल पकने के बाद, आपकी उपस्थिति में हमारी समिति, फसल का बंटवारा कर देगी।'

'चलो, ऐसा ही होगा।'

पूर्ति मुंडा कह उठा, 'साहेब, दो रुपइय्ये तो दो! ताड़ी पीकर, हम 'बाड़ी' जावें! अपने घर! आज ई कइसा दिन है, रे? आज किसका मुंह देख कर जागे थे?'

नौजवानों ने जवाब दिया, 'न्ना! दारू-ताड़ी का नशा छोड़ना होगा। दारू के नशे की वजह से ही आदिवासियों का सर्वनाश हुआ है।'

वापसी की राह में, पूर्ति मुंडा ने अपनी गांठ से आठ आने खर्च करके ताड़ी पी और सकोरे पर हाथ फेरते हुए कहा, 'स-र-ब-नास? ई साहेब-सूहब का समझेंगे? ताड़ी पीकर ही तो हम अपने पेट की आग भूले रहते हैं।'

अपनी पराजय कबूल करने के बाद भी, उत्तमचंद बदला लेने को संकल्पबद्ध हो उठा, क्योंकि झुझार के लोग जरूरी सौदा-पत्तर खरीदने पालानी या मुरू हाट आते थे और इन दोनों ही हाट में बनिये की दुकान, उत्तमचंद की ही थी।

उत्तमचंद मन ही मन बुदबुदा उठा, 'बिना नून के 'घाटो' खाने में कैसा लगता है अब देखें। इतने सालों तक मेरा ही दिया खा-पहन कर, अब, ऐसी नमकहरामी?'

हाट से नमक गायब हो जाने पर, पूर्ति और उसके साथियों ने शुरू-शुरू में, खास ध्यान नहीं दिया। जब खयाल आया, तो वे लोग नौजवानों के कार्यालय तक, डालटेनगंज दौड़ गए। दफ्तर में एक छोकरा, ट्रांजिस्टर सुन रहा था।

आदिवासियों का दुखड़ा सुन कर, उसने छूटते ही कहा, 'यह मामला हमारे अख्तियार में नहीं पड़ता। जिसकी दुकान है अगर वह न बेचे, तो हम क्या कर सकते हैं, बताओ! आजकल बड़ी-बड़ी समस्याएं मिटाने के लिए, हम सबको चारों तरफ दौड़-धूप करनी पड़ रही है।'

पूर्ति और बाबुओं के संवाद की गति-प्रकृति में किसी तरह का आदान-प्रदान नहीं था, होने की बात भी नहीं थी।

पूर्ति उन लोगों को किसी हाल में नहीं समझा सका कि नून के बिना, उनका जीवन अचल है। नमक का स्वाद मिला कर ही वे लोग भात खाते हैं।

उसने सिर पीट लिया। बस-किराया बचा कर उन लोगों ने दस किलो नमक खरीदा और अठारह मील पैदल चल कर, वे लोग गांव लौटे।

गांव के घर-घर में नमक बांट कर, उसने सबको सतर्क कर दिया, 'खूब बचा-बचा कर खाना।'

लेकिन कुल दस किलो नमक अजर-अमर नहीं होता। अगली बार पूर्ति ने

वन-विभाग के ठेकेदार को पकड़ा।

'हम सबन को काम चाहिए, काम दो। पैसा मत दीजो, बस निमक दे दीजो।'

'नमक दूं?'

आज भी मंहगाई इतनी बढ़ जाने के बाद भी, भारत में नमक ही सबसे सस्ती चीज है, इसलिए मजूरी के तौर पर नमक की मांग सुन कर, ठेकेदार चक्कर में पड़ गया। उसी वक्त उसे लगा कि इन लोगों के बारे में खोज-खबर लेना चाहिए। चूंकि वो लोग उत्तमंचद की जमीन पर ही खेती करते थे, इसलिए ठेकेदार, उत्तमचंद के पास ही जा पहुंचा। वहां उसने जो सुना, उसे पक्का विश्वास हो गया कि ये लोग निहायत खच्चड़ जीव हैं। शहर के लड़ाकू नौजवानों को अपनी तरफ करके, इन लोगों ने वर्षों की पहचान वाले बनिये से लड़ने का फैसला किया है। इन लोगों को काम देकर बेशक ठेकेदार भी फंस जाएगा। अस्तु, ठेकेदार ने उन लोगों को खदेड़ दिया और काले-काले मानस सिर झुकाये, सफेद रेत से गुजर कर, वापस लौट आए।

इसके बाद, फसल के मौसम में इन लोगों ने फसल बेच कर, नमक खरीदने की कोशिश की। नतीजा यह निकला कि फसल चली गई और बेहद कम-सा नमक हाथ आया।

इसके लिए, ग्रामवासियों ने पूर्ति को ही दोषी ठहराते हुए कहा, 'हम लोगन ने तुम्हें महाजन की शरण में जाने को कहा था, तुम गए? अब, तुम ही हमारे लिए निमक का इंतजाम करो। उस समय तो अपने को 'मर्द' जताने के लिए, खूब बढ़ चढ़ कर हांक रहे थे। बड़ा लीडर बनने चले थे।'

'ऐसा न करता, बेगारी बंद होती?'

'न हो, कर्ज चुकाते रहते।'

'फसल में हक मिलता?'

न हो, उपासे मरते—'

झुझार ग्रामवासियों को उस वक्त फसलहीन रहने वाले दिन काफी सुखद लग रहे थे। सभी लोगों ने मन-ही-मन तराजू पल्ले पर हिसाब-किताब किया, काले और गंदे नमक के ढेले ही वजन में काफी वजनी होते हैं। इसकी तुलना में, बेगारगीरी बंद करने और फसल का हक हल्का पड़ गया।

गांव के किसी बूढ़े ने कहा, 'चलो, मान लिया कि बिना निमक के ही घाटो खाकर पेट भर लेंगे। लेकिन छाती में हंफनी क्यों होने लगी है? हाथ-पैर हिलने-डुलने का नाम नहीं लेते। आखिर क्यों?'

सभी लोगों को लग रहा था कि नमक न मिलना तो बहाना भर है। सच यह

है कि नमक न मिलना तो निमित्त भर है। असल में हमारे देवी-देवता हमसे रूठ गए हैं।

गांव के किसी अन्य बुजुर्ग ने कहा, 'तकलीफ तो सबको है। इस बार हरम देवता के थान पर पूजा देना होगा। सुन, रे, पूर्ति, मेरा घर-द्वार, दोनों मुर्गी, जंगल के पहरेदार के हाथ बेच कर, निमक खरीद लाओ। इतने दिन बाद, कम-से-कम एक दिन तो निमक का स्वाद चखें।

जंगल पहरेदार ऐसा अजीब-सा प्रस्ताव सुन कर बेहद खुश हुआ।

उसने आश्वस्त किया, 'रुक जा, स्टोर से नून ला दूंगा।'

लेकिन, साहेब, दो मुर्गी का दाम, आठ रुपइय्ये से कम नहीं होगा।'

'ठीक है! ठीक है!'

'आठ रुपइय्ये में कितना नून मिलेगा, साहब?'

'सोलह किलो।'

'चलो, उतना ही ला दो, साहेब!'

बेहद काला-मैला नमक!

'इतना काला निमक?'

'अरे यह नमक हाथी खाता है, हिरण खाता है—जनावर क्या काला-सफेद समझते हैं?'

'ऊ जनावर नून खाते हैं? नून?'

'हां, रे बकलोल। उन जानवरों को भी नून-माटी देना पड़ती है।'

'नहीं दो, तो का होत है?'

'सूख जाते हैं—'

'नून-माटी कहां देत हो?'

'है! एक जगह है।'

इसी बारे में सोचते-सोचते, पूर्ति नमक लेकर गांव लौटा। हाथी और हिरण सॉल्टलिक का नमक खाते हैं। यह खबर पाकर वह इतना विभोर हो गया कि उसे यह अंदाजा ही नहीं हुआ कि उसकी पीठ पर लदे, नमक के बस्ते का वजन, किसी हाल में भी सोलह किलो नहीं है। पूजा के लिए शानदार भोज-भात हुआ।

उसके बाद पूर्ति नदी-किनारे आ बैठा। अकेले-अकेले ही ताड़ी चढ़ाते हुए, उसकी निगाहें जंगल की तरफ जा गड़ी। भोर-भोर और शाम के समय, हाथियों का झुंड सैर पर निकलता है। दिन के वक्त ये नजर नहीं आते। नून-माटी वे सब कब खाते हैं और कहां? जंगल काफी विशाल था। जंगल को चीरते हुए, वह पता लगाएगा

कि नून कहां मिलता है। उसने तय किया।

हाट की दुकान उन्हें नमक नहीं बेच रही संगठित नौजवानों के दल ने इस खबर को उपेक्षा से फेंक नहीं दिया। उनके दिल की गहराइयों में कहीं यह प्रसंग चुभा रहा। उन दिनों ही किसी एक मेडिकल प्रतिनिधि से, जो हाल ही में नौकरी में आया था, उससे दरयाफ्त किया कि मानव शरीर में कितनी मात्रा में नमक मौजूद है। मेडिकल प्रतिनिधि अब तक जितनी विद्या सीख कर आया था, उस सबको काम में लगाने का मौका उसे नहीं मिला था। उसने जो बताया, वह सुन कर लोगों का सिर घूम गया।

डॉक्टर ने बताया कि नमक और जल, मानव शरीर के अजैवि या मिनरल तत्व हैं। जीने के लिए ये दोनों अतिशय अनिवार्य तत्त्व होते हैं, और शारीरिक प्रणाली के संचालन में खास भूमिका निभाते हैं। मुख्य नमक हैं—क्लोराइड, कार्बोनेट, बाइकार्बोनेट, सल्फेट और फॉस्फेट। इनमें सोडियम, पोटाशियम, कैल्शियम, मैग्नेशियम, क्लोराइड समेत लोहे सी और टू सल्फर और फासफोरस का यौगिक मौजूद है। सीधे-सादे शब्दों में यह कहें—कि लवण अभी शरीर में निम्नलिखित रूप से काम करते हैं—

1. देह की आस्रवण स्थिति में, शरीर की देख-रेख करना और उसे ठीक रखना
2. शरीर में जल का संतुलन और खून का वोल्यूम सही रखना।
3. शरीर में ऐसिड आधार का संतुलन भी दुरुस्त रखना।
4. शारीरिक संचार-प्रणाली के लिए आवश्यक उपादान प्रदान करना, खासकर हड़्डियों और दांत को। मांसपेशियों और नसों के उपयुक्त इरिटेबिलिटी की देख-रेख के लिए भी नमक आवश्यक है। रक्त जमाव की प्रक्रिया में भी यह जरूरी है।
5. नमक कई एक एंजाइम सिस्टम, सांस-प्रश्वास सम्बद्ध पिगमेंट और हारमोन के लिए आवश्यक उपादान है।
6. नमक जीवों के शरीर में सेलमेम्ब्रेन और कैपिलरी पर किएबिलिटी नियंत्रण में रखता है और इन्हें संचालित करता है।

इतनी सब मुश्किल बातें सुन कर, उस नौजवान का सिर चकरा गया।

'क्या, यार, ई सब हम का परिच्छा देवे को पूछ रहा हूं?'

'पूछने का क्या मतलब?'

'अरे, नून अगर न खावें, तो कउन-कउन नुकसान होत है।'

'नुकसान क्या होना है? हाइ कैलोरी वाले आहार मत खाओ! बस, तनिक-से नून से काम चल जाएगा।'

'अरे साहब, अइसे लोगन भी तो होत हैं, जो कउनो कैलरी कैलोरी की परवाह नहीं करते...'

'सच पूछो तो इस भारत के लोगों की फूड-हैबिट ठीक नहीं है–

'अरे साहब, हम जिन लोगन की बात पूछत हैं, वे लोग...'

वह नौजवान समझ गया कि वह किसी छाया से कुश्ती लड़ रहा है और व्यर्थ ही अपना तन-मन थका रहा है। डाल्टेनगंज की चाय की दुकान से, झुझार गांव कोई सौ-दो-सौ कोस के फासले पर तो नहीं। लेकिन इन दोनों जगहों के बीच, मानो दो अलग-अलग महाविश्व बसे हुए थे। कौन नहीं जानता था कि आसमान में टिमटिमाते सितारों पर चाहे कितने भी गीत-कविताएं रची जाएं, वे सब करोड़ों सूर्य से भी अधिक ताप-सम्पन्न हैं। और उनके बीच बिछा हुआ घना-काला निस्सीम आकाश, दरअसल करोड़ों मील की दूरी कायम रखते हुए, क्रुद्ध और भ्रमणशील नक्षत्रों को एक-दूसरे से अलग-अलग रखता है। डाल्टेनगंज लकड़ियों के कारोबार से गर्म रहता था। झुझार गांव, दुर्भाग्य और आधुनिक भारत में निर्वासित, मुट्ठी भर आदिवासियों पर बरसती हुई वंचना की मार से धू-धू जलता रहता था।

टेरीक्लॉथधारी और पाउडर-शोभित, उस स्मार्ट छोकरे को अपनी समस्या समझाना, पूर्ति मुंडा को भूतों के खेल जैसा निरर्थक लगा।

'तुम किनकी बात कर रहे हो?'

'हम उन लोगन की बात कर रहा हूं, जो 'घाटो' या 'माड़', भुट्टा उबाल कर तरकारी खाते हैं। फल-मांस-मछरी की जगह...'

'वे लोग नमक नहीं खाते? क्यों?'

'मिलता ही नहीं–'

'उन लोगों को नमक बेचा तो जाता है...'

'झूठ!'

'लो-कैलोरी के सीरियल खाने वाले को अगर नमक न मिले, तो क्या होगा?'

'किन लोगन को?'

'वो नई फिल्म देखी है?'

नहीं! तुम ही बताओ न।'

'अरे भई, ऐसे अनाड़ी को कैसे समझाएं?'

'अगर समझा नहीं सकते, तो तुम पंडित काहे भये।'

अरे, भई, नमक देह और खून की फ्लुइड नियंत्रित करता है। नमक न खाएं तो खून जम कर, मोटा और घना हो जाता है। वह घना रक्त पंप करने में दिल को तकलीफ होगी। सांस लेने में दबाव पड़ेगा। मांसपेशियों में ऐंठन होने लगेगी। शरीर

के अंदर की सारी संचालन-क्रियाओं पर स्ट्रेन पड़ेगा। देह की हड्डियां और दांत घिस जाएंगे। समूचा शरीर धीरे-धीरे क्षय होने लगेगा। खैर, फिजूल की बात छोड़ो। चलो, वह फिल्म देख आयें।'

उस फिल्म में दुघर्ष और गण्यमान अभिनेता था, बंदूकबाजी थी, उत्तुंग यौवना तांगेवाली थी और अमिताभ बच्चन भी था। लेकिन अमजद खान को जब कानून के हाथों सजा मिल गई, तो मुंह में बनारसी पान की गिलौरी दबा कर, जब वह नौजवान अपने घर लौटा, तो झुझार की समस्या, अपने दिमाग से झाड़ कर, फेंक नहीं पाया।

अगले ही दिन, वह टेहाड़, उत्तमचंद की कोठी पर जा पहुंचा।

उसकी शिकायत सुन कर, उत्तमचंद ने कहा, 'ये आदिवासी लोग पहले झूठ नहीं बोलते थे। अब बे-हद खचड़े हो गए हैं।'

'क्यों?'

'अब मैं पूर्ति जैसे लोगों को नमक बेचना बंद कर दिया हूं।'

'नहीं, आप नहीं बेचते।'

'अरे भई, अब मैं नमक किसी को नहीं बेचता। नमक बेच कर कोई नफा नहीं होता। पिछली बार से, हाट से नमक खरीद कर मैं इस हरिये में लाता ही नहीं। इससे पहले क्या मैं उन लोगों को नमक नहीं बेचता था? कितनी अजीब बात है! क्या मैं कम नमक बेचता था? बड़ी विचित्र बात है। दुकान में नमक था तो सही, अब ख़त्म हो गया होगा।'

'अब आप नमक नहीं बेचते? क्यों?'

'इस धंधे में कोई फायदा नहीं है।'

'यह क्या सही काम है?'

'अरे, भइये, जब मैं हूं, उत्तमचंद, बनिया की जात। पहले जब कांग्रेस की मदद की थी, तब भी मैं हर तरह से बुरा ही कहलाया। मेरा तो हर ठीक काम बेठीक समझा जाता है।'

'आपने मुझे गलत समझा...'

'नहीं बाबू साहब, कांग्रेस को मदद दी थी मैंने। जब, जो पार्टी सरकार चलाती है, उसे अगर मदद न दी जाए, तो मुझ जैसा गरीब-गंवई बनिया जी नहीं सकता। आप लोगों के कहने पर, मैंने बेकारी कराना बंद कर दिया, फसलों पर भी अपना हक छोड़ दिया। वैसे इस किस्म का आदेश कांग्रेसी लड़कों ने नहीं दिया। अगर वे लड़के भी ऐसा कोई हुक्म देते, तो मैं उस वक्त भी दे देता लेकिन अब, आप जो फरमा रहे हैं, यह काम मैं कैसे करूं? जिस चीज में नफा न हो, वह बेचने को कहना, जबर्दस्ती होगी।'

'वे लोग उधार मांगने आते हैं?'

'नहीं, नहीं, उधार मांगने क्यों आएंगे? फसल तो मिल ही रही है। मुझे तो वे सिर्फ हथ-पोछना थमा देते हैं। बस इत्ता-सा!'

'उतनी-सी जमीन में फसल होती ही कितनी है?'

'न होती ही, तो भला मैं क्या कर सकता हूँ? जमीन अगर कम-फसली हो, यह भी क्या मेरा ही दोष है? हां, एक बात आप जरूर जान लें। वे लोग उधार मांगें भी, तो मैं नहीं दूंगा।'

'क्यों।'

'लो, देखो। उधार दो, तो उधार वसूल भी करना पड़ता है और यह आप लोगों की सरकार में गैर-कानूनी है। देखिये, जनाब, ज्यादा नाचने से ही गणेश-पूजा नहीं हो जाती। यह कानून पहले भी प्रचलित था। कांग्रेसी सरकार आंखें मूंदे रहती थी। वे लोग जानते थे कि महाजन अगर उधार न दे, तो ये आदिवासी जंगली लोग भूखों मरने लगेंगे। आप लोग यह नहीं समझते। चलो, अच्छा है, आप लोगों ने जो किया, भले के लिए ही किया होगा। अंत भला, तो सब भला। लेकिन, मैं उन लोगों को धारी-उधारी नहीं दूंगा।'

उस नौजवान ने हार मान ली और खाली हाथ वापस लौट आया। उसने संकल्प किया कि जैसे ही मौका मिला, वह झुझार बेल्ट में जनता-दुकान खोलने का इंतजाम करेगा। अपना यह संकल्प उसे कुछ दिनों याद भी रहा। बाद में दारू-ताड़ी की गैरकानूनी दुकान को लेकर गड़बड़ी मच गई। उसे मिटाने के लिए, वह कहीं और चला गया और झुझार का प्रसंग उसके दिमाग से उतर गया।

तमाम नौजवानों की शुभकामनाओं के बावजूद पूर्ति जैसे लोग घनघोर अंधेरे में ही पड़े रहे। वैसे पूर्ति चुप नहीं बैठा। वह हर रोज पूरा जंगल छानता फिरता था। हिरणों का सॉल्टलिक, जंगल-दफ्तर के करीब ही था। इसी तरह एक दिन एक खरगोश का पीछा करते-करते, उसने हाथियों के सॉल्टलिक भी खोज निकाले। वह नजारा भी खासा मजेदार था। जान के डर से वह पेड़ की फुनगी पर जा बैठा। लाडले हाथियों का पाल ऐश से नून-माटी खा रहा था। पथरीला नमक, पत्थर के ऊपर मामूली-सी माटी मिला कर बिखेर दी गई थी।

'अच्छा—यहां लून की खेती हो रही है।' पूर्ति मन ही मन बुदबुदा उठा। अंधेरा घिर आने के बाद, हाथियों ने वह स्थान त्याग दिया। बेतला के हाथी, 'शो बिजनेस' समझते थे। ढलती शाम के वक्त, सैलानी जीप में सवार होकर जीव-जंतुओं का नजारा करने निकलते हैं। सैलानी बांस के पेड़ खाते-चबाते हाथियों का पाल देखने के अभ्यस्त थे। हाथियों का पाल उसी दिशा में चल पड़ा।

सारे हाथियों के विदा लेने के बाद, एक दंतियल, बूढ़ा हाथी आ पहुंचा। वह चिंघाड़ता हुआ, ऐलान करता हुआ आया। उसकी चाल-ढाल में गृहस्थ-भाव नहीं था, हालांकि हाथी, काफी दुनियादार जंतु होते हैं। 'एकवा' हाथी है—पूर्ति ने मन ही मन उसे पहचान लिया और दहशत के मारे पेड़ से चिपक कर बैठ गया। ऐसा लगा किसी जवान हाथी ने इसे दल से निकाल दिया था और खुद लीडर बन बैठा था, ऐसे निर्वासित हाथी को ही 'एकवा' कहते हैं और 'एकवा' से सभी डरते हैं। 'एकवा' कब, क्या कर बैठे, पता नहीं, ऐसे हाथी चूंकि कभी हाथियों के लीडर हुआ करते थे और बाद में अपने झुंड से निर्वासित हो जाते थे, इस वजह से इनका व्यवहार और आचरण खासा गैर-जिम्मेदाराना होता था।

एकवा सॉल्टलिक में मूत कर चला गया। पूर्ति फौरन समझ गया कि वह अपनी शैतान बुद्धि के मुताबिक खच्चड़पन करके चला गया।

हाथी के पेशाब से बचते-बचाते, पूर्ति ने थोड़ी-सी नून-माटी अपने कोंचड़ में बांधी और घर लौट आया। उसने पानी गर्म किया और उसमें नून-माटी डाल दी।

उसने अपनी बहुरिया से कहा, 'कल देखेंगे, माटी जब नीचे बइठ जावेगी, तो कितना नमक बचा रहता है।'

'पानी में नून?'

'हां।'

सुबह देखा गया कि माटी और नमक, एक साथ ही तलहटी में जमे हुए हैं।

पूर्ति ने लंबी उसांस भरते हुए कहा, 'चलो, नमक तो है। अब तो हाट में नमक कोई बेचता ही नहीं साला।'

उसने गंदले पानी को छान कर नमक निकाल लिया। उस दिन उसने वही नमक खाया। उसने यह खबर अपने संघातियों को भी बताई। और 'एकवा' हाथी के बारे में भी सावधान कर दिया।

गांव के वयोवृद्ध ने आगाह किया, 'खूब चौकस रहना। याद है, सेवा का क्या हाल हुआ?'

वह बात सभी लोगों को याद आ गई।

हर साल सारंडा के जंगल से हाथियों का एक पाल बेतला के जंगल में आता था और वापस भी चला जाता था। कुछ सालों पहले किसी नासमझ आदिवासी युवक ने तीर चला कर, किसी हाथी के बच्चे को मार डाला। हाथी गुस्से से पागल हो उठे। पूरा झंड मृत बच्चे को घेर कर ऐसे अटूट संकल्प के साथ आगे बढ़ता रहा, जो इंसानों को भी समझ आ जाए।

अगले ही पल वे हाथी प्रतिहिंसा की जंग पर उतर आए। झुझार और कोलना

गांव के लोग भाग खड़े हुए। हाथियों का पाल, पहले साल, दो गांव उजाड़ कर चला गया। अगले साल सारंडा के हाथी फिर आ पहुंचे और जंगल के कामकाज में लगे हुए दो मजूरों को मार डाला।

तीसरे साल वे जानवर बेतला के जंगल-बंगलों पर हमलावर हुए और बंगलों के सामने खड़ी एक बस और एक गाड़ी एकदम से उलट दी और उन्हें रौंद-कुचल कर चिपटा बना डाला।

पूरे तीन वर्षों तक वे इंसानों से बदला लेते रहे, उसके बाद जाकर उनका गुस्सा ठंडा हुआ और वे जानवर शांत हुए। वे हाथी बीमार हैं, यह घोषणा करके, उन्हें मारा नहीं गया, क्योंकि हाथियों का पाल हमेशा झुंड में घूमता था और नौजवान हाथी बदला लेने का काम करते थे। आजकल बेतला के जंगल में हर ओर कांटा-तारों का प्रतिबंध, वे सब न समझते हैं, न मानते हैं।

गांव के बुजुर्ग ने फिर आगाह किया, 'सुन रे, और चाहे जो करे, हाथियों से छेड़छाड़ मत करना।' इसलिए वे लोग 'एकवा' को भूले नहीं थे। तमाम लोग बेतरह थक चुके थे। सबके हाथ-पैर बेजान हो आए थे। उन लोगों ने सूखी-सूखी आवाज में जवाब दिया, 'हां, हां, होशियारी से ही जाएंगे। इतना पूजा-पाठ किया, लेकिन कोई फल नहीं निकला। जान निकल जाती है, सांस टूटने लगती है। बोझा खींचते-खींचते हाथ-पैर दुखावे लागत हैं।'

बहरहाल, वे लोग काफी सतर्क रहे। काफी होशियारी से उन लोगों ने नून माटी चोरी की।

'सुन, पेड़ से नीचे मत उतरना। पहले अच्छी तरह देख लेना, सारे हाथी चले गए हैं या नहीं।'

सभी लोगों ने पूर्ति की हिदायत याद रखी।

उसके बाद, शायद 'एकवा' के उत्पात की वजह से सॉल्टलिक की जगह बदल दी गई। दो-तीन अलग-अलग जगहों में सॉल्टलिक तैयार किया गया। एकवा + झुझार के आदिवासी—इस जटिल जवाब का हिसाब तलब किये जाने पर वनविभाग ने जो कैफियत दी, वह बेहद युक्तिपूर्ण थी।

एकोया या हाथियों के झुंड की आबादी का दायित्व वनविभाग का था। यह कमबख्त एकवा ही नम्बर वन खच्चड़ था। वह उस सॉल्टलिक से नून-माटी चाट-चूट कर वहां मूतता था और चल देता था। जगह-जगह सॉल्टविक तैयार करने के बाद वन-विभाग को उम्मीद थी कि एकवा अगर एक ही जगह जाता रहेगा, तो हाथियों के झुंड अन्यत्र जा सकेंगे।

लेकिन, यह एकवा कम्बख्त सारा हिसाब गड़बड़ कर देता था। वह कभी इस

झुंड में नहीं होता था, इसलिए उसका समय-ज्ञान भी गड़बड़ाता जा रहा था। अब, वह शाम या भोर के अलावा, समय-असमय सॉल्टलिक पहुंच जाता था। उसका स्वभाव भी अब बदलता जा रहा था। शायद वह समझ रहा था कि नून-माटी चोरी हो रही है। कभी-कभी वह सड़क पर भी आ खड़ा होता था। उसकी आंखों पर जीप की रोशनी पड़ती थी, तब भी वह जगह से नहीं हिलता था। अंत में, जीप वहां से घुमा लेनी पड़ती थी। अच्छा, उसे क्या इंसानों पर शक हो गया था? अपनी सूंड का राडार घुमा कर, वह क्या इंसानी गंध ढूंढता था।

इस हाथी कमबख्त को लेकर वनविभाग में एक किस्म का टेंशन बनता और बढ़ता जा रहा था। एकवा आजकल ऐसी-ऐसी हरकतें करने लगा था कि वह कभी भी आंय-बांय हरकत कर सकता था। कभी भी भड़क सकता था; कभी भी उल्टी-सीधी हरकत कर सकता था। वनविभाग की मुसीबत यह थी कि जब तक किसी हाथी को 'मैनकिलर या रोगी' घोषित न किया जाए और इस बारे में सच्चा प्रमाण न मिले, संरक्षित हाथी को मारा नहीं जा सकता।

अप्रत्यक्ष रूप से सभी लोग टेंशन में रहते थे। और किसी भयंकर विस्फोट के इंतजार में थे। वनविभाग के कुली-मजूर का कहना था—ई एकवा के होते हुए, उन लोगों को वहां काम करते हुए डर लगता था। उन सभी लोगों ने यह भी गौर किया था कि एकवा दूर खड़ा उन लोगों को घूरता रहता था। वे लोग मारे दहशत के भाग खड़े होते थे। कई-कई लोगों के मन में शक पैठ गया था। जो लोग सॉल्टलिक में नमक रख जाते थे, उनके भी मन में शक समा गया था। एकवा के मन में शक समा गया था। जो लोग सॉल्टेलिक में नमक रख आते थे, संदेह उन्हें भी होता रहा। नून-माटी खोद-खाद कर निःशेष होता जा रहा था। इस किस्म का कांड उन लोगों ने कभी नहीं देखा था। नून-माटी जैसी चीज़ भी कोई भला चोरी कर सकता है? उन लोगों ने रिपोर्ट नहीं किया। उन लोगों को कतई यह नहीं लगा कि यह रिपोर्ट, कोई अहम् बात है। नमक जैसी चीजें तो स्टोर में जाने कितनी है।

हाथियों के झुंड भी बेहद विभ्रांत और असंतुष्ट थी। सॉल्टनिक तो है, मगर नमक गायब है। उन जंतुओं को भी कुछ समझ नहीं आ रहा था।

इसकी वजह, इस समूची अवस्था की वजह थे—पूर्ति और दो अन्य व्यक्ति! शुरू-शरू में वे लोग सतर्क रहते थे। अतिशय सतर्क! शाम से ही पेड़ से चिपके हुए, वे लोग बिल्कुल दम साधे, पेड़ के सबसे ऊंचे सिरे पर बैठे रहते थे। हाथियों का पाल और एकवा जब आकर चले जाते थे, तब वे नून-माटी खोद-खोद कर निकाल लेते थे। शायद इसी तरह, लवण जुटाने में, उन लोगों की मांसपेशियों क्षिप्र और गतिशय हो गईं, तब तन-बदन की आस्मेसिस स्थितावस्था वापस लौट आईं।

चूंकि खून में भी जलीय पदार्थ बढ़ जाता था, इसलिए दिल पर ज्यादा दबाव डाले बिना ही देह में खून का संचालन स्वाभाविक होता था। शरीर में इलेक्ट्रोलाइट स्थिति बिल्कुल सही हो जाती थी।

शायद और तत्क्षण मानवीय दिमाग में बुद्धि के सारे तंत्र एकदम से जाग उठे थे। वे लोग सतर्क होना भूलने लगे। शाम के वक्त, हाथियों के आने से पहले ही नून-माटी बटोर कर ले जाते थे। उन लोगों को आभास भी नहीं होता था कि एकवा उन लोगों को देख रहा है।

अचानक जंगल में एकवा काफी कम नजर आने लगा। वह शायद ही कभी दिखाई देता था। जानकारी मिली कि ढलती शाम के वक्त, नदी के श्वेत रेत पर खड़े-खड़े, एकवा की निगाह कहीं दूर गड़ी रहती थीं, मानो वह कुछ देख रहा हो।

'यह एकवा आखिर देख क्या रहा है?'

'आदिवासी नद्दी-पार करने जा रहे हैं।'

बहरहाल, यह खबर परेशान करने वाली थी। लेकिन, एकवा ने अपने ध्यान का टार्गेट बदल दिया है, वन-विभाग के कर्मचारियों का टेंशन एकदम से कम हो गया। लोग जरा बेफिक्र हो आए। लेकिन उन लोगों ने इस बारे में भी आगाह कर दिया कि वह हाथी क्या करने में लगा है, इसकी जानकारी मिलते ही खबर दी जाए।

कुछ दिनों बाद ही कत्थे के पेड़ों से जुड़ा काम-काज बंद करना पड़ा क्योंकि कत्थे के पेड़ों का झुरमुट, जंगल के बीचोंबीच खड़ा था। प्राचीन पलामू किल्ला की राह में! खबर मिली कि एकवा प्राचीन पलामू किल्ला के आसपास घूम फिर रहा है।

किसी जमाने में पलामू का यह किला पालामऊ के स्वतंत्र राजाओं का दुर्ग हुआ करता था। बेतला के घने जंगल में विशाल-पर्वत समान ऊंचे, ईंट-पत्थरों से निर्मित इस किले का नजारा भीषण भयंकर नजर आता था। प्रकृति-निर्मित, वनस्पतिमय इस जंगल में, कत्थे के पेड़, उच्चत्तम शाल पेड़ों से भी ज्यादा ऊंचे थे। मानव-निर्मित इतने प्रकांड ढांचे के लिए निगाहें तैयार नहीं होतीं। चूंकि निगाहें यह नजारा देखने को तैयार नहीं थीं, इसलिए उस किले का दृश्य, मन में दहशत भर देता था।

जंगल के कुली-मजूरों ने देखा कि बाघ से भी ज्यादा दबे-पांव, सूखे पत्तों से बचते-बचाते, एकवा, उस किले के आस-पास घूम रहा है और अपनी सूंड बढ़ा-बढ़ा कर जाने क्या तो सूंघता फिर रहा है। यह दृश्य देखते ही, वे लोग खबर देने आ पहुंचे।

जाहिर है, पूर्ति मुंडा और उसके साथियों को, ये सब बातें जानने की फुर्सत नहीं थी, क्योंकि वन-विभाग को जैसे ही इस किस्म की आहट मिलती थी, वे लोग

पूरे जंगल में बिखर जाते थे और गुम हो जाते थे। वन-विभाग के लोगों के लिए यह नून, मानो तुच्छ-सी चीज था। लेकिन पूर्ति और उसके साथी-संघाती सिर्फ नून के बारे में ही सोचते थे और इसलिए वे लोग कभी भी नजर नहीं आते थे। जैसे ही वन-विभाग के लोगों की नजर उन पर पड़ती, वे लोग उन्हें 'नून-चोर' कह कर, धर दबोचते। यही सब गलतफहमियां जन्म ले रही थीं और एकवा, उसके चाटने वाले और उसके पेशाब में बहते हुए नून से वंचित करने वाले ये आदिवासी अपराधी हैं—वह बिल्कुल समझ गया था कि सॉल्टलिक और झुझार के बीच कहीं, कोई योगसूत्र जरूर है। इसीलिए वह सफेद रेत पर खड़े-खड़े, अंधियारे में झुझार गांव को घूरता रहता था। यह दृश्य वाकई प्रतीक-समान था—नदी, रेत, आकाश, रात, पलामू किला की पृष्ठभूमि पर निःसंग खड़ा रहता था। यह दृश्य बेहद प्रशांत और चिरकालीन था। फर्क सिर्फ इतना-सा था कि उस खास हाथी के दिमाग में जो-जो अभिसंधि काम कर रही थी, वह सफेद कबूतर उड़ाने जैसा बिल्कुल नहीं था।

इसी तरह कई दिन गुजर गए। उसके बाद, एक रात, किसी को गवाह बनाए बिना, पानी और रेत को रौंदते हुए, वह हाथी, झुझार गांव में घुसा और गांव के कुंए के करीब जा खड़ा हुआ। पौ फटते ही गांव के सभी लोग, अपना-अपना दरवज्जा खोल कर, प्रातकृत्य के लिए बाहर निकल आए और कुएं के पास दंडायमान एकवा के पीछे उगते हुए सूरज को देख कर, सब अपने झोंपडी-झुग्गी में वापस लौट गए और सबने अंदर से दरवाजा बंद कर लिया और डर के मारे पथराए हुए से दम साधे बैठे रहे। पूर्ति मुंडा ने भी खिड़की की दरार से हाथी पर नजर डाली और मन-ही-मन मनाने लगा—हे परमू, कोई उस पर तीर न चला दे। हे देवता कोउ उस पर बान का निसाना न लगावे।

लेकिन, किसी ने भी उस पर बाण नहीं साधा। एकवा हाथी भी मानो किसी संशय का जवाब पाकर, गांव से बाहर निकल आया और नदी पार करके लौट आया। जब वह जंगल में, गुम हो गया, तभी घरों के लोग, अपने-अपने घरों से बाहर निकले।

गांव के बुजुर्ग ने कहा, 'मैंने जो कहा था, वही हुआ। जरूर तू लोग लापरवाही से आते-जाते रहे और उसने तू लोगन को देख लिया, वर्ना वह यहां क्यों आ धमकता?

'नहीं, नहीं, उसने हमें नहीं देखा। देख लेता तो हम लोगों को भला पता नहीं चलता? हमारी नजर क्या उस पर जा नहीं पड़ती? हाथी क्या खरगोश होता है?'

'देखो, हाथी चींटे जहान होता है...तितली जैसा। हाथी होता है—हवा जैसा! उसका शरीर विशाल होता है! जब देखता है, तो वह अलक्ष्य रह कर, सीधे हमारा सिर रौंद सकता है—ई सब बात, तू लोगन नहीं जानते। अरे, ओ बुडबक, ओ

गू-कीड़ा। तूने उसे नहीं देखा, मगर उसने तुझे देख लिया, वर्ना वह यहां कइसे आ धमकता?'

'जो हुआ, सो हुआ, अब उपाय बताओ।'

'पूर्ति मेरा मन हो रहा है, तुझे कितनी-कितनी सजा दे डालूं। जो आदिवासी कोयले या कुली मजूरी के काम के लिए शहर जाते हैं, वे लोग वहीं रह जाते हैं। लेकिन तू वहां नहीं रहा। तू तो लात-जूते खाकर लौट आया और तूने समझ लिया कि बड़ा ज्ञानी-ध्यानी बन कर आया है। इस पर से उत्तमचंद से झगड़ा मोल ले बैठा, अरे ऊ बाघ। अब, हाथी को गांव में घुस आने का मौका दे डाला–'

'अब, उपाय बताओ–'

'अब, कोई नून लेने नहीं जावेगा। सब अपने-अपने घर में धान कूटो। हाथी देखो, तो भाग जाओ।'

'कांटा-झाड़ी के बाढ़ लगा देवें? वन जंगल में बेड़ा लगाते तो हैं, इससे हाथी डर जावेगा।'

'हां, हांऽ, पत्थर, माटी का गांव ठहरा! बेड़ा कहां गाड़ेगा? कउन ओर अटकायेगा?'

'फिर...? क्या किया जाए?'

'नून लेने मत जाना। मुमकिन है, वह हाथी भूल-भुला जाए।'

पूर्ति लोगों ने गांव-बुजुर्ग की बात मान ली थी। लोगों ने नमक लाने जाना बंद कर दिया। हैरत है, हाथी भी उसके बाद नहीं आया।

पूर्ति ने एक दिन बीट-अधिकारी से कहा, 'ऊ एकवा हमरे गांव में घुसा जरूर था। हम सब भयंकर डराए गए थे।'

'हम सब भी काफी डर गए थे। लेकिन, अब, वह कमबख्त नजर नहीं आता। लगता है, वापस लौट गया।'

'हां, सभी को यही लगा कि वह चला गया। उस हरे-भरे जंगल में वह धूसार-सा कहीं विलुप्त हो गया।

जलाशय में जानवरों के पैरों का निशान देख-देख कर, जीवजंतुओं की गणना तैयार कर ली गई। उस जलाय यानी कम देह को देख कर या बिना देखे ही वन-विभाग ने ऐलान कर दिया कि–एकवा गायब हो गया।

लेकिन एकवा तो नदी की बांक पर, जहां बांस-वन झुक आया था वहां से सब कुछ देख रहा था और समझने की कोशिश कर रहा था। सॉल्टलिक पर अब किसी का भी हाथ नहीं पड़ता। परिवेश में इंसान की अपवित्र गंध नहीं होती। यह भी क्या किसी हमले का नया कौशल है? मानो वह जानता था कि इंसान बुनियादी

तौर पर गैर-जिम्मेदार बुद्धिहीन प्राणी है। एकवा को रुष्ट करके, नून-माटी लेना दायित्वहीन काम है। नून-माटी न लेना ही जिम्मेदारी भरा काम है। लेकिन दायित्वहीन इंसान है कि ज्यादा दिनों तक युक्तियुक्त काम नहीं कर सकता। पूर्ति और उसके साथी-संघाती भी ज्यादा दिनों तक युक्तिसंगत काम नहीं कर पाएंगे। यह बात एकवा मानो जानता था।

पूर्ति लोग भी वही गैर-जिम्मेदाराना, बुद्धिहीन काम कर बैठे। सबसे ज्यादा आश्चर्यजनक घटना यह भी थी कि पूर्ति लोगों ने जब इस करतूत को अंजाम दिया, उससे हफ्ते भर पहले से उत्तमंचद ने फैसला किया--इनफ इज़ इनफ यानी अब बहुत हुआ। उसने हाट में, बेभाव नमक बेचना शुरू कर दिया। पूर्ति लोगों को इसकी जानकारी थी या नहीं, इस बारे में कुछ पता नहीं चला। बहुत संभव है कि इस बात की इन लोगों को जानकारी नहीं थी, यह भी मुमकिन है कि उन लोगों को इसकी जानकारी मिल गई हो। मगर विश्वास न हुआ हो कि उत्तमंचद उन लोगों को नमक बेचेगा। यह भी मुमकिन है कि कुछेक लोगों की छाती पर मूंग दलते हुए या एकवा की आंखों को काफी धोखा देते हुए, नमक चुराने का मन हो आया था। वे लोग भी मर्द हैं और कर्मठ इंसान हैं, यही प्रमाणित करने के लिए, उन लोगों को यह काम काफी वीरतापूर्ण लगा। या फिर उन लोगों के मन में वन-विभागवालों को आउटडेट करने की चाह जाग उठी हो। बहरहाल, यह अंत तक पता नहीं चल सका कि पूर्ति लोगों के मन में क्या था? काफी जिरह के बाद यह पता चला कि मुंह अंधेरे में पूर्ति और उसके दो अन्य साथी, हाथ में बोरा लिये घर के बाहर निकले।

जाते-जाते वे लोग कह गए, 'होशियार! खूब होशियारी से रहना। चीखना चिल्लाना मत, बीवियो, हम सब सावधानी से बस गए, और आये। सूरज उगते ही हाथी चले जावेंगे, तब हम वहां कदम रखेंगे।'

इधर से वे लोग आगे बड़े और उधर से एकवा भी चल पड़ा। हाथी वृहदतम स्थलचर प्राणी है, लेकिन गुस्सैल हाथी जब इंसान के साथ बुद्धि की लड़ाई में उतरता है, तब अगर वह चाहे तो चींटी से भी अधिक खामोश चाल में चल सकता है। अपने पैरों तले बिछे, सूखे पत्ते हटा कर, इत्मीनान से आगे बढ़ता है। बेहद अविश्वसनीय सतर्कता के साथ आगे बढ़ता है। इसलिए गर्दन पीछे घुमाते ही, पूर्ति को लगा, मानो पलामू का पुराना किला ही उसका पीछा कर रहा हो। वाकई, हाथी आकार में जितना बड़ा हो, करीब से देखो, तो उससे कहीं ज्यादा बड़ा नजर आता है।

वह हाथी काफी खामोशी से अपनी सूंड और पैर चला रहा था, लेकिन इन तीनों आदिवासियों ने गला फाड़-फाड़ कर, भीषण आवाज में चीत्कार किया। उन तीनों के आर्तनाद से दूर-दूरांतर के हाथियों के झुंड एकदम से चंचल हो उठे;

हिरण-समूह चौकड़ियां भरते हुए भाग खड़े हुए। इंसानों का आर्तनाद एकदम से गूंज उठा और अगले ही पल पलक झपकते निःशब्दता में गुम हो गया। उसके बाद ही, वह हाथी, इंसानी उल्लास से तीखी आवाज में चीत्कार कर उठा और आसमान को चीरता हुआ, समूची वनभूमि को रौंदता-कुचलता वापस लौट गया।

ऐसा कैसे हुआ, ठीक-ठीक पता नहीं चल सका—पूर्ति लोगों का वक्तव्य था। कुचले-पिसे हुए मानव-शरीर का कोई साक्षी या कोई कबूलनामा नहीं होता।

'नून-माटी चुराने आया था, टें बोल गया।'

'नून-माटी?'

लोगों को यही लगा और पूर्ति लोगों का समूचा आचरण काफी दुर्बोध्य लगा।

अंत में दारोगा ने कहा, 'जरूर वे तीनों दारू के नशे में टुन्न रहें होंगे।'

सुबह-सवेरे का वक्त, आदिवासियों के लिए नशा करने का वक्त होता है या नहीं, यह मंतव्य देकर, किसी ने यह मामला और जटिल बनाने की कोशिश की तो नून-माटी की चोरी, बेहद पहेली-सी लग रही थी। नून तो बेहद सस्ती सी चीज थी। दारू पीकर टुन्न हुए बिना पूर्ति या उसके संघाती ऐसा दाहित्वहीन और बुद्धिहीन काम क्यों करते?

—हाथी की नून-माटी चुराने गए, तभी तो जान चली गई। दारोगा का यह मंतव्य पूर्ति लोगों के लिए मृत्यु-गीत बन गया और यह भी साबित हो गया कि झुझारवासी किसी शर्त पर भी विश्वास योग्य नहीं हैं। तृणभोजी प्राणियों को नमक की जरूरत होती है, अगर वही नमक इंसान चोरी करने पर उतर आए, तो कितनी शर्मिंदगी की बात है। इंसान के हाथों, वन्य प्राणियों का संरक्षण किस कदर मुश्किल है। पूर्ति लोगों की इस अस्वाभाविक करतूत से यह राय भी एकबारगी पक्की हो गई।

अब, एकवा के अनजाने में ही उसे 'बीमार' घोषित कर दिया गया और चूंकि उसके निधन से हाथी-समूह रुष्ट नहीं होगा और चूंकि वह अकेला ही था, इसलिए किसी कमिशंड शिकारी ने उसे गोली मार दी। यह घटना अखबारों में छोटी-सी खबर बन गई और मृत एकवा को देखने के लिए झुझारवासी भी आए। गांव के बुजुर्ग ने जब उस हाथी को देखा, तो उसे अस्पष्ट-सा ख्याल आया कि यह काम ठीक नहीं हुआ। यह बात सच थी कि उस हाथी ने पूर्ति और उसके साथियों को मार डाला था, इसलिए उसे भी मरना पड़ा। लेकिन परोक्ष सच्चाई जैसे कुछ और ही थी। जिस नून-नमक के लिए इतना कुछ हुआ, वह नमक किसी को भी नहीं मिला। नमक अगर मिलता तो तीन-तीन इंसानों और एक हाथी को नहीं मरना पड़ता। इसके लिए तो कोई और जिम्मेदार है; कोई और...! जिसने नमक बेचने से इंकार कर दिया वह व्यक्ति? या इस बारे में कोई और नियम है? कोई और इंतजाम है? जिस नियम

और इंतजाम के तहत नमक न बेचने से, उत्तमचंद जैसे लोगों पर कोई दोष नहीं लगता? बूढ़े बुजुर्ग के विचार बेहद अस्पष्ट थे और उसका शब्द-भंडार चूंकि काफी सीमित था, इसलिए वह किसी को, कुछ नहीं समझा पाया।

'ई ठीक काम नाही भया, जी!' बाबू लोगों को संबोधित करते हुए, उसने यह संक्षिप्त-सा जुमला उछाल दिया और अपने गांववालों के साथ, वहां से चल पड़ा। पंक्तिबद्ध होकर उसने सफेद रेत पार की और अपने गांव, झुझार लौट आया। राह चलते हुए भी वह अफसोस से सिर हिलाता रहा। नमक, जान लड़ा देने लायक समस्या होती है, ये बाबू लोग कभी नहीं समझेंगे और यह मामला उन सबके लिए निहायत प्रसंगहीन होकर रह जाएगा, वह जानता था। चूंकि वह इस हकीकत से परिचित था, इसलिए उसने एक बार भी पीछे मुड़ कर नहीं देखा। रेत की छाती पर उन सबका चेहरा क्रमशः छोटा हो आया। उन लोगों ने अपनी चाल तेज कर दी। वे लोग जल्द-से-जल्द अपनी जिंदगी में लौट जाएं, तो राहत की सांस लें। वे लोग अपने उसी जीवन में लौट जाना चाहते थे, जिस जीवन में अविश्वास नहीं था। पूर्ति जैसे लोगों की मौत की सहज व्याख्या नहीं थी। सहज व्याख्या देकर, उन लोगों के अस्तित्व के वास्तविक सत्य से इंकार नहीं था! वही जीवन!

अनुवाद : सुशील गुप्ता

और सुना जब मैंने यह भी
भूखे देखे गए छीन कर
बच्चों से निज रोटी खाते
या कि बेचते उनको हाटों
में कुछ तांबे के टुकड़ों पर।

—हरिवंश राय बच्चन

भात

—महाश्वेता देवी

उस आदमी की नज़र, बड़ी कोठी की बड़ी बहू को शुरू से ही भली नहीं लगी थी। जाने कैसी तो गुस्से-गुस्से भरी नज़रें। कमर तक मैली-कुचैली लुंगी। छोटी-सी! सूरत जंगली-बनैली।

लेकिन रसोइया-महाराज ने कहा, 'बस, सिर्फ भात खायेगा और काम करेगा।' उस घर में सारे नेम-नियम बड़ी बुआं-मां के माफिक चलते थे। बड़ी बुआ, बड़ी बहू की फुफुआ-सास थीं। अजीब बात थी। उनका विवाह नहीं हुआ था।

सभी लोगों का कहना था कि चूंकि वे समूची गृहस्थी की देखभाल और सार-सम्हाल करती थीं, इसलिए इतने अमीर होते हुए भी, उन लोगों ने घर की बेटी का ब्याह नहीं किया। उन दिनों, चूंकि बीवी चल बसी, इसलिए घर के मालिक के घर में रोज़ लाठी-सोंटा, जूतम-पैजार शुरू हो गया था।

उस कोठी के लोगों का कहना था, 'उनका ब्याह ठाकुर जी से कर दिया गया था। अब, वे देवता की सेविका हैं।'

बड़ी कोठी में शिव जी का एक मंदिर भी था। बूढ़े मालिक ने इस सड़क पर स्थित सभी घर-मकान, शिव-माहेश्वर-त्रिलोचन-उमापति, ऐसे ही बहुत सारे नामों के बहाने, शिव जी को अर्पित कर दिए थे। दूरदर्शी व्यक्ति थे। उन्हीं की वजह से घर के लोग आज भी कमा-खा रहे थे; ऐश से रह रहे थे। सुनने में आया कि बड़ी बुआ ने कहा था—'वे ही मेरे-परमेश्वर-देवता हैं। किसी इंसान के साथ मेरा ब्याह मत करो।'

पता नहीं, ये बातें सच भी हैं या झूठ! बड़ी बुआ, चिरकाल से इस गृहस्थी की रसोई सम्हालती थीं, किराये के घर-मकानों में मिस्त्री लगाकर मरम्मत कराती थीं और अपने पिता की सेवा करती रहीं।

बड़ी बहू का सवाल सुनकर, बड़ी बुआ ने ही जवाब के बजाय सवाल कर डाला, 'कहां से पकड़ लाये का क्या मतलब? अरे, आंधी-तूफान-बरखा में घर-दुआर बह गया होगा। हमारी वासिनी की कोई रिश्तेदार है। वही ले आयी।'

'सूरत-शक्ल से जाने कैसा तो दिखता है?' बड़ी बहू ने नाक सिकोड़ी।

'अरे, तो क्या, मोर की सवारी से उतारा हुआ कोई देवता आयेगा। तुम लोगों के पल्ले से दस पैसे तक प्यार से नहीं निकलते। सैकड़ों तरह का काम करेगा, पेट-भर खायेगा और क्या! चावल भी खरीदना नहीं पड़ेगा, बादा से आवेगा। वह देने में भी, उंगली टेढ़ी हुई जा रही है?'

बड़ी बहू चुप हो गयी। बड़ी बुआ की बातचीत में आजकल कैसा तो व्यंग्य भरा होता है। 'तुम लोगों' का क्या मतलब? बड़ी बुआ खुद भी क्या किसी पराये घर की हैं?

बड़ी बुआ ने व्यंग्यभरा आखिरी तीर छोड़ा, 'तुम्हारे ससुर मरण-सेज पर पड़े हैं। उनके लिए ही होम-यज्ञ हो रहा है। इस मौके पर, एक और आदमी खा ले, तो...'

बड़ी बहू ने इसके आगे कोई बात नहीं की। बड़ी बुआ की हर बात सच थी। उसके ससुर ही मरण-सेज पर पड़े हैं। बयासी वर्ष उम्र हुई। काफी होती है यह उम्र। लेकिन उसके ससुर जी अंत तक काफी चुस्त-तंदुरुस्त रहे। उन्हें कैंसर रोग है, इसका आभास तक नहीं हुआ। यह तो बाद में पता चला कि उन्हें कैंसर है, वह भी लिवर-कैंसर। बड़ी बहू तो यह भी नहीं जानती थी कि लिवर का भी कैंसर होता है। मारे घबराहट के वह दौड़कर कमरे से बाहर निकल आयी।

आज कोठी में ढेरों काम है। मंझली बहू चूल्हे के सामने बैठी थी। सास जी का मांस-मछली खाना, शायद अब बंद हो जाए। इसीलिए इधर कई दिनों से बड़ी-बड़ी ईलिश मछली, पकी हुई सोना की पेटी, चीतल का गोश्त, अंडेभरी टैंगरू मच्छी, बड़ी-बड़ी भेट्की मछली का महाभोज चल रहा था। यह सब पकाने और परोसकर सास जी को खिलाने का काम, उसी के जिम्मे था।

इस वक्त ससुर जी के कमरे में नर्स मौजूद थी। बड़ी बहू उनके कमरे में दाखिल हुई। अब, कुछ देर उसे वहीं बैठना था, ताकि नर्स बाहर आकर चाय पी ले। मंझला बेटा विलायत में था। उसके आने का तो सवाल ही नहीं उठता। छोटा, मंझला और बड़ा बेटा अभी तक सो रहे थे। इस परिवार के मर्द, दिन के ग्यारह बजे से पहले नींद से नहीं जागते थे। इसलिए उनमें से किसी बेटे के बूते की बात नहीं थी कि वे कोई कामकाज करें या कहीं नौकरी करें। वैसे भी जिस परिवार के पास अठारह अदद देवेत्तर घर-मकान हों, बादा अंचल में बेशुमार ज़मीन-खेत हों, वहां किसी को काम करने की ज़रूरत भी क्या है?

ससुर जी के कमरे में बैठे-बैठे, बड़ी बहू उन दिनों की कल्पना करने लगी, जब उसके ससुर नहीं होंगे, तब वह किस स्थिति में होगी।

ससुर जी को कैंसर है। लीवर का कैंसर। यह रोग पहले पकड़ में नहीं आया। जब पकड़ में आया, तब काफी देर हो चुकी थी। इस रोग से छुटकारा पाने का कोई उपाय नहीं था। बड़ी बहू सोचती रही—जब ससुर जी नहीं होंगे, तब भी चांद-सूरज उगते रहेंगे। उसके लिए तो उसके ससुर भी देवतुल्य थे।

उनकी सारी जिम्मेदारी बड़ी बहू पर थी। उनके लिए उसे दही जमाना पड़ता था, ईसबगोल का शर्बत बनाकर देना पड़ता था। कोठी में भले कई-कई रसोइया मौजूद हों, मगर खाने के लिए उनके आने से पांच मिनट पहले, बड़ी बहू को अपने हाथों से रोटियां सेंककर या पूड़ियां तलकर उन्हें खिलाना जरूरी था। उनका बिस्तर लगाने की जिम्मेदारी भी उसकी थी और जब वे लेटते थे तो उनका पैर भी दबाने पड़ते थे। जीवन-भर अपने ससुर जी के लिए जाने कितने-कितने काम करने पड़े थे। उनके जाने के बाद, इन सारी जिम्मेदारियों से उसे छुटकारा मिल जाएगा। वैसे उनके बाद भी, ये सारे काम उसे करने पड़ेंगे या नहीं, कौन जाने!

चूंकि डॉक्टर ने जवाब दे दिया है, इसीलिए आज यज्ञ-होम का आयोजन किया गया है। छोटी बहू के बप्पा, किसी तांत्रिक को ले आये हैं। आधा-मन बेल, अश्वत्थ, बरगद और इमली के पेड़ों की लकड़ियां मंगायी गयी हैं। इन लकड़ियों को समान साइज़ में काटना होगा। घर का नौकर, काली बिल्ली के रोम लाने गया है। श्मशान से बालू और वेश्यालय से दर्पण लाना है। ऐसी ही जाने कितनी फर्माइशों की सूची दी गयी है।

रसोइये महाराज उस शख़्स को लकड़ियां काटने के लिए ले आया था। उसी ने बताया कि बंदे ने पिछले कई दिनों से कुछ नहीं खाया। वासिनी ही उसे पकड़ लायी थी। वह शख़्स रहता तो बादा में था, मगर भात के अभाव में वह इतना मर-गिल्ला हो गया है। अरे, यह कैसी बात? बादा में क्या भात की कमी है? हमारी कोठी की पहली मंजिल पर जाकर देखो न। जाने कितने-कितने क़िस्म बोरे भर-भर चावल, एक पर एक, कतार से सजे हुए हैं।

नर्स दुबारा लौट आयी। बड़ी बहू कमरे से बाहर निकल आयी। आज खाना-पीना झपाझप निबटा लेना होगा। तांत्रिक हवन करने बैठे, इससे पहले ही सब कुछ संजो रखेंगे। तांत्रिक नीचे हॉल-कमरे में बैठे हुए थे।

तभी बड़ी बुआ ने कहा, 'चलो बहूरानी आयीं तो सही! ज़रा, चावल निकाल दोगी?' मैं सब्जी निकाल लाती हूं।'

निरामिष दाल, तरकारी के साथ झींगेशाल चावल! मछली के साथ रामशाल

चावल का भात! बड़े बाबू कनकपानी चावल के बिना, मुंह में निवाला तक नहीं डालते। मंझले और छोटे बाबू के लिए बारहों महीने, पद्माजाली चावल पकाया जाता है। ब्राह्मण-नौकर-नौकरानियों के लिए मोटा-साप्टा चावल।

लकड़ियां काटते-काटते, बादा के उस बंदे ने निगाहें ऊपर उठाकर देखा। उसकी आंखें मानो फटी पड़ रही थीं।

'हां, जी, वासिनी, इतने-इतने किसिम का चाउर?' उसने पूछा।

'हां, बाबूलोगन खात हैं।'

'ई पांच-पांच किसिम का चाउर? पांच किसिम का भात होत है?'

'होवेगा नाहीं? बादा में ई लोगन का इतनी-इतनी ज़मीन है। चाउल ला-ला कर ईहां पहाड़ लगाय देता है, बड़की बुआ तो चाउल लुके-छिपे बेच भी देत हैं। ऊ चोरी का चाउल हम ही तो बेचत हैं।'

'बादा में ई लोगन का चाउल-फूसल होत है! ए, वासिनी, हमको दे न! मुट्ठी-भर चाउल! मुंह जुठाकर, पानी पीऊं। पेट में कइसी तो मरोड़ उठत भयी है। बहुत दिनन से, घर में भात खलाकर खाना, नसीब नाहीं भया। दे न, वासिनी, तोरा पैर पड़त हैं।'

'अरे, अरे, ई का करत हो उच्छव भइया? गांव के रिस्ते से तू हमारा दद्दा लगत हो। अइस काहे करते हो? बुआ अगर देख लीहें, तो सब्बनाश हो जाएगा। मउको मिला तो चोरी-छिपे हम तुमकां थोड़ा-सा भात दै जाऊंगी। अब, चलो जल्दी-जल्दी हाथ चलाओ, तो भइया! इन लोगन की बलिहारी है, भइया! अपने कान से सुना कि एक मानस कई दिन से खाया नहीं! मुटठी भर खावे को देते तो का हो जाता।'

तरह-तरह के चावल लेकर जाते हुए, वासिनी सिर हिलाती रही। उस बंदे का नाम था—उच्छव। हमेशा से वह उच्छव नउआ के नाम से परिचित था। पिछले कई दिनों से सच ही उसे खाना नसीब नहीं हुआ था। वह जनम का अभाग जो था, भयंकर अभागा। जितने दिनों पकायी हुई खिचड़ी बांटी जा रही थी, वह जा नहीं पाया।

'ओ चन्नुनी की माय! चन्नुनी रेऽ! तुम लोगन की आवाज़ काहे नहीं आय रही? कहां हो तू लोग?' वह पागलों की तरह बुदबुदाता रहा।

सच तो यह था कि जब वह बुदबुदाते हुए अपने बीवी-बच्चों को खोज रहा था, उसकी बुद्धि ही गुम हो गयी थी। वह होश खो बैठा था। एक तरफ प्रचंड आंधी-तूफान, मूसलाधार बरखा! वह अपने बीवी-बच्चों को कसकर लिपटाये हुए था। बीवी मारे ठंड और भय से बुरी तरह कांप रही थी। वह कोठरी में लगी खूंटी

थामे मिट्टी में धंसी जा रही थी। बीचवाली खूंटी, देशी ताड़ी की मस्ती में लड़खड़ा रही थी या धनुषटंकार के रोगी की तरह थर-थर कांप रही थी। उच्छव पल-पल भगवान को गुहार लगा रहा था। हे भगवान! हे प्रभु! हे प्रभु! लेकिन ऐसी विपदा में शायद भगवान भी सिर से पांव तक कंथा ओढ़े सो रहे थे। भगवान जी! हे भगवान जी! उच्छव जपे जा रहा था। उस समय मातला नदी का पानी, तेज़-तेज़ आंधी-हवा का चाबुक खाकर, छटपटाते हुए उफन आया। पानी की ऊंची-ऊंची लहरें आने लगीं। उतर भी गयीं। उच्छव की घर-गृहस्थी मिट्टी में कल-मिल गयी।

सुबह होने के बाद ही सर्वनाश की भयंकरता समझ में आयी। उसके बाद, कई दिनों तक वह कोठरी की चाल के नीचे से कोई आहट सुनने के लिए पगलाया रहा। कौन, कहां चला गया? उच्छव कहीं पागल तो नहीं हो गया? साधन दास के लाख समझाने पर भी उच्छव कुछ समझने को तैयार नहीं था।

साधन ने कहा, 'बाढ़ तो तुझे भी खींच ले जाती। वह तो तू पेड़ में फंसा रह गया। इसलिए बच गया।'

लेकिन उच्छव तार-स्वर में गुहार लगाता रहा, 'बोल, चन्नुनी की माय! कहीं से तो बोल।'

वह कोठरी छोड़ कर हिलने को भी तैयार नहीं था। कोठरी में टिन का मुंहबंद डिब्बा था। इस डिब्बे में, भूमिहीन उच्छव द्वारा ज़मीन की मांग के लिए दी अर्जी की नकल भी थी--उच्छब नउआ/पिता. हरिचरण नउआ...वह डिब्बा कहां है?

जो अब नहीं रहा; जो आंधी-बारिश में मातला नदी के गर्भ में समा गया, वही सब खोजते-खोजते उच्छव पागल हो उठा। उस दिन की पकायी हुई खिचड़ी भी जस की तस धरी रही। जब उसे होश आया खिचड़ी भी गायब थी। उसने कच्चे चावल चबाकर पानी पिया। इसी तरह कई दिन गुज़र गये।

गांववालों ने कहा, 'जो लोग मरे, उनका श्राद्ध तो करना ही चाहिये।'

श्राद्ध सम्पन्न कराने के लिए उन लोगों ने महानाम शतपति को ख़बर दी। लेकिन महानाम ने जवाब भेजा कि दो अन्य गांवों में इसी तरह का श्राद्ध सम्पन्न कराने के बाद ही, वह उनके गांव में उपस्थित होंगे। गांववाले मछली-गुगली-केकड़ा, जो भी नज़र आता, उनको मारकर, घर ले आते।

साधन ने उच्छव से कहा, 'तुम ही कलकत्ता जाने के लिए क्यों नाच रहे हो? सुना नहीं, घर बनाने के लिए सरकार जमीन देने वाली है।'

उच्छव एकदम से बुद्धिमान होने का चोला ओढ़कर जवाब दिया, 'हां, कहते तो तुम ठीक ही हो।'

बहरहाल, उस आंधी-तूफान-बरसात में किसका, क्या हाल हुआ, मां-भाई-बहन

ज़िन्दा हैं या मौत की भेंट चढ़ गये, यह देखने-जानने को वासिनी नहीं जा सकी। उसकी बहन और भौजाई कलकत्ता जा रहे थे। उन दोनों ने तय किया था कि कुछ दिनों में वे दोनों वहां ठीके काम करेंगे। उच्छव पहले भी एक बार कलकत्ता जा चुका था। वासिनी जहां चाकरी करती थी, वह कोठी भी वह बाहर-बाहर से देख आया था। उस कोठी में देवता का पूजा-घर भी है। मंदिर के गुम्बद पर पीतल का एक त्रिशूल भी वह देख आया था। वासिनी के मालिक की कोठी में भात का पहाड़ लगा रहता है, यह किस्सा गांव में सभी ने सुना था। अचानक उच्छव के मन में ख़्याल जागा कि वह भी कलकत्ता जाकर खा कमा आये। उसे यह ख्याल क्यों आया, वह नहीं जानता। एक ही रात में बीवी-बेटे-बेटी, घर-द्वार खोकर, दाने-दाने को मोहताज, उपासा उच्छव जाने कैसा तो होता जा रहा था। उसका दिमाग अन्दर ही अन्दर हर वक्त झनझनाता रहता था। उस दिनों उसकी सोच मानो गुम हो गयी थी। कुछ भी वह ठीक तरह सोच नहीं पाता था। वह अपने को खूब-खूब समझाता था कि अब वह सही तरह, व्यवस्थित ढंग से सोचे-समझे। लेकिन उसे जाने क्या हो गया था, उसे कहीं, कोई दिशा नज़र नहीं आ रही थी। वह कुछ भी सोचना शुरू करता, तो उसे सबसे पहले यह याद आ जाती कि धान में बालियां आने से पहले ही, पौधों का हरा रंग जल गया था। कार्तिक के महीने में ही धान के हरे-भरे गुच्छे सूखकर बिल्कुल बेजान हो गये। फसल की ऐसी बदहाली देखकर, उसने अपना सिर पीट लिया था। सतीश मिस्त्री के हरकुल, पटनाई और मोटा—तीनों ही क़िस्म के धान, महामारी के शिकार हो गये। उच्छव तो सतीश बाबू के खेतों में ही काम करता था। कुछ महीने उन्हीं के यहां काम करते हुए, अपना पेट पालता रहा।

'ओ उच्छव, मालिक का धान अगर नाश होता है, तो तू क्यों रोता है?' साधन ने पूछा।

'रोऊंगा नहीं, साधन बाबू, लक्ष्मी आयी भी नहीं थी कि एकदम से विसर्जन हो गया। तनिक रोऊं भी नहीं? हम सब खावेंगे क्या?'

व्यवस्थित ढंग से सोचने बैठे, तो पहले धान खेत में आग लगनेवाली दुर्घटना याद आ जाती है। उसके बाद, उसे वह आंधी-तूफानवाली मनहूस रात याद हो आती है। बहुत दिनों बाद, उस शाम उसने भर पेट खाना खाया था। पूरी तरह उबला हुआ भात नमक और भुनी हुई मिर्च डालकर, ढेर सारी उबली हुई गुगली खायी थी। वह दिन इतना सुखद था कि उस दिन गांव में उच्छव जैसे सभी लोगों ने भर पेट आहार किया था।

खाते-खाते ही चन्नुनी की माय ने कहा, 'आज भगवान जी का राग-रंग कुछ

भला नहीं लगता, जी! जो भी लोगन अपनी-अपनी डोंगी नाव लेकर निकले हैं, कहीं डूब ना जाएं।'

वैसे उसे एक और बात बखूबी याद है। कोठरी में गड़ी बीचवाली खूंटी को वे मिट्टी की दीवार के अन्दर की तरफ धकेलते हुए कसकर थामे रहे। मिट्टी की दीवार मानो उस खूंटी को स्थिर नहीं रखना चाहती थी। उसे उखाड़ फेंकने को आतुर थी। भगवान जी! हे परमू! परमू जी हो! अगले ही पल बिजली की कौंध में उसने देखा कि मातला नदी झाग उगलती हुई कोठरी के अन्दर तक दौड़ती चली आ रही थी। उसके बाद ही सब कुछ घुलमिलकर एकाकार हो गया। पता नहीं क्या हुआ। सारे लोग जाने कहां चले गये। तुम कहां और मैं कहां। उच्छव नउआ/पिता. हरिचरण नउआ लिखा हुआ कागज समेत वह डिब्बा भी जाने कहां गुम हो गया। डिब्बा बड़ा सुन्दर था, जी! खैर, भगवान अगर चन्नुनी और उसके परिवार को छोड़ जाते, तो उच्छव के सीने में आज, सैकड़ों हाथियों का बल समाया रहता। तब वे सभी लोग वह डिब्बा लेकर भीख मांगने निकल पड़ते। सतीश बाबू का बेटा डिब्बे का दूध पीता था। उच्छव वही एक डिब्बा मांग लाया था। इस वक्त वैसा कोई डिब्बा होता, तो उसी में मुट्ठी भर कुछ उबाल लिया जाता। सच्ची, बड़ा खूबसूरत था वह डिब्बा!

'क्या भया? जल्दी-जल्दी हाथ चलाओ, भइया! उधर मालिक लेटे भये हैं। हवन होना है। तुम हो कि खड़े-खड़े लकड़ी निहार रहे हो?' बुआ गुस्से से उफनती हुई एकदम से झंकार उठीं।

'बड़ी भूख लगी है, मांजी!'

'लो, सुनो बात! भात बन भी जाए, तो भी अभी खाया नहीं जा सकता। तांत्रिक जी का नया हुक्म है, पूरा खाना पकाकर तैयार कर लिया जाए! हवन हो जाने के बाद, मुंह जुठारना! जल्दी-जल्दी हाथ चलाओ—'

उच्छव फिर लकड़ियां काटने में जुट गया! हर लकड़ी का नाप डेढ़ हाथ लंबा होना चाहिये। उसके हाथ की धारदार कटारी तेजी से उठती-गिरती रही। उबलते हुए भात की खुशबू उसे बेतरह बेचैन कर गयी।

इधर-उधर निगाह दौड़ाते हुए, वासिनी टोकरी भर साग लिये-दिये, आंगन में धोने आयी। उसने झट से एक ठोंगा उसके हाथ में थमाते हुए कहा, 'जाओ, सतुआ खाकर, सड़क के नल से पानी पी आओ। देर ज़रा भी मत करना। ई कोठी, पिशाचों की कोठी है, भइया! गरीब मानस की देह-काया, इनके लिए बड़ी सस्ती होत है, भाई!'

'कउन मरने वाला है, वासिनी?'

'त्रिकाल का बुड्ढा! कोठी का कर्ता! मरेगा नहीं? दारू से, अउरत से! वो, जो हवन का सामान जुगाड़कर दे रही है, वह मुट्की उसकी खासमखास बेटी है। अरे, कर्ता को मर जाने दो। उसके बाद उसको और उसके नाती-पोतों को जान से न मारा, तो मेरा नाम वासिनी नहीं! त्रिकाल का बुड्ढा मर रहा है। उसके लिए जग्य-हवन होय रहा है।'

उच्छव हाथ में सत्तू का ढोंगा लिये, कोठी से बाहर निकल गया। इतनी सब्जी-तरकारी, इतना भात, इत्ती ढेर-ढेर मछलियां। सचमुच, यह हवन जैसा हवन है। वह भी बादा की दौलत के दम पर! लेकिन यह कौन-सा बादा है? उच्छव के बादा में तो सिर्फ गुग्गुल-गेंडी-अरबी का साग, सुषना साग उगता है। उच्छव ने थोड़ा-सा सत्तू गले से नीचे उतारा, मिठाई की दुकान से सिकोरा मांगकर पानी पीया। कहते हैं, सत्तू पेट में पड़ते ही फूल उठता है। चलो, फूलने दो। कम से कम पेट की गुफा तो भरेगी। लेकिन उतनी-सी सत्तू तो मानों सागर में बूंद समान थी। उच्छव को कोई अहसास तक नहीं हुआ। वह कोठी में दुबारा लौट आया।

'कहां गये थे?'

'ज़रा बाहर गया था, मांजी!'

ख़ैर, काठ काटने पर हवन होगा; हवन होने पर भात मिलेगा।'

उच्छव जल्दी-जल्दी हाथ चलाने लगा।

मंझली बहू ने चिल्लाकर पूछा, 'खाने के कमरे में पोंछा लगाया, वासिनी? सारा खाना वहां रखना होगा।'

'पोंछ दिया है' वासिनी ने जवाब दिया।

उधर से बड़ी बहू ने हांक लगाकर पूछा, 'सारा काम हो गया?'

'सब तैयार है।'

ये सारी बातचीत सुनकर उच्छव ने अपनी छाती में बल महसूस किया। अब, वह भात खायेगा। गरम-गरम भात। पहले वह भात खायेगा। जुबान पर भात का स्वाद लेगा। गांव से आते समय, नाते-रिश्तेदारों ने कहा था—कलकत्ता जब जा रहे हो तो कालीघाट जाकर, मरे हुए लोगों के श्राद्ध का काम भी निपटाते आना। अकाल मौत भयी हैं...। हां, यह काम भी वह निपटा लेगा। सतीश बाबू ने मंतव्य किया, 'उच्छव की तो मति भ्रष्ट हो गयी है। बीवी-बच्चों की अकाले मौत हुई, आदमी पगला जाता है! देखो, यह उच्छव भात-भात की रट लगा रहा है।'

हुंह! तुम क्या समझोगे, सतीश बाबू! तुम तो नदी किनारे नहीं रहते; पक्का घर आंधी-तूफान-बारिश क्या जाने? तुम तो धान-चावल की पकी फसल घर में रखते हो। कोई चोर-डाकू भी फसल लूट नहीं सकता। चाहे समूचे देश पर मुसीबत टूट

पड़े लेकिन तुम्हारे घर में चूल्हा जलता है, खाना भी पकता है। लेकिन तुमने उच्छव को खाने के लिए भात नहीं दिया। अकेले तुझे तर्पण देने से चलेगा? तब तो झुंड-झुंड जानवर तो नहीं आ जुटेंगे। यह तो ऊपर वाले की बेआवाज़ मार है। इस चोट से तुझे भला मैं बचा सकता हूं। तूने भात नहीं दिया, गांव में भात नहीं था।

वह जो फसलों में कीड़े लगे, धान नष्ट हो गया। उसी दिन से तो उच्छव की तकदीर में भी आधा पेट, चवन्नी पेट उपवास की शुरुआत हुई। चूंकि पेट में भात नहीं था, इसीलिए तो उच्छव भी प्रेत बन गया। अब, भात खाकर, वह फिर से इंसान बनेगा। तब वह अपने बीवी-बच्चों के लिए रोयेगा। उन दिनों तो उसे दुःख-शोक हुआ नहीं था। बीवी-बच्चों को आवाज़ें देता हुआ, कुछ दिनों तक पागल हो गया था। तभी से वह प्रेत बन गया था। अगर वह इंसान बना रहता, तो ठीक समझ लेता कि असल में पानी के खिंचाव में लोग-बाग़ बह गये। चन्नुनी की माय तो किस खेत की मूली थी, झुंड की झुंड गाय-भैंस, मवेशी तक उस बारिश की बाढ़ में बह गये...।

उच्छव ने काठ-चिराई का काम पूरा कर लिया। भात खाने के लोभ में उसने ढाई मन का काठ चीर डाला, वर्ना उसके तन-बदन में बूंदभर भी दम नहीं बचा था। चीरी हुई सारी लकड़ियां समेटकर वह पांच बार में कोठी के बरामदे में रख आया। लकड़ियों का चूरा, टुकड़े सहारकर, आंगन भी साफ़-सुथरा कर डाला।

बड़ी बुआ जैसे ही नज़र आयीं, उसने पूछा, 'अब बाहर जाकर बैठ जाऊं, मांजी?'

बड़ी बुआ ने कोई जवाब नहीं दिया, क्योंकि तांत्रिक अचानक—'ओम ह्रंग 60 80 भो भो रोग शुणु-शुणु' की टेर लगाता हुआ गरज उठा। इस मंत्र के साथ उन्होंने रोग को उठाकर खड़ा किया। काली बिल्ली के रोम से रोग को बांध दिया और हवन शुरू कर दिया।

ऐन उसी समय नर्स ऊपर से उतरकर नीचे आ पहुंची।

'डॉक्टर को बुला लें', उसने ऐलान किया।

बड़े, मंझले और छोटे भाई निंदियायी आंखें और विरस चेहरा लिये हवन वाले कमरे से बाहर निकल आये।

वासिनी ने उच्छव से कहा, 'तुम बाहर जाकर बैठो, भइया। वाह! क्या मन्तर पढ़ा। जैसे ही हांक लगायी, वैसे ही कर्ता एकदम से टें बोल गये। कर्ता की देह से व्याधि हिचकी ले-लेकर, गिरती-पड़ती बाहर निकल गयीं। अब, नहाना हो, तो जाकर नहा क्यों नहीं लेते?'

'न्ना? अभी नहीं नहाऊंगा। सिर पर पानी पड़ते ही, पेट लगाम बिल्कुल भी नहीं मानेगा।'

उच्छव बाहर आकर शिव मन्दिर के अहाते में बैठ गया। कितना सुन्दर मन्दिर। कितना मनोरम अहाता। बाप रे! कहते हैं, यह सब बादा की बदौलत हुआ है। वह बादा आखिर है कहां? उच्छव ने बहुत दिनों से भात नहीं खाया। भात खाकर जब उसके तन-बदन में ताकत आ जाएगी तब वह इस बादा को ज़रूर ढूंढ़ निकालेगा। गांव में उच्छव जैसे बहुतेरे लोग हैं। वह उन लोगों को भी ख़बर दे देगा।

मंदिर के अहाते में तीन-तीन छोकरे ताश-पत्ती पीट रहे थे।

उनमें से एक ने कहा, 'बुड्ढे को बचाने के लिए हवन किया जा रहा है।'

'फालतू...।'

'क्यों? फालतू क्यों?'

'अरे, बच भी गया, तो कितने दिन जियेगा? कितने बरस? सौ बरस? इसके लिए दुनिया भर का फालतू...'

उच्छव ने आंखें मूंद लीं। ऐसे महायज्ञ के बाद भी कर्ता ज्यादा दिन नहीं बचेगा? गजब बात है। उस रात मातला नदी भी, उत्ताल नहीं उफनती, तो उसके भी बीबी-बच्चे यानी चन्नुनी की माय, चन्नुनी, छोटा मुन्ना भी बहुत दिनों तक जीते रहते। उच्छव की आंखों के गह्वर से आंसू बहने लगे। ...आज वह भात खायेगा। इसी उम्मीद में उच्छव प्रेत से इंसान बन गया? बीबी, बेटी-बेटा की याद आते ही, उसकी सूखी आंखों में अचानक आंसू भर आये। यानी भात ही सर्वस्व होता है। अन्न लक्ष्मी है, लक्ष्मी है अन्न, अन्न ही लक्ष्मी है। दादी कहा करती थी। दादी कहती थी, 'रसोई लच्छमी होबत है। लछमी!...'

'क्यों, भई, तुम रो क्यों रहे हो?' छोकरों में से एक ने पूछा।

'मोसे पूछत हो, बाबू?'

'हां-जी।'

'उजाड़-गांव से आय रहे हैं, बाबू जी! आंधी-बरखा में मेहरू-बाल-बच्चे, जानवर—सब बर्बाद हो गये...।'

'अच्छा, यह बात है?'

'हां, जी, बाबू!'

उसका जवाब सुनकर, ताश पीटनेवाले छोकरे मानो बेतरह सकुचा गये।

उम्र में बड़े छोकरे ने कहा, 'ठीक है! तुम ज़रा सो लो, बिरादर!'

उच्छव सच ही सो गया। वह काफी देर तक सोता रहा। काफी देर तक! आखिकार किसी के पैरों की ठोकर पर उसकी आंख खुली।

इश्श! यह तो सांझ हो आयी। लेकिन उस आदमी ने उसे लात से ठोकर क्यों मारी?

'एइ, उठो! उठो! कौन हो तुम?'

'बाबू...हम....'

'चोरी के इरादे से पड़े हुए हो?'

'ना, बाबू, हम इस कोठी में काम कर रहे थे।'

'चलो, उठो! उठो!'

उच्छव उठ खड़ा हुआ। अगले ही पल वह बेतरह हड़बड़ा गया। सड़क पर कई-कई गाड़ियां खड़ी थीं। लोग छोटे-छोटे झुंड बनाये खड़े थे।

'का भया है, बाबू?'

किसी ने उसके सवाल का जवाब नहीं दिया। उच्छव कोठी के अन्दर चला आया।

अन्दर दाखिल होते ही उसने बड़ी बुआ का नाद-स्वर में विलाप सुना—

'तुम्हारा छोटा समधी, कैसा डाकू संन्यासी ले आया, दद्दा! हवन हुआ और तुम भी हवा हो गये। ओ मोर दद्दा, तुम बयासी में ही चले जाओगे, यह किसे पता था। तुम्हें तो बयानवे बरस तक जीना था, दद्दा! ए मोर दद्दा।'

उच्छव को वासिनी कहीं नज़र नहीं आयी। लेकिन, उसने देखा, कोठी में काफी हड़कम्प मची हुई थी।

'जब तक कीर्तनिया नहीं आ जाते, भजन वगैरह शुरू नहीं कर देते, घर से बाहर नहीं निकला जा सकता।' जाने किसने तो मंतव्य दिया।

'कीर्तनवालों को खबर दे दी, बड़े लल्ला? बहनों, बेटियों को भी आने का संदेश। भेज दो' बड़ी बुआ ने कहा, 'किसी को चन्दन पीसने को कह दिया?'

—पलंग लाने के लिए रुपये किसे दिये?

—बाग़बाज़ार फोन कर दिया?

—सारा सामान ज़रा कोई देख लो, भई! खील! बताशे! फूल, कोरी धोती...? शरबत पिलाने का इन्तजाम...?

उच्छव चहारदीवारी से सटा खड़ा रहा! जाने कितना-कितना वक्त गुज़र गया, कितना कुछ होता रहा।

बड़ी-सी पलंग लायी गयी। रातों-रात ही मुर्दा निकाल बाहर करना होगा। रातों-रात ही सारा काम निपटा लेना होगा। वर्ना सूतक लग जाएगा।

काफी सारी जोड़-तोड़ जारी रही। लड़कियां-औरतें विलाप करती रहीं। इतने हवन-यज्ञ के बाद भी, बूढ़े कर्ता की जान नहीं बचायी जा सकी, इसके लिए तांत्रिक के चेहरे पर ज़रा भी मलाल नहीं था। वह बूंद भर भी कुंठित नहीं हुआ। उन हज़रत ने अपनी लाइन तय कर ली थी।

फलस्वरूप बड़ी बुआ चीख-चीख कर कहती रहीं, 'तीन-तीन बेटे, हवन छोड़कर चले गये। ऐसे कामों में अगर बाधा पड़ जाए, तो भला...'

इस बात को लेकर, वहां मौजूद लोगों में कानाफूसी का बाज़ार सरगर्म हो उठा। वहां शोक या मातम की छाया नहीं थी। घर में चूल्हा नहीं जलाया जा सकता, इसलिए बाहर से चाय मंगाकर, चाय का दौर चलता रहा। अंत में, रात एक बजे के बाद बूढ़े, मालिक, बम्बइया पलंग पर लेटे हुए, नाचते-नाचते चले गये। पेशेवर शव-वाहक लगभग दौड़ते-दौड़ते हुए आगे बढ़ गये। फलस्वरूप भजन-मंडली भी साथ-साथ दौड़ने के लिए लाचार हो गयी।

बड़ी बुआ ने कहा, 'सुन, री, वासिनी, सारा पकवान ले जाकर सड़क पर फेंक आ। घर-दुआर धोकर शुद्ध कर डाल। बहुओ, जाकर देखो ज़रा यहां खड़ी क्यों हो?'

उच्छव के दिमाग में जो बादल मंडरा रहे थे, अचानक छंट गये। वह समझ गया कि पकाया हुआ सारा भात वे लोग सड़क पर फेंकने जा रहे थे।

वासिनी ने कहा, 'ए दादा, ज़रा पकड़ना तो।'

'हां, हां, चलो, पकड़ता हूं।'

उच्छव की बुद्धि अब, स्थिर हो गयी थी। उसका दिमाग़ अब चलने लगा था। उसे पता था कि अब, उसे क्या करना है।

'ला, भारीवाला बर्तन मुझे पकड़ा दे।'

मोटे चावलों के भात की भारी देगची, अपने हाथों में सम्हालते हुए, उसने पूछा, 'इसे कहीं दूर फेंक आवें?'

'हां, हां, कहीं दूर फेंक आ, बर्ना कुत्ते भाग-दौड़ मचायेंगे। सुबह-सुबह कौए चोंच मारेंगे,' रसोइया महाराज ने जवाब दिया।

बाहर निकलकर उच्छव हनहनाते हुए आगे बढ़ा। कुछ दूर पहुंचकर उसने लगभग दौड़ ही लगा दी। भात! बादा का भात, इस वक्त उसके हाथ में है। यह भात वह सड़क पर फेंक दे? कुत्ते-कौओं को खिला दे?

'दद्दा! ए दद्दा!' त्रस्त वासिनी लगभग दौड़ती हुई आ पहुंची।

'अशौच के घर का भात नहीं खाना चाहिये।'

'नहीं खाना चाहिये? तुम भी...तुम भी ईहां आकर बाम्हनी बन गयी हो?'

'ए मोर भइया! तोरे पांय परत हूं...'

उच्छव एकदम से घूमकर खड़ा हो गया। उस पल उसकी आंखें बादा के मगरमच्छ जैसी हिंस्र हो उठीं। मगरमच्छ की तरह ही वह अपने दांत पैनियाते हुए, हिंस्र मूर्ति बन गया। वासिनी जहां की तहां ठिठक गयी।

उच्छव फिर दौड़ पड़ा...दौड़ता गया और सीधे स्टेशन आ पहुंचा।

वहां बैठकर, वह मुट्ठी-मुट्ठी भात अपने मुंह में ठूंसकर, हप्-हप् निगलता रहा। भात के अन्दर हाथ सानते ही भात के स्पर्श मात्र से उसने स्वर्गीय सुख महसूस किया। चन्नुनी की माय भी उसे कभी इतना सुख नहीं दे पायी। भात खाते-खाते उसके दिल में जैसे हड़कम्प मची हुई थी। पता नहीं उसे क्या हो गया। वह भात में मुंह गड़ाकर खाता रहा...खाता रहा। भात...सिर्फ भात। बादा का भात! बादा का भात खायेगा, तभी तो किसी दिन वह असली बादा खोज निकालेगा। हाँ, है, अलबत्ता। एक और बादा भी है। उच्छव उस बादा को पाकर रहेगा। मैं सारा भात चट कर जाऊंगा। और चन्नुनी, रे! ले, तू भी खा! चन्नुनी की माय, तू भी खा! और छुटके मुन्ने, ले, खा। मेरे अन्दर पैठकर, ते लोगन भी खा। आ-ह! अब पानी पी लूं। पा-नी। उसके बाद और भात! भिनसारे की टरेन में सवार होकर, सीधे कैनिंग पहुंच जाऊंगा। अब तो पेट में भात पड़ गया, अब मुझे पता है, खूब पता है कि कैनिंग के रास्ते हम अपने गांव, घर पहुंच जाऊंगा।

उच्छव ने भात की देगची कसकर पकड़ ली और उसकी कोर से माथा गड़ाकर, वह गहरी नींद सो गया।

लेकिन...पीतल की देग चुराने के जुर्म में सुबह-सुबह लोगों ने उसे वहीं दबोच लिया। पेट में भात का पहाड़ लादे, उच्छव गहरी नींद सो गया था। उसकी नींद ही नहीं टूटी।

लोगों ने उसे मारते-मारते अधमरा कर डाला और पुलिस-थाने ले गए। उच्छव असली बादा का पता नहीं लगा पाया। असली बादा तो उस कोठी में अचल होकर रह गया।

अनुवाद : सुशील गुप्ता

□□